# A INTELIGÊNCIA DA ALMA

GROUND
livros para uma nova consciência

José María Doria

# A INTELIGÊNCIA DA ALMA

*144 Avenidas Neuronais até o Eu Profundo*

1ª edição
São Paulo / 2014

EDITORA GROUND

© 2013 José María Doria

*Título original:* A Inteligência da Alma,
Edições Mahatma
www.edicoes-mahatma.com

*Tradução:* Ana Mafalda Damião
*Editoração e adaptação:* Antonieta Canelas
*Capa e diagramação:* João Pedro Pires

---

CIP-BRASIL. CATALOGAÇÃO-NA-FONTE
SINDICATO NACIONAL DOS EDITORES DE LIVROS, RJ

D752i

Doria, José María
 A inteligência da alma : 144 avenidas neuronais até o eu profundo / José María Doria ; [tradução Ana Mafalda Damião ; editoração e adaptação Antonieta Canelas ; capa João Pedro Pires]. - 1. ed. - São Paulo : Ground, 2014.
 320 p. ; 23 cm.

 Tradução de: A inteligência da alma
 Inclui índice
 ISBN 978-85-7187-235-6

 1. Teoria do autoconhecimento. 2. Autorrealização (Psicologia). 3. Vida espiritual. I.Título.

14-16795      CDD: 158.1
              CDU: 159.947

---

13/10/2014 13/10/2014

Direitos reservados:
**EDITORA GROUND LTDA.**
Rua Hélade, 125 – Jardim Brasil
04634-000 São Paulo - SP
Tel.: (11) 5031.1500 / Fax: (11) 50313462
vendas@ground.com.br / www.ground.com.br

## Sumário

Apresentação .................................................. 21
Introdução .................................................... 24

### ABUNDÂNCIA

1. *A verdadeira riqueza de um ser humano é o bem que faz pelo mundo.*
   – Mahoma ................................................... 29

2. *Nunca se dá tanto como quando se dá segurança e confiança.*
   – Anatole France ............................................ 31

3. *A melhor vitória é aquela em que todos ganham.*
   – Salomão .................................................. 33

### ACEITAÇÃO

4. *Deixo de resistir ao que rejeito em mim. Também sou isso.*
   – Chandica ................................................. 35

5. *Existe um segredo para viver feliz com a pessoa amada: – não pretender modificá-la.*
   – Simone de Beauvoir ....................................... 37

6. *Se não tem remédio, por que te queixas? Se o tem, por que te queixas?*
   – Henry Ford ............................................... 39

7. *Quando o coração chora pelo que perdeu, o Profundo sorri pelo que encontrou.*
   – Provérbio sufi ............................................. 41

### ALEGRIA

8. *Nasci chorando e morrerei sorrindo.*
   – Nisargadatta .............................................. 43

9. *Dormia e sonhava que a vida não era mais do que alegria. Acordei e vi que a vida não é mais do que servir. Servi e vi que servir era a alegria.*
   – Rabindranath Tagore ................................................. 45

10. *A alegria partilhada é uma dupla alegria. A dor compartilhada é meia dor.*
    – Tiedge ............................................................. 47

## ALTRUÍSMO

11. *Com o verdadeiro mestre, o discípulo aprende a aprender, não a recordar e obedecer. A relação com a lucidez não modela, liberta.*
    – Nisargadatta ....................................................... 49

12. *Se deres um peixe a um homem faminto, o alimentas durante um dia. Se o ensinares a pescar alimentá-lo-ás toda a vida.*
    – Lao Tsé ............................................................ 51

13. *O maior de todos os erros é não fazermos nada, porque pouco podemos fazer.*
    – Sidney Smith ....................................................... 53

## AMOR

14. *A diferença entre o amor e a paixão é simples. A paixão procura a felicidade no outro, enquanto o amor busca a felicidade do outro.*
    – Anônimo ............................................................ 55

15. *Amar um ser humano é ajudá-lo a ser livre.*
    – Ramayat ............................................................ 57

16. *O verdadeiro amor não é um sentimento que nos oprime. É um estado que investiga o nosso interior e evolui até à consciência integral.*
    – M. Scott Peck ...................................................... 59

17. *Se queres crescimento e união nas tuas relações, não modifiques os outros. Modifica a tua forma de ver as coisas.*
    – Bob Mandel ......................................................... 61

18. *O amor cooperante implica dois indivíduos independentes, completos e sintonizados que escolhem viajar na vida unidos e superando as suas diferenças.*
    – Jane G. Goldberg ................................................... 63

**19** *O amor liberta-nos do sofrimento.*
– Sófocles .................................................. 65

**20** *Quando o Céu quer salvar um ser humano, envia-lhe Amor.*
– Lao Tsé .................................................. 67

**21** *O amor é a paixão pela felicidade do outro.*
– Cyrano de Bergerac .................................. 69

## HARMONIA

**22** *Fixa os teus olhos nas estrelas e enraíza os teus pés no chão.*
– Roosevelt ............................................... 71

**23** *A maior parte das alterações humanas escondem algum tipo de exigência.*
– Albert Ellis ............................................. 73

**24** *O que sofre antes do necessário, sofre mais do que o necessário.*
– Séneca .................................................. 75

## ABERTURA

**25** *Só fechando as portas atrás de nós, se abrem as janelas do futuro.*
– Françoise Sagan ..................................... 77

**26** *Quando deixamos de ser o centro dramático das nossas próprias vidas, conseguimos uma expansão que nos dá a paz.*
– Alice A. Bayley ....................................... 79

**27** *Todos temos dois aniversários. O dia em que nascemos e o dia em que a nossa consciência desperta.*
– Maharishi .............................................. 81

**28** *O importante é não deixar de se interrogar, apenas tente compreender uma pequena parte do mistério em cada dia.*
– Albert Einstein ....................................... 83

## AVENTURA

**29** *A Humanidade encontra-se a meio caminho entre os Deuses e os animais*
– Plotino .................................................. 85

**30** *Não existe maior aventura que a de aventurar-se no outro. O resto é turismo.*
– Herman Hesse .................................................. 87

**31** *O destino da viagem da evolução humana é a consciência de Deus.*
– Sri Aurobindo .................................................. 89

## COMUNICAÇÃO

**32** *O Bem cresce à medida que se comunica.*
– Jonh Milton .................................................. 91

**33** *Tato é a habilidade de conseguir que o outro veja a luz sem o fazer sentir o raio.*
– Henry Kissinger .................................................. 93

**34** *Aqueles que são infelizes neste mundo, só necessitam de pessoas capazes de lhes prestarem atenção.*
– Simone Weil .................................................. 95

**35** *O importante não é o que se diz, mas o que se faz.*
– Nisargadatta .................................................. 97

## CONFIANÇA

**36** *O momento mais escuro da noite acontece um instante antes do amanhecer.*
– Vicente Ferrer .................................................. 99

**37** *Deus escreve certo por linhas tortas.*
– Albert Einstein .................................................. 101

**38** *Abre-te ao milagre. Aquele que não crê em milagres não é realista.*
– David Bem-Gurión .................................................. 103

## CORAGEM

**39** *Muitas pequenas derrotas conduzem à grande vitória.*
– Chuang Tzu .................................................. 105

**40** *Fazendo o que tememos dissolvemos o nosso temor.*
– Emerson .................................................. 107

**41** O ser humano que se levanta é ainda maior do que aquele que nunca caiu.
– Concepción Arenal .................................................. 109

## CRIATIVIDADE

**42** Para criar o futuro não há nada como imaginá-lo. O que hoje é utopia, amanhã será realidade.
– Júlio Verne ........................................................ 111

**43** Sejamos fundadores da nossa própria religião.
– Salvador Pániker ................................................... 113

**44** Qualquer pedra é um diamante para aquele que sabe ver.
– Anônimo ........................................................... 115

**45** Os problemas econômicos não se resolvem com dinheiro, resolvem-se com imaginação.
– Anthony Robbins ................................................... 117

## DISCERNIMENTO

**46** Para acabar com o mal não deve lutar, mas sim, trabalhar energicamente na direção do bem.
– Nisargadatta ...................................................... 119

**47** O que mais nos irrita nos outros é aquilo que pode conduzir-nos a um melhor entendimento de nós próprios.
– Carl Jung ......................................................... 121

**48** A descrição que o Pedro nos faz do João serve apenas para conhecer o Pedro, não o João.
– Spinoza ........................................................... 123

**49** O isolamento é a pobreza do eu. A solidão é a sua riqueza.
– May Sarton ........................................................ 125

## EQUANIMIDADE

**50** Desapego é soltar o velho, sem que o novo tenha ainda chegado.
– Nisargadatta ...................................................... 127

**51** *O Ser não se identifica com o fracasso e o êxito. Aprenda com ambos e vá mais além.*
– Nisargadatta .................................................. 129

**52** *As limitações da vida superam-se com uma boa dose de desapego inteligente.*
– Nisargadatta .................................................. 131

## EFICÁCIA

**53** *Não basta fazer o bem, há que fazê-lo bem.*
– Diderot ...................................................... 133

**54** *A maior descoberta de qualquer geração é a de que os seres humanos podem mudar as suas vidas, mudando as suas atitudes mentais.*
– Albert Schweitzer ............................................ 135

**55** *O pessimista queixa-se do vento. O otimista espera que mude. O realista ajusta as velas.*
– Guillen George Ward ......................................... 137

## ENTUSIASMO

**56** *Não éramos apenas felizes, sabíamos!*
– Kipling ...................................................... 139

**57** *Os homens pensam que deixam de se enamorar quando envelhecem, sem saberem que envelhecem quando deixam de se enamorar.*
– Gabriel García Márquez ...................................... 141

**58** *Hoje é o primeiro dia do resto da minha vida.*
– Stanislav Grof ............................................... 143

## ÊXITO

**59** *O verdadeiro êxito consiste em saber quem você é, em vez de calcular o que será.*
– Franz Kafka .................................................. 145

**60** *Conseguimos porque não sabíamos que era impossível.*
– Gustavo Montilla ............................................. 147

**61** *Nada acontece sem que se tenha previamente imaginado.*
— Carl Sandburg .................................................. 149

## FLEXIBILIDADE

**62** *Há quedas que servem para nos levantarmos mais sábios e felizes.*
— Shakespeare .................................................. 151

**63** *O importante não é o que acontece mas como o interpretamos.*
— Lair Ribeiro .................................................. 153

**64** *Não é preciso empurrar a vida. Quando o esforço for necessário a força aparece.*
— Nisargadatta .................................................. 155

## FORTALEZA

**65** *Para ser livre no mundo, temos que morrer para o mundo.*
— Nisargadatta .................................................. 157

**66** *Joga a partida que te calhou. Pode ser dolorosa mas deves jogá-la.*
— James Brady .................................................. 159

**67** *Na vida não há coisas que temer. Só há coisas para compreender.*
— Marie Curie .................................................. 161

## GENEROSIDADE

**68** *Não terás vivido um dia perfeito, se não tiveres feito algo por alguém que nunca será capaz de o devolver.*
— Rutz Smelter .................................................. 163

**69** *O primeiro dever do amor é escutar.*
— Paul Tillich .................................................. 165

**70** *Mude o seu desejo de tomar para dar. Só restará o puro esplendor do amor, mais além do dar e do receber.*
— Nisargadatta .................................................. 167

## PRAZER

**71** *A sexualidade pode ser tão casta como o céu azul sem nuvens.*
— Krishnamurti .................................................. 169

**72** *O prazer mais nobre é o júbilo de crescer e compreender.*
– Leonardo da Vinci ............................................. 171

**73** *Universo: "Concede-me o supremo prazer de ser útil."*
– Ramayat ........................................................ 173

## GRATIDÃO

**74** *Se a única oração que dissesses em toda a tua vida fosse: Obrigado, bastaria.*
– Mestre Eckhart ................................................. 175

**75** *O melhor efeito das pessoas excelentes sente-se depois de se ter estado na sua presença.*
– Ralf Waldo Emerson ............................................. 177

**76** *A oração ao Universo deveria ser a chave do dia e a tranca da noite.*
– T. Fuller ...................................................... 179

## IRMANDADE

**77** *Quando eu vivo o meu centro é quando descubro o centro dos outros.*
– Antonio Blay ................................................... 181

**78** *Procurei a minha alma – a minha alma não pude ver. Procurei o meu Deus – o meu Deus esquivou-se. Procurei o meu irmão – e encontrei os três.*
– Anónimo ........................................................ 183

**79** *Eu valho dois e tu vales dois. Juntos não valemos quatro, mas sim oito.*
– Marilyn Ferguson ............................................... 185

## HUMOR

**80** *Nunca tentes ensinar um porco a cantar. Perderás o teu tempo e aborrecerás o porco.*
– Provérbio russo ................................................ 187

**81** *Se desejas felicidade durante uma hora, bebe uns copos. Se desejas felicidade durante um ano, apaixona-te. Se desejas felicidade durante toda a vida torna-te jardineiro.*
– Provérbio chinês ............................................... 189

**82** *Amadurecemos no dia em que nos rimos francamente de nós próprios.*
— Albert Einstein ............................................. 191

## INDEPENDÊNCIA

**83** *Encontre um ser que una a lucidez e a ternura e caminhe com ele.*
— Platão ..................................................... 193

**84** *A partir do momento em que se segue alguém deixa de se seguir a verdade.*
— Krishnamurti ............................................... 195

**85** *Eu faço o meu e tu fazes o teu. Não estou neste mundo para preencher as tuas expetativas e tu não estás neste mundo para preencher as minhas. Tu és tu e eu sou eu. E se, por acaso nos encontramos, é lindo, se não, não se pode remediar.*
— Fritz Perls ................................................. 197

**86** *O crescimento de um casal não se baseia em duas caras metades que "necessitam" uma da outra, mas sim em caras inteiras que se relacionam a partir da sua singularidade plena.*
— Ramayat .................................................... 199

## INSPIRAÇÃO

**87** *Cada passo que um buscador dá, seja qual for a direção, é um passo para Deus.*
— Anónimo .................................................... 201

**88** *Irmã amendoeira, fala-me! Fala-me de Deus! E a amendoeira cobriu-se de flores.*
— Kazanzakis ................................................. 203

**89** *Lembra-te: tu, na realidade, não és a conversa que ouves dentro da tua cabeça; és o Ser que ouve essa conversa.*
— Bill Harvey ................................................ 205

**90** *A mente também pode ser uma zona erógena.*
— Ramayat .................................................... 207

## INTEGRIDADE

**91**  Se desejas melhorar as tuas ações melhora os teus pensamentos.
— Silvananda ................................................. 209

**92**  Se fazes bem pequenas coisas, grandes coisas te procurarão e te impulsionarão para que as realizes.
— Provérbio sufi .............................................. 211

**93**  O elogio envergonha-me porque me satisfaz em segredo.
— Rabindranath Tagor ........................................ 213

**94**  Ama a ação pela ação, independentemente do resultado e proveito que possas obter com ela.
— Provérbio budista .......................................... 215

## INTUIÇÃO

**95**  Não és uma criatura humana numa aventura espiritual, mas sim uma criatura espiritual numa aventura humana.
— Deepack Chopra ............................................ 217

**96**  Os sucessos que estão para vir anunciam-se através dos seus ecos.
— Campbell ................................................... 219

**97**  Deus não existe, É.
— Doménico Douadi ........................................... 221

**98**  Aquilo que dentro de nós quer saber e progredir não é a mente, mas algo que está por detrás dela e que dela se serve.
— Sri Aurobindo .............................................. 223

## LIBERDADE

**99**  A escravidão é a identificação daquele que vê com os instrumentos da visão.
— Patanjali ................................................... 225

**100**  O caminho da liberdade consiste em desviar a ênfase da pessoa superficial e variável para o Testemunho interior e sempre presente.
— Nisargadatta ............................................... 227

**101** *A Liberdade não é mais do que outra palavra para dizer que não há nada a perder.*
– Erik From .................................................. 229

**102** *A verdade fá-los-á livres.*
– Bíblia ..................................................... 231

## LUCIDEZ

**103** *– És, portanto, um anjo? – Não – respondeu. – Serás um santo?*
*– Não – respondeu. – Então, o que és? Buda respondeu:*
*– Estou desperto.*
– Sabedoria universal ........................................ 233

**104** *A pessoa mais desenvolvida é aquela que pode colocar-se no lugar do maior número de pessoas.*
– Ken Wilber ................................................. 235

**105** *Vendo claramente a confusão, libertamo-nos da confusão.*
– Nisargadatta .............................................. 237

**106** *O que conhece os outros é sábio. O que se conhece a si mesmo está iluminado.*
– Lao Tsé .................................................... 239

**107** *Buda e Cristo, embora sejam figuras que apareceram no passado são, na realidade, figuras do futuro.*
– Ken Wilber ................................................. 241

## PAZ

**108** *O sorriso é o yoga da boca.*
– Thich Nhat Than ........................................... 243

**109** *– Amigo sábio, sentias momentos de tristeza e desânimo antes de alcançares a iluminação? – Sim, com frequência. – E agora, depois de alcançares a iluminação, continuas a viver momentos de tristeza e desânimo? – Sim, mas agora não me importam.*
– Tradição .................................................. 245

**110** *Em vez de procurar a paz que não tem, encontre aquela que nunca perdeu.*
– Nisargadatta .............................................. 247

## PERDÃO

**111** Um homem suplicou ao seu mestre que lhe perdoasse os seus pecados. Este disse-lhe que bastava procurar que a sua mente não o inquietasse.
– Ramana Maharishi .................................................. 249

**112** Se pudéssemos ler a história secreta dos nossos inimigos encontraríamos, na vida de cada um, penas e sofrimentos suficientes para desarmar qualquer hostilidade.
– Anônimo .................................................. 251

**113** Acusar os outros dos seus próprios infortúnios é um sinal de falta de educação. Acusar-se a si próprio demonstra que a educação começou. Não se acusar a si mesmo nem aos outros, demonstra que a educação está completa.
– Epícteto .................................................. 253

## PROPÓSITO

**114** Se semeias um pensamento colherás uma ação. Se semeias uma ação colherás um hábito. Se semeias um hábito colherás um caráter. Se semeias um caráter colherás um destino.
– O Tibetano .................................................. 255

**115** Investe naquilo que um naufrágio não te pode arrebatar.
– Anônimo .................................................. 257

**116** O pobre deseja riquezas. O rico deseja o céu. O sábio aspira a uma mente sossegada.
– Swami Rama .................................................. 259

**117** Uma vida plena é melhor do que uma vida longa.
– Nisargadatta .................................................. 261

## CURA

**118** Deus arranjará os corações partidos se nós lhe entregarmos todos os pedaços.
– Teresa de Calcutá .................................................. 263

**119** Nenhum problema pode ser resolvido pelo mesmo nível e consciência que o criou.
– Albert Einstein .................................................. 265

**120** *A dor é inevitável, mas o sofrimento pode ser superado.*
— Néor .................................................. 267

**121** *As forças naturais que se encontram dentro de nós, são as que verdadeiramente curam as nossas doenças.*
— Hipócrates ............................................ 269

## SERENIDADE

**122** *O Universo inteiro submete-se a uma mente sossegada.*
— Chuang Tzu ........................................... 271

**123** *Universo, dá-me serenidade para aceitar as coisas que não posso mudar, coragem para mudar as que posso e sabedoria para reconhecer a diferença.*
— Oração dos Alcoólicos Anónimos ....................... 273

**124** *O que quer viver o prazer sem dor e a ordem sem desordem, não entende as leis do céu e da terra.*
— Chuang-Tsé ........................................... 275

## TEMPERANÇA

**125** *A água do rio, por mais turva que esteja, tornar-se-á clara.*
— Provérbio ............................................. 277

**126** *Faz silêncio ao teu redor se queres ouvir cantar a tua alma.*
— Arthur Gaff ........................................... 279

**127** *Quando já não somos capazes de mudar uma situação, encontramo-nos perante o desafio de nos mudarmos a nós próprios.*
— Victor Frank .......................................... 281

## TERNURA

**128** *Nas palavras reflete-se o talento e no olhar, a alma.*
— Simone de Beauvoir .................................... 283

**129** *O que o força estraga-o. O que o agarra perde-o.*
— Lao Tsé ............................................... 285

**130** *A virtude não consiste em fazer grandes coisas, mas em fazer bem as pequenas.*
– Montaigne ................................................. 287

## TRANSFORMAÇÃO

**131** *Aprendemos a usar o pensamento para transcender o corpo, mas ainda não sabemos servir-nos da consciência para transcender o pensamento.*
– Ken Wilber ................................................. 289

**132** *O ato da observação altera o observador e o observado.*
– Heinseberg ................................................. 291

**133** *O que é necessário melhorar não é o Universo mas a forma de o olhar.*
– Lama Dirhavansa ........................................... 293

**134** *Não cesses, em momento algum, o esculpir da tua própria estátua.*
– Plotino .................................................... 295

**135** *Uma vida não examinada, não merece a pena ser vivida.*
– Sócrates ................................................... 297

**136** *O futuro deixado a si próprio apenas repete o passado. A mudança só pode ocorrer agora.*
– Nisargadatta ............................................... 299

## VERDADE

**137** *Os meus juízos impedem-me de ver o que há de bom por detrás das aparências.*
– Wayne W. Dyer .............................................. 301

**138** *Deus não tem religião.*
– Mahatma Gandhi ............................................. 303

**139** *A verdade está no descobrir, não no descoberto.*
– Nisargadatta ............................................... 305

**140** *A ciência sem espiritualidade leva-nos à destruição e à infelicidad*
– Gandhi ..................................................... 307

## VONTADE

**141** *Aprendi que toda a gente quer viver no cimo da montanha, sem saberem que a verdadeira felicidade está na forma de a subir.*
– Gabriel García Márquez .................................................. 309

**142** *Tens de decidir se queres atuar ou reagir. Se não decides como jogarás na vida, ela sempre jogará contigo.*
– Merle Shain .................................................................. 311

**143** *A diferença fundamental entre um homem adormecido e um desperto, é que o desperto vê tudo como uma oportunidade de aprendizagem, enquanto que o adormecido vê tudo como uma bênção ou uma maldição.*
– Gurdieff ..................................................................... 313

**144** *A mente cria a ponte, mas é o coração que a cruza.*
– Nisargadatta ................................................................ 315

SOBRE O AUTOR .................................................................. 317

# Apresentação

No início do novo milênio, no meu afã de contar com elementos de aprendizagem essencial, elaborei 40 cartões com frases lúcidas que, durante anos, selecionei das leituras mais sábias que encontrei. A minha intenção era ativar a consciência para erradicar a amnésia do *eu interior*, que arrastamos na identificação superficial da vida cotidiana.

Todas as manhãs, tirava um cartão aleatoriamente e abria-me ao Universo, como se tivesse recebido um presente em forma de "energia de possibilidade" para o dia que tinha pela frente. Pouco a pouco, o que havia nascido como um jogo mental, foi-se tornando uma aventura que desencadeava insólitas experiências cotidianas. Gradualmente pude comprovar que, através desta prática, não só o meu nível de atenção aumentou como também aconteciam incríveis sincronias. A minha vida converteu-se num sucesso mágico, no qual, em cada manhã, a sabedoria refletida naquelas frases me "ativava" uma espécie de guião sutil, que me orientava ao longo do dia que iniciava. Ao fim de algum tempo observei que estava adotando atitudes que pertenciam a um novo programa mental, mais amplo e eficaz, que paulatinamente, se desvendava na parte mais profunda da minha consciência.

O jogo levou-me a considerar cada dia como uma vida completa, uma vida em que nascia a cada manhã e morria a cada noite. Pouco a pouco, e à medida que me tornei cada vez mais consciente do momento de despertar, percebi que depois de "ativar" o cartão, os meus primeiros pensamentos se dirigiam para o guião de crescimento, no qual, através de cada frase, encontrava chaves que davam um sentido à minha vida. A "aventura da consciência" estava em pleno apogeu e por cada "abrir de olhos" ao novo dia, também se abria um caminho de experiências e de conexão, essencial para toda jornada.

Neste estranho jogo a que me propus, sentia que cada frase me trazia uma mensagem de Ordem Superior, com a qual eu podia expandir a consciência e crescer integralmente.

O jogo de 40 cartões com frases tão peculiares foi-se multiplicando entre as pessoas mais próximas, que me faziam chegar o seu entusiasmado testemunho de abertura interna, ao sintonizarem-se com a não casual frase de sabedoria. O método era simples, bastava permanecer atento e observar as "casualidades", que o processo de viver o dia de consciência desperta, implica. Com o passar do tempo, as frases converteram-se numa bússola de autoexame e inspiração, para viver em sintonia com um "algo mais", que se tinha convertido num fio de luz e conexão com a esfera do essencial.

Chegou o dia em que observei que cada frase tinha fecundado plenamente o meu ser de vivências e reflexões. Passados vários anos era como se estivesse "grávido" de cada uma delas. Não esperei muito porque o bebê queria nascer, por isso, comecei a escrever o que havia incubado durante o tempo em que, simplesmente, decidi dar atenção ao momento presente e a essa peculiar loteria cósmica que surgia no momento de tirar um cartão.

Assim nasceu este livro. São 144 reflexões que foram escritas com a intenção de *partilhar* ampliação e oferecer uma conexão com essa sabedoria da alma que nos foi transmitida por aqueles que abriram os caminhos até ela.

Sem dúvida, trata-se de uma sabedoria que, para se desvendar não precisa de pacotes eruditos de informação, mas sim do despertar de uma sutil atitude de exploração e atenção sustentada. Reconheço que, enquanto as suas páginas foram nascendo senti que também nascia um elemento capaz de abrir uma fenda na capa mental das emoções destrutivas, que experimentamos como indivíduos e como sociedade.

A rigorosa medida de duas páginas por frase, que mantive na sua elaboração, teve em conta o pouco tempo que estamos dispostos a dedicar, na nossa vida cotidiana, a um tema não prosaico.

Desta forma, o leitor que aborde uma frase de sabedoria, saberá, dentro do seu apertado relógio profissional, quantos minutos vai gastar na sintonia vibratória com a parte de nós mesmos a que chamamos "alma".

Conforme revejo a leitura, comprovo que cada frase de sabedoria, cuidadosamente eleita no acervo do conhecimento dos nossos sábios, pressupõe um poderoso enunciado de lucidez e aprendizagem. As frases compiladas são uma síntese do conhecimento essencial do seu criador. Podemos considerar cada frase como "fruto dos seus caminhos e das suas obras", carregado de verdade e simplicidade, agora convertido numa semente expansiva, disposta a desdobrar-se sem esforço na consciência do leitor que a instala.

Cada uma das 144 frases que figuram neste livro é um mapa mental para uma jornada que, através de múltiplos caminhos, ativará a atenção sustentada até à consciência desperta. O leitor poderá comprovar, através da diversidade de conteúdos e estilos de desenvolvimento, como subjazem termos sutilmente repetidos que, como pilares ao longo dos milênios, assinalaram reiteradamente a arte de viver a nossa paz profunda com plena consciência.

## *Como ler este livro*

Sugiro ao leitor que entre nas suas páginas, escolhendo mentalmente um número de 1 a 144, com uma atitude de interrogação sobre o momento não casual que o seu processo interior atravessa. À medida que sintoniza cada frase, observará que esta pode ser considerada como um cofre, repleto de chaves sutis que falam do núcleo de si próprio, chaves que o universo, através da *sincronia*, oferece de forma não casual para manter a atenção e a atitude mais plena e feliz ao longo do dia.

Recomendo ao leitor que o leia de forma suave, como se ouvisse música, sem pretender "controlar" o seu significado, porque uma parte dos seus conteúdos dirige-se a áreas profundas da mente que, progressivamente, serão ativadas ao longo do dia.

Como apoio a este livro, existem os já mencionados cartões que, como um baralho de jogar, e com o nome de "presentes do universo", reúnem a maior parte das frases que aqui figuram. Na realidade, a utilização desses cartões e a extração aleatória de cada um, põe em jogo uma energia de "não casualidade" que nos predispõe a um estado de consciência tão aberto quanto mágico.

# Introdução

## Fundamentos desta obra

Como observador transpessoal, apercebi-me que os meus clientes, no decorrer das consultas periódicas, aprendem ferramentas e avançam progressivamente no seu crescimento. Sem dúvida, algumas vezes senti que me faltava uma que facilitasse, de maneira fluída, o acesso ao novo modelo mental com o qual podemos viver felizes nas "ondas" da vida.

Perante essa necessidade, ficou claro que precisava encontrar mecanismos que atuassem com rapidez e sem esforço. Como não me parece difícil convencermo-nos de que, assim como em cada manhã, dedicamos um tempo para cuidar do corpo, da cara, do cabelo e da roupa, por que não dedicar também um tempo para limpar os "óculos de ver a vida" e o núcleo do próprio ânimo? Como psicoterapeuta sinto-me muito motivado a criar uma Tecnologia da Transformação, que possa ser ativada no espaço semanal que medeia as consultas. Partindo desta perspectiva, aspiro a oferecer ferramentas capazes de serem trabalhadas com comodidade e simplicidade na intimidade do lar.

Quando decidi editar esta obra, a minha intenção era clara. Não consistia em escrever um livro convencional do princípio ao fim. Tratava-se de conseguir uma cadeia de impactos na consciência, que não demorassem mais de cinco minutos diários. Queria oferecer um "despertador linguístico" que nos lembre, de forma sutil, quem somos e qual é o propósito da nossa vida. Quer dizer, um elemento conector rápido e eficaz que ative a "recordação" fundamental da nossa existência.

Reconheço que a minha motivação não é ideológica, mas sim humanista. As horas de trabalho, com a porta da sinceridade emocional bem aberta, permitiram-me observar que o problema do sofrimento humano está mais próximo da desatenção e do despiste do que de qualquer outro vírus da nossa civilização. Observei, também, que o grande terapeuta por excelência é a consciência atenta e que os níveis profundos da alma têm muito a dizer nos anos vindouros, nos quais, nem o dinheiro ou o desenvolvimento tecnológico proporcionarão felicidade a esta humanidade que a anseia.

Observo, da mesma forma, que o ser humano em vias de expansão, enfrenta crises quase permanentes. Crises que acontecem no seio de uma sociedade capitalista, na qual os seus membros ignoram como catalogar os seus conflitos e mal-estar íntimo. Infelizmente, nem todos sabem que a saída do labirinto está "dentro", nas profundidades da mente humana. A cada dia que passa, cresce o número de pessoas que precisam de um desenvolvimento da INTELIGÊNCIA DA ALMA, capaz de inspirar a direção mais luminosa do caminho que cada um percorre e dos problemas que, às vezes, enfrenta.

Nos tempos atuais, a vida é complicada. A variadíssima e hipnótica oferta consumista e a ânsia do dinheiro converteram-se em fonte de tensões que geram aflições e muitas contraturas físicas e emocionais. A família e as relações afetivas estão sofrendo uma transformação vertiginosa e o ser humano do nosso tempo não sabe como "reciclar-se" e atualizar os mecanismos emocionais que o novo "padrão de relação" exige. Neste sentido, não serão os grandes discursos dos políticos que irão iluminar o caminho, mas sim, a voz dos seres humanos com sensibilidade e profundidade, que tenham decidido abrir as portas da alma e, com elas, a medicina do *amor consciente* como elemento transformador e curativo da existência.

Ao longo dos cursos de *Educação das Emoções e Consciência Integral* que ministro, observo que nós, profissionais da atitude, necessitamos oferecer novos "modelos mentais", que tenham em conta aspectos como a independência nas relações, a expansão da consciência e suas consequências na vida diária, a aprendizagem de cessar o sofrimento, a observação sustentada da própria mente como elemento transformador, o Espírito e sua dimensão na vida humana, a relatividade de todas as crenças, o poder de interpretar o que acontece como uma ferramenta da serenidade, a consciência integral como atitude perante a diversidade de opções, a progressiva superação do egocentrismo como chave evolutiva, a grandeza da solidão e a sua diferenciação com o afastamento patológico, a lei da Impermanência sobre todos os fenômenos físicos e mentais, o refúgio interior para um eu superficial e aborrecido com a vertigem e a falta de sentido que subjaz na sua vida pessoal e social, a queda íntima do materialismo como fonte de satisfação, o extraordinário poder da sexualidade consciente, a integração harmoniosa do ego e da alma, a aceitação da própria "sombra" e a nova concepção da morte e do Além...

Temas que me senti motivado a lembrar, uma e outra vez, aos meus alunos e que desejei transformar num remédio sintonizador para cada manhã. O livro que você tem nas mãos, querido leitor, é um remédio da consciência que, trabalhado de forma diária e perseverante, ativa teclas de abertura na sua esfera sutil. A sua música serve para navegar a vida de cada dia e atender, tanto à parte mais prosaica e material, como também à mais sensível da nossa intimidade e afetos. Trata-se de uma melodia com vocação de ressoar com o sublime dos nossos – embora poucos – momentos de Graça.

Se adotar o hábito de se sintonizar todas as manhãs com esta oração da vida que lhe oferecem as páginas seguintes, observará que, ao longo do tempo, as suas sementes irão transformar-se em flores e frutos da alma que, sem dúvida, expandirão o seu aroma e efeito aos que tenham a sorte de estar próximos de você.


## *Porquê INTELIGÊNCIA DA ALMA?*

O título *Inteligência da Alma* surgiu no mesmo momento em que nasceram as primeiras linhas deste livro. Durante a sua elaboração, tive consciência de que o termo "alma" poderia estar sutilmente associado a crenças religiosas mas, apesar disso, não deixei de sentir que o meu coração se sintonizava com uma realidade mais profunda e essencial que as meras crenças, uma realidade cujo estudo e inteligência possuem um grau de profundidade e universalidade que atinge o ego com o Espírito que tudo abarca.

Por outro lado, a minha obra está há anos empenhada em criar uma ponte entre a mente e a consciência. De alguma forma, o arquétipo do barqueiro que segue a travessia para a outra margem acompanhou-me durante muitas sessões nas quais, quis referenciar o papel que as máscaras da minha vida estavam jogando. O termo "Inteligência" faz referência à capacidade que o *Homo Sapiens* tem para interligar as coisas que, de alguma forma, apontam para o desenvolvimento espiritual do emergente *Homo Amans*, sem dúvida um ser que se aproxima mais dos territórios atribuídos à consciência da alma.

*Conteúdo*

Somos descendentes de uma cultura judaico-cristã que primou obsessivamente pela Unidade e se defendeu violentamente da diversidade. Entre outras coisas, e graças a elas, podemos considerar que a nossa civilização ocidental deu um "esticão" único na história da Humanidade até ao sentimento de transcendência mas, infelizmente, parece que nos empenhámos em percorrer a estrutura superficial convertendo a unidade em uniformidade.

Com o formidável desenvolvimento da consciência, experimentado pela maior parte desta Humanidade nos últimos vinte e cinco anos, o ser humano pode colocar mil e uma máscaras nos seus próprios "eus", já que todos eles são conscientes e observáveis nos novos testemunhos que vão emergindo. Atualmente, a diversidade é considerada como um valor que favorece a vida e, partindo desta perspectiva, a Inteligência da Alma segue-a nas formas de aceder à realidade de um "dar-se conta" que as unifica.

As 144 máximas escolhidas entre artistas, filósofos, cientistas, teólogos, empresários, médicos e psicólogos – pertencentes a culturas dos cinco continentes e habitantes de tempos antigos e modernos –, transmitem os seus lúcidos conteúdos e traçam caminhos por onde flui a energia da consciência. Porquê 144? A resposta chegou após ter-me questionado sobre o número que melhor representa a totalidade. Esta foi a resposta: "doze dezenas", número que, do ponto de vista cabalístico, é de poder e espelha a totalidade.

Confesso que o texto me foi fazendo, enquanto eu fui fazendo o texto. A afetividade e a veracidade que me iluminaram nos tempos livres que o meu trabalho permitia, hoje por hoje, são razões suficientes para deixar de lado os muitos defeitos e carências contidos nestas páginas. É por isso que, mesmo assim, hoje e sempre, o legaria a qualquer um dos meus filhos e a outros seres vindouros, explicando-lhes que, grande parte do seu conteúdo, na realidade, foi inspirada silenciosamente pelos sábios que nos convidaram a uma reflexão quando criaram os seus incríveis juízos.

Qualquer pessoa que leia este livro e que medite, durante uns minutos diários, em cada frase que lhe toque e tiver a generosidade de escrever as suas reflexões acerca da mesma, posso assegurar-lhe que terá garantido um *salto* no seu nível de consciência e, também, o agradecimento daqueles com quem o possam partilhar.

*O poder de uma frase*

Tenho observado que a simples presença de uma frase na nossa corrente mental implica, automaticamente, estados emocionais e físicos que, por assim dizer, somatizam a correspondente neurolinguística. Os nossos estados de ânimo estão em estreita relação com os nossos pensamentos conscientes e inconscientes e, por sua vez, estes estados geram uma bioquímica que está de acordo com a qualidade dos pensamentos originais que desencadearam a sua sequência.

Cada frase que colocamos na nossa consciência, com o respetivo significado, determina seguidamente a qualidade e a saúde das nossas células. Nesse sentido, aponta o médico indiano Deepack Chopra, quando diz: *"Um pensamento torto é uma molécula torta"*, e vice-versa. Se, em cada manhã, instalamos na nossa mente um programa positivo e saudável, as nossas células segui-lo-ão e, com elas, o nosso corpo e a nossa vida.

O espírito deste livro pretende transmitir "meta-programas" mentais, tão rápidos quanto essenciais, que não permitam que nos esqueçamos e despistemos do que é importante.

Se isso acontecer, será uma satisfação para todos, e este livro terá conseguido o seu propósito principal.

*Saudações cordiais*
*José María Doria*

# ABUNDÂNCIA

*1 A verdadeira riqueza de um ser humano
é o bem que faz pelo mundo.*
Mahoma

Se a riqueza consiste em ter "muitas coisas", um estado de abundância que promete a felicidade, temos de nos questionar sobre o que faz realmente feliz um ser humano. E ao tentarmos responder a isto, nós próprios percebemos uma hierarquia de necessidades, nas quais, talvez a *quantidade* de coisas não seja tão relevante como a *qualidade* das mesmas.

Na escala mais básica, a riqueza serve para cobrir a necessidade de alimento que, como a qualquer "bebê existencial", é o que dá sentido ao seu mundo. Uma vez resolvida esta questão, ascende-se a um escalão de emoções, a partir do qual se considera rico um ser que ignora a solidão e a carência afetiva. Mas, num escalão superior, a riqueza tem a ver com o nível mental de autoestima e consequente autoconfiança, que possibilita o alcance de sonhos e metas.

À medida que a humanidade resolve as necessidades dos escalões básicos, de alimento, afeto, sentimento de pertença e autoestima, surgem outras necessidades mais elevadas ou *meta necessidades*, que dão sentido à vida e otimizam as capacidades da alma humana. Se as necessidades de nível inferior não estão resolvidas, as de nível superior nem sequer assomam na consciência. É por isso que não vale a pena, por exemplo, tentar envolver um mendigo no problema ecológico da Amazônia. Ele não o sente, nem se importa.

A necessidade de autorrealização define-se como um impulso para o desenvolvimento de todas as potencialidades de que dispomos enquanto seres humanos. A capacidade de materializar o nosso propósito central, de descobrir a nossa missão na vida e cumpri-la e de converter em realidade os nossos sonhos mais íntimos, pressupõe um objetivo que marca a Riqueza Essencial, com maiúsculas. Uma riqueza baseada na capacidade de sossegar a mente e *expandir a consciência*.

Quando se dá mais um passo na hierarquia das necessidades, acontece a muitas pessoas, sem o quererem, a chamada experiência transcendente. Trata-se de uma vivência na qual o indivíduo transcende o espaço e o tempo do eu racional e, durante um episódio de maior ou menor duração, entra num estado de infinitude e totalidade, do qual derivam acontecimentos extraordinários. Ter "viajado" de maneira imprevista ao plano onde a contradição dualista se transcende, leva à eliminação do medo da morte e, muitas vezes, ao desenvolvimento de capacidades psíquicas desconhecidas. Uma vez que experimente este nível de consciência, o indivíduo vive na certeza de que *isso é* e existe, apesar de não conseguir controlar a possibilidade de repetir a experiência.

O *espírito de serviço* e o desenvolvimento espiritual provêm, mesmo assim, de motivações que nascem na mente humana. São níveis que foram cartografados por seres considerados como a vanguarda da *supraconsciência*. Seres que deixaram um testemunho de amor e lucidez, no qual a própria riqueza é sinônimo de capacidade, tanto de crescer como de oferecer. Quando a vida está orientada para o desenvolvimento interior, capacita o entendimento do sofrimento pessoal ou alheio, convertendo os indivíduos conscientes, em mestres ou terapeutas. São homens e mulheres de aspecto comum, cuja riqueza se baseia na capacidade de facilitar a transformação da crisálida e de *acompanhar os outros* no delicado processo de "ginecologia da alma". Um mundo, no qual a riqueza consiste em experimentar a *suprema felicidade de ser útil* para acabar com o sofrimento humano através da evolução da consciência.

# ABUNDÂNCIA

*2 Nunca se dá tanto como quando se dá segurança e confiança.*
Anatole France

A mente humana tem tendência a antecipar desgraças. Acontece que, *quando sofremos antes do necessário, sofremos mais que o necessário*. As estatísticas confirmam que 90 a 100% do nosso sofrimento é motivado por causas antecipadas que não sucederam nem vão suceder. Se observarmos a mente, comprovaremos que funciona de forma fugaz e inquieta. Move-se *indo e vindo* entre o passado e o futuro, entre os polos do *avançar* e da *memória*. Mas esta função não tem que levar à antecipação sofredora que, com frequência, tortura muitas pessoas.

A mente cuida do nosso corpo, revendo rapidamente registros passados e *projetando-os* nos acontecimentos que estão para chegar. Uma função que, embora nos proteja de alguns perigos e previna riscos, pode gerar pensamentos infundados sobre desgraças vindouras. Não temos mais do que o presente. O estado de *pre-ocupação* é estéril, uma vez que o correto seria *ocupar-se* e não pre-ocupar-se, que é o mesmo que ocupar-se antes do tempo.

Lembremo-nos de que somos mais felizes e eficazes criando soluções, do que dando voltas em torno dos problemas. Entretanto, o que será melhor do que abrir o coração à esperança?

Uma mente que processa o problema, que se aproxima dele uma e outra vez e não cria soluções, é uma mente incompetente e incompleta. Uma mente sã observa o problema e solta-o imediatamente, reorientando-se no sentido de o solucionar. O medo e a tensão só cumprem a sua verdadeira missão quando mobilizam a inteligência para uma ação conveniente. Vamos manter a atenção de forma a não nos "prendermos" ao problema, porque uma vez que este esteja *enquadrado*, temos que nos concentrar é nas soluções certas. Não olhemos tanto o veneno como o antídoto. E se no início este não se vê, a sua ausência não quer dizer nada. Pelo simples fato de "olharmos" para esse espaço, os remédios e as soluções aparecerão progressivamente na consciência. Aquilo em que cada um de nós foca a atenção tende a crescer, quer se trate de soluções ou de problemas.

Quando se quer ajudar uma pessoa, cuja mente se sente ameaçada por problemas futuros, o melhor que se pode fazer é ajudar essa mente a se tornar clara e confiante. Desta forma estará mais capacitada para enfrentar as dificuldades que surgirem com serenidade e eficácia.

Então, que melhor aposta do que fomentar os recursos do agora? Sem dúvida, o sentimento de confiança é a *melhor opção* da nossa mente e é o grande desafio da inteligência da alma. A confiança é cumplicidade e comunhão com uma sintonia mais ampla. A confiança é sintonia com esse Poder tão grande que move os átomos e as galáxias. Viver na confiança é sentir que, chegado o momento das encruzilhadas, saberemos encontrar as soluções e decidiremos da melhor forma. A confiança é saber que o tempo está a favor e que, a cada dia, a nossa mente é mais competente e sábia. E da mesma forma que o universo se expande a velocidades infinitas, nós também nos abrimos ao que, na realidade, somos: observadores do grande presente da consciência.

Recordemos que, no fim, tudo tem solução e que, na realidade, *não aconteceu nada*. Além disso, se refletirmos acabamos por reconhecer que a dor e as perdas passadas abriram novos caminhos internos pelos quais se *expandiu a consciência*. A dor que tivemos que suportar, acompanhada das perdas, esvaziou o nosso ego e "levou" ilusões que nos escravizavam. Mais tarde, quando tudo se desvanece, sentimos uma maior ligeireza e vibramos na sintonia da alma.

## ABUNDÂNCIA

**3** *A melhor vitória é aquela em que todos ganham.*
Salomão

Um velho paradigma da economia afirmava que se uma pessoa obtinha um lucro, outro ser, em alguma parte do mundo, tinha necessariamente que experimentar uma perda da mesma quantia.

Tanto fazia que se tratasse de dinheiro ou qualquer outro bem tangível porque, na realidade, fazia-se referência a um mundo de recursos limitados. Por exemplo, num planeta em que existem cem pessoas e há cem maçãs, se uma delas come três unidades, o fará à custa de outras duas que, obrigatoriamente não irão receber a sua maçã. Este modelo de pensamento denomina-se *ganhar-perder*, ou seja, se alguém ganha, simultaneamente alguém perde. Sem dúvida, um modelo mental que assinala uma *consciência de escassez*.

Atualmente, sabemos que os recursos não são necessariamente limitados. A investigação e o *desenvolvimento sustentável* propiciam novas fontes de energia e fatores de riqueza renováveis. Neste sentido, o novo paradigma denomina-se *ganhar-ganhar* e pressupõe que, quanto mais riqueza se cria, mais se estimulam os ganhos gerais de todos aqueles com quem se interage. Um exemplo pode ser visto nas tendências de crescimento que afetam não só uma empresa, mas todo o setor da mesma atividade.

Quanto maior é o número de pessoas que realizam uma determinada prática, maior é a influência de energias sutis, também chamadas *campos morfogenéticos*, que mobilizam a totalidade.

Por exemplo, quanto mais pessoas conduzem, aprendem informática, praticam aeróbica, ou se exercitam na meditação, mais fácil se torna, para os novos principiantes, aprender estas técnicas. O mesmo acontece com as atividades comerciais, por exemplo, quanto mais livrarias existirem num bairro, mais quantidade de livros se irão vender no conjunto final de todas elas.

Deixando de lado a economia dos *quantos* e abordando a índole essencialista das coisas, podemos afirmar que, perante a desigualdade no mundo, é possível encontrar soluções, tão justas quanto luminosas, nas quais todas as partes ganhem. Embora não pareça, todos os seres humanos são capazes de gerar riqueza para si próprios e para os outros.

Acaba a era do vencedor e do vencido. Todos ganham e são vencedores no seu resultado particular embora, por vezes, para cada uma das partes o fato de ganhar tenha significados diferentes. A vitória é global e o Universo é um jogo de interdependências onde *tudo afeta tudo e é, por sua vez, causa de tudo*. Qualquer vitória pode beneficiar simultaneamente o ego e a alma, o corpo e a mente, a parte e o todo. O novo objetivo consiste em criar um modelo de pensamento que tenha em conta todas as partes e foque a energia de forma não só particular mas, também, global. Ou seja, um padrão de crescimento integrador e *inclusivo*.

O antigo modelo mental de caráter exclusivo, formulado em "amargo-ou-doce", foi superado na nova integração "amargo-e-doce", ou seja *agridoce*. Uma *energia de síntese* que compatibiliza o que era anteriormente considerado incompatível. Trata-se de um aspecto integrador utilizado pela Evolução para *saltar* para um novo estado de consciência, que contenha implícito os anteriores e, além disso, expresse uma qualidade distinta e maior do que a simples soma das partes. Um paradigma de pensamento e criação da realidade no qual todos jogam e todos ganham.

## ACEITAÇÃO

*4 Deixo de resistir ao que rejeito em mim.
Também sou isso.*
Chandica

Por baixo da máscara do nosso eu consciente descansa, oculto e reprimido, um variado catálogo de emoções destrutivas como a ira, o rancor, os ciúmes etc. e partes repudiadas ou reprimidas que habitam esse território estranho e inexplorado que a psicologia denomina de *sombra*. Desde a nossa mais tenra infância, foi-nos sempre dito que *isso* que às vezes sentíamos era *mau*, pelo que não tivemos outro remédio senão reprimi-lo e ocultá-lo bem no fundo de nós mesmos já que, de outra forma, corríamos o risco de ser ameaçados com castigos e palavras dolorosas. Aquelas brigas e frustrações que, por uma questão de idade e desenvolvimento, não pudemos *resolver*, foram ficando sepultadas no *sótão* ou subconsciente da nossa mente. E, uma vez que éramos criaturas emocionais com pouco discernimento, qualquer ofensa à nossa *importância pessoal* fazia aumentar o espaço da nossa *sombra*. Quando, algumas vezes nos sentíamos ridículos ou abandonados, quando nos culpávamos por ter ideias assassinas e suicidas ou ficávamos aterrados perante a possibilidade da perda dos seres queridos, quando sentíamos inveja, medo ou ódio por seres que, paradoxalmente, amávamos e não éramos capazes de encarar apropriadamente esses sentimentos, crescia em nós a *sombra*. Um espaço emocional que, tarde ou cedo, aflora ao exterior disfarçado nos mais variados exageros que expressamos na vida diária.

É por isso, que quando sentimos que estamos a exagerar, quer seja por defeito ou por excesso, atenção, isso indica que a nossa *sombra* está por detrás da cena, como uma *hidra* que estica os seus tentáculos e, curiosamente, mostra qual a parte de nós mesmos que deve ser revista ou, muitas vezes, resolvida.

O "dissolvente mágico" mais terapêutico e eficaz para resolver a sombra é a *Luz da Consciência*. Observar e examinar, de forma sustentada, todas as ramificações que essa parte reprimida desenvolveu na nossa mente subconsciente, transforma as reações neuróticas em opções voluntárias. Ao aceitar a *sombra*, transportamos o eu a um território cuja integração nos traz poder pessoal e dinamiza o próprio processo de libertação e maturidade. Na realidade, a primeira coisa que este processo de maturidade requer é reconhecer as diferentes partes do eu pessoa, quer sejam bonitas ou feias. Trata-se de *subpersonalidades* que resistimos a ver, porque não gostamos delas. Uma vez reconhecidas, deve-se passar à aceitação do fardo psíquico negativo, com o qual nos vemos obrigados a viver e do qual não somos, em absoluto, culpados. Por último, e a partir desse reconhecimento e aceitação, convém construir novas e mais desejáveis opções de pensamento e comportamento.

Não podemos continuar a acreditar ingenuamente que a virtude se alcança tapando o vício. Talvez a vida não consista em conseguir o bem isolado do mal, mas sim no *apesar dele*. Na realidade, as únicas pessoas "malvadas" que podem existir são aquelas que se negam a admitir a sua própria negatividade. Partindo da perspectiva da consciência, todos os erros se podem corrigir, exceto os que se cometem de forma inconsciente. De fato, para a parte "malvada" da pessoa, o exercício da *auto-observação sustentada* é como uma espécie de suicídio. É por isso que a "medicina mágica" que tudo transforma, está baseada na *observação* de todas as ramificações e razões da própria conduta negativa. Trata-se de um testemunhar equânime, sem proveito nem culpa. Na realidade, só seremos conscientes de que *somos Luz sem oposto* quando formos capazes de abraçar compassivamente o lado obscuro da nossa realidade mental e permitir que este se ilumine de forma progressiva.

## ACEITAÇÃO

**5** *Existe um segredo para viver feliz com a pessoa amada: não pretender modificá-la.*
Simone de Beauvoir

"*Se você me quiser já sabe como deve se comportar... Se você me quisesse não teria feito... Você me fez tanto mal... Você me faz tão feliz quando faz as coisas desse jeito... Espero tanto de você...*" Acaso alguém pretende responsabilizar o outro pelos seus próprios sentimentos? Ninguém é responsável pelos sentimentos de outra pessoa. Cada um é responsável, apenas, pelos seus próprios sentimentos. E quando alguém sente frustração ou desengano em relação ao outro é porque lhe entregou tanto poder que, essa relação mais se parece com dependência e imaturidade emocional do que com um espaço de qualidade e convivência salutar.

Se para conseguirmos ser felizes, necessitamos viver com alguém a quem encarceramos numa determinada conduta, estamos transferindo o controle da nossa paz para mãos alheias. Cada um tem o direito e o dever de *gerir a sua* própria felicidade. Algo que não tem nada a ver com isolamento nem com nenhum tipo de barreira. Para conseguir esse objetivo, devemos basear-nos no trabalho interno e não na evolução de formas de ser alheias. E se alguém crê que vai ser feliz no momento em que a outra pessoa faça ou deixe de fazer determinadas coisas, a única coisa que, infelizmente, fará será manipular de forma obsessiva e ansiosa.

Devemos evitar pedir ao nosso amigo ou amante um pouco de amor que, nesse momento, não saia espontâneo da sua alma. Nos assuntos do coração não é recomendável pedir migalhas, ainda menos se pretendemos que essa manifestação seja perpétua.

Não peça um beijo nem peça que gostem de você. Dê você esse beijo e ofereça um forte abraço com alma. Não peça que o admirem ou manipule para que o prefiram. Não peça o coração porque essa entrega é uma ação pura e espontânea. Uma atitude forçada pelas nossas próprias exigências não será mais do que "pão para hoje e fome para amanhã".

Convém reorientar as nossas carências, começando por oferecer tudo aquilo que desejamos para nós mesmos.

Quando uma pessoa, nos seus primeiros anos de vida se sentiu "querida" e protegida por um *padrão de manipulação* e dependência, o mais provável é que *projete* as mesmas atitudes que viveu. A manipulação funciona, muitas vezes, de forma inconsciente e torna-se difícil apercebermo-nos de toda a gama de falsas gentilezas. São momentos nos quais o manipulador exibe um vasto leque de sutilezas, com a intenção de adequar o mundo às suas necessidades e carências. Para superar esta dificuldade e relacionar-se com liberdade e independência, é necessário observar a origem da manipulação e as formas obscuras que utiliza para alcançar as coisas. Veja-se o que está por detrás das palavras e o que realmente se pretende quando se fala. Pergunte-se porque é que a relação de amor se converteu num estado de controle e de riscos perante a possibilidade da "perda".

Amar verdadeiramente é reconhecer e respeitar o que se passa no mais profundo da própria mente e na do outro. Atenção às "expectativas" do ser amado. Convém deixar fluir o presente e respeitar a complexa realidade das outras pessoas. Evitemos rodeá-las de *modelos* ideais, com os quais, mais cedo ou mais tarde nos sentiremos defraudados. Libertar e abraçar, duas forças que, embora pareçam contrárias, devemos aprender a tornar compatíveis e integradoras. Se queremos amar verdadeiramente, devemos especializar-nos na aceitação e na flexibilidade, abraçando no mesmo *kit* o que existe para além do que idealizámos. Lembre-se que apenas o chamado "amor" não basta. Aprenda a formular serenamente desejos e objeções criando pactos e abrindo uma mútua consciência.

## ACEITAÇÃO

**6** *Se não tem remédio, por que te queixas?*
*Se o tem, por que te queixas?*
Henry Ford

Há uma grande diferença entre desabafar e queixar-se. Quem desabafa esvazia a tensão, colocando palavras numa situação dolorosa; a queixa, pelo contrário, nega o próprio poder e resiste a aceitar e assumir a realidade que toca.

Enquanto o desabafo se estabelece a partir da partilha e da aceitação, a queixa desenvolve-se sem uma visão de conjunto e no seio de uma briga infantil. A queixa esquece a transitoriedade de todos os estados mentais e o constante fluído das nossas ideias.

Todo problema tem solução, da mesma forma que todo veneno tem o seu antídoto. Se a solução possível não é imediata ou se não a conseguimos visualizar, convém, com urgência aceitar a situação, de forma a que a pressão emocional não arraste tudo com ela e o único escape que se consegue visualizar seja uma estéril queixa.

A queixa é regressiva porque paralisa a ação e bloqueia o futuro. A queixa mostra que algo na mente de quem a sofre não aceita a frustração produzida por expectativas prévias. De que serve queixar-se? A ninguém beneficia o diálogo medíocre de alguém que se auto nega. Todos sabemos que se o problema tem remédio, o que devemos fazer é atuar e, se não o tem, o diálogo melancólico não resolve nem melhora, ele ofusca e obscurece bloqueando as brisas da alma. Acaso o refugiar-se na *vitimação* alivia a frustração que produz o que aconteceu como não esperávamos? Sentir-se vítima do destino, não é uma opção interna?

O famoso departamento histórico de "Reclamações e queixas" deveria ser repensado e eliminada a última parte da etiqueta. A reclamação, como conceito é justa. A objeção é saudável, um prato queimado, uma mercadoria partida, uma falha no serviço ou um utensílio que não funciona são reclamações que servem um propósito e são úteis para o aperfeiçoamento progressivo das coisas. Mas se, junto com a reclamação, colocamos a música emocional da queixa, apenas conseguimos canalizar a briga, sem trazer nada de novo, nem criar um ambiente grato, onde cada qual cumpra a sua parte, sem culpabilidades encobertas.

Uma coisa é pedir ao Universo força para superar as nossas cargas e outra, muito diferente, é passar faturas das nossas frustrações e demandas não satisfeitas. Aceitar a frustração é uma *competência emocional* que se adquire com o cultivo do jardim interno e da maturidade plena.

Talvez algumas pessoas, num dia menos bom se questionem: "Fui eu que, de alguma forma, escolhi este destino?" E talvez não haja resposta. Sem dúvida, as leis da mente afirmam que tudo o que conseguimos, nas diversas ordens da nossa existência, é o que um dia pensámos que chegaria a ser e o que merecíamos. O que hoje rodeia a nossa vida é o resultado dos nossos sonhos e *crenças* passadas sobre o que um dia seríamos capazes de alcançar. Devemos pensar que, para mudar a vida e viver numa paz próspera, vale a pena esquecer a sorte e as loterias. O melhor será alterarmos os nossos pensamentos e nos sintonizarmos com o eu interior. Se formos conscientes podemos reinventar a nossa existência.

## ACEITAÇÃO

**7** *Quando o coração chora pelo que perdeu,*
*o Profundo sorri pelo que encontrou.*
Provérbio sufi

Custou-nos essa perda? Acabou a relação com a pessoa amada? Desapareceu-nos alguma coisa muito simbólica? Ultimamente a vida é monótona e não vivemos o que ansiamos? A saúde deu-nos um "aviso"? A economia não está bem? Feriram o nosso eu? Ou serão a raiva e a impotência acompanhadas de obscuros desejos de vingança?

Se olharmos para trás, para a nossa vida, e observarmos aqueles que nos rodeiam, saberemos que esta é um rosário em que os risos e as lágrimas se alternam. Também intuímos que toda experiência, por mais dolorosa que seja, traz ensinamentos surpreendentes. A evolução, como a roda de um moinho, refina e sutiliza as pessoas e as coisas. Por que nos dói tanto uma perda? A resposta aponta para o nosso eu, que se *confunde e identifica* com o que perdemos, provocando uma sensação que nos fragmenta. Na realidade somos muito mais do que as nossas partes. A nossa existência tem outro alcance e a capacidade de crescer internamente é ilimitada. Todos sabemos que quando alguém sofre, de pouco ou nada serve dizermos que a perda mais dolorosa é uma vivência que amadurece a alma. Sem dúvida, quando alguém percebe que pode olhar para a dor e compreender que ela é passageira, porque se trata apenas da outra face da mesma moeda, a tensão afrouxa e um raio de esperança surge.

Sabemos que se aceitarmos o que nos dói, se aceitarmos que a dor faz parte do *grande jogo*, a tormenta apazigua e podemos libertar-nos. Quando sofremos um impacto pela perda, tornamo-nos mais sensíveis, ao mesmo tempo que dissolvemos as formas ilusórias. Mais tarde, sentimos o coração expandido e olhamos a vida com outros olhos.

Acaso alguém duvida que depois de uma *noite escura* vem a alvorada? Sabemos que depois do choro e da perda se escuta a suave alegria das *coisas novas que nos chegam*?

A dor é transitória, sempre passou e deixou-nos o coração sem couraças. Na realidade, a dor é um "foguete" para o espírito que abre a sensibilidade e nos mostra o sentido último da nossa existência. A dor prepara, silenciosamente, a explosão de amor escondido que cada um de nós espera. Se há dor, devemos aceitá-la e nos lembrar que não há erros, nem castigos, nem tão pouco culpas, apenas aprendizagens e crescimentos da alma. No fundo, e enquanto a sua influência passa, resistimos apoiando-nos nos nossos valores e, partindo daqui ganha-se sempre.

Não há culpados, mas apenas condutas e programas. Não devemos pensar que o Universo é um lugar criado para sofrermos em nome das perdas. Temos direito a ser felizes e, se a dor bate à nossa porta e ocupa por um tempo a nossa morada, devemos lembrar-nos que a Vida florescerá no mais profundo da nossa essência.

É possível que, durante esse processo confuso, não nos demos conta do que realmente se passa. Mas, no nosso íntimo, sabemos que depois destes maus tempos, virá algo maravilhoso que sentimos merecer pelo simples fato de nos *darmos conta*. Trata-se de um milagre que se aproxima das nossas vidas, mas agora de uma forma diferente e renovada. Não se trata de "mais do mesmo" e é, sem dúvida, precisamente aquilo que o nosso ser interno, embora não acreditemos, deseja e procura. Precisamos confiar. Nos deixar fluir e deslizar pelas cascatas da vida cotidiana. Enquanto aceitamos, sabemos que chegarão prazeres mais profundos que nos abraçam o coração e fazem vibrar a nossa alma.

## ALEGRIA

**8** *Nasci chorando
e morrerei sorrindo.*
Nisargadatta

Quando a criança avança, dando os primeiros passos na consciência e se apercebe pela primeira vez que existe um "Eu" e um "Tu", ela está realmente contraindo a Totalidade, e dobrando o infinito, encerrando a sua consciência no tempo. Nascer para o "Eu" é começar a sentir-se um ser incompleto que observa o "mundo exterior" como um vasto *Grande Outro*. O separado "Tu", um ponto no qual começa o exílio da recente diferenciação sujeito-objeto, frio-calor, prazer-dor etc., um caminho de opostos que, primeiro, se diferenciam e mais tarde se reconciliam e integram.

Nascer é aceder à solidão de um corpo, à fria sensação de saber-se separado "da pele para fora". Nascer é deixar de reconhecer o *Oceano de Consciência* e tornar-se "Eu". E enquanto existir o "Eu", existirá o "Tu". Uma separação que causa ansiedade existencial e desejo de uma *reunião eterna*. Uma aventura da Totalidade que se torna "parte" para expressar uma só nota da nossa pessoa. E, embora cada um na sua essência, possua todas as notas e seja a própria Totalidade, como ego individual no mundo, expressa apenas determinados traços ou programas mentais frente à infinita diversidade de outros "notas-pessoas".

A vida, desde a sua chegada, sente-se ameaçada pelo acontecimento mais democrático da existência: a morte. Todos, absolutamente todos os egos morrem: os ricos e os pobres, os inteligentes e os tolos, os trabalhadores e os preguiçosos. A morte não estabelece preferências, ela é a porta da inexorável dissolução do "eu pessoa". Morrer é *voltar para Casa* e recuperar a identidade global do *Oceano de Consciência*. Quem receia perder o seu eu? Talvez receie aquele que não se permite intuir o que significa dissolver a consciência do Eu-parte e converter-se no Todo, no Ser puro, sem mente sujeito-objeto e sem qualquer dualidade.

O sábio sorri quando morre, sorri de felicidade quando abarca a expansão onipresente sem fronteiras, e sorri de felicidade ao deixar o eu e dissolver a velha tensão dual, numa mais consciente unidade recuperada. O rio chega ao mar e expande-se na sua oceânica presença. Sempre foi água, embora acreditasse que era um rio. O velho anel de ouro funde-se e torna-se líquido voltando a sentir-se identificado com o ouro que era antes. Ambos recuperam a identidade da sua essência.

Morrer é um privilégio: o privilégio de assistir ao regresso depois da aventura da consciência. No momento da morte, recordemos que somos Luz e que a bússola de que dispomos nesta transição é a *Luz da consciência*. Recordemos também, que a nossa vida teve mais utilidade do que aquela que imaginamos, que *não somos uma criatura humana numa aventura espiritual mas sim, uma criatura espiritual numa aventura humana* que, agora, simplesmente retorna. Lembremos que não devemos afligir-nos por aqueles que deixamos, porque deles cuida a mesma Inteligência que nos guiou nesta viagem.

A morte é um motivo de celebração para todos os que ficam porque um ser terminou a sua "caminhada na vida". Um ser que, após a sua total dissolução enquanto indivíduo separado, nasce na Totalidade como vivência suprema. Um prêmio de fim de carreira para os que são capazes de aceitar e valorizar o *Reencontro*, depois de um prolongado exílio de uma vida completa. O importante é que se tenha vivido toda a gama de experiências que havia para viver e, no final, cada um, em bem-aventurado sorriso, se torne no que sempre foi e nunca deixou de ser: Infinitude sem fronteiras.

## *ALEGRIA*

9 *Dormia e sonhava que a vida não era mais do que alegria.
Acordei e vi que a vida não é mais do que servir.
Servi e vi que servir era a alegria.*
Rabindranath Tagore

Existe algo mais desejável do que a alegria sem motivo?

Alegria sem motivo? Sim, sem motivo. A alegria entendida como um *estado de consciência* que não depende de condições externas e alheias. Um estado lúcido e brilhante que parece nascer da alma, sem referências mentais nem promessas vãs.

Trata-se da vitalidade cristalina que se expressa no pulsar de todas e cada uma das células. A "alegria sem motivo" é uma chama tão íntima e sutil, que a frustração ou o desengano não ensombram nem apagam.

Enquanto esta alegria incondicional sai de dentro, existem outros estados de excitação, a que também chamamos alegria, mas que estão totalmente condicionados pelo rumo das coisas. Trata-se de níveis de ânimo que, ao dependerem de fatores externos, longe de se afirmarem como estáveis, oscilam nas marés emocionais, afetados pelo vaivém dos seus opostos: a euforia e a tristeza.

A "alegria sem motivo" não tem oposto, porque a fonte na qual se nutre é a mão que sustém a balança. Quando surge, assinala a coerência da vida diária com o *propósito central* que dá sentido à nossa existência. Conhece o propósito da sua vida? Alguma vez formulou essa questão? Sabermos que estamos realizando o propósito pelo qual sentimos que estamos vivos não é banal. Sabermos que estamos imersos nele, produz um nível de alegria capaz de permanecer acima de muitas mágoas e perdas que encolhem o nosso coração no caminho da vida.

Às vezes, o nosso propósito consiste em desfrutar servindo de alívio a outros seres e sendo úteis ao desenvolvimento e bem-estar de outras pessoas. Como se sentiu, por exemplo, o inventor da penicilina ao descobrir semelhante bem para gerações vindouras?

Talvez saibamos que aquilo que encontramos de valioso e reparador merece ser partilhado e devolvido a todos os seres que passam ao nosso lado. Muitas pessoas, com uma vida exclusivamente prosaica, depois de enfrentarem uma *não casual* crise que tudo desmorona, despertam para valores que as tornam sensíveis à compaixão e ajuda dos que menos esperam. São seres que já escutam ecos das suas almas mostrando como servir o outro e apoiá-lo no que anseia. Dir-se-ia que têm um sentido afinado para captar o interior das pessoas com quem se conectam. Seres que, desde pequenos, sentem a tendência de servir os seres vivos no alívio das suas dores e tornando mais leves as suas cargas, muitas vezes profundas e silenciosas. Expressando o que sai do seu coração, vão descobrindo um *sentido na vida* que deseja satisfazer a *vocação do serviço* no alívio do mal-estar e na construção de uma paz irmanada.

São pessoas que, embora os seus rostos não tenham rugas, às vezes parecem muito velhas. O seu sentido da dor humana e a facilidade com que se colocam no lugar dos outros, convertem-nas em *benfeitoras anônimas* em permanente serviço, algo que lhes dá a *razão de ser* das suas vidas. São os novos "servidores do mundo", pessoas que mais parecem ter caído de uma estrela. Quase toda a gente conhece uma e também quase todos esperam dela a energia que se desprende na lucidez do seu olhar. Se alguém lhes pergunta: "Que sentido tem a vida para você?", longe de responderem conceitos típicos como prazer, fama e riqueza, respondem, unânimes, que servir é a sua alegria, servir de mil e uma formas, ajudando a progredir todos aqueles que passam, não casualmente por suas vidas.

## ALEGRIA

**10** *A alegria partilhada é uma dupla alegria.*
*A dor compartilhada é meia dor.*
Tiedge

Quando éramos crianças, quantos de nós não corríamos para contar ao pai e à mãe que tínhamos ganho uma medalha? E quem não guarda, como um tesouro, essa maravilhosa notícia que nos fez arder em desejo de partilhar ao chegar em casa? Sem dúvida, alegrias que nos fizeram felizes e que, ao partilharmos com os nossos entes mais queridos se multiplicaram. Quando a alegria nos preenche exclamamos "Sou feliz! Gostava tanto que todos fossem felizes! Quero que todos os meus amigos saibam!".

Mas, no outro lado da balança... o que sucede com a dor? Quem não sentiu alívio por partilhar a sua? Sabemos que expressar os sentimentos das múltiplas perdas que acompanham a nossa vida, alivia a dor e cicatriza as feridas da alma. Por que choras? Conta-me!

Partilhar a dor não significa queixar-se. Enquanto o desabafar descontrai tensões e dissolve a crispação interna, a queixa, pelo contrário, debilita quem a faz e baixa o nível do sistema imunológico. A queixa implica uma atitude de dependência e *vitimização* que, se se pratica e não corrige, corre o risco de tornar-se crônica. Na realidade, a queixa encobre desvalorização e negação da própria capacidade para resolver os problemas. A queixa solicita, sutil e manipuladoramente, um apoio externo baseado na pena e na dependência. *Vírus mental* que, além de não resolver nada, debilita o corpo e a alma.

Partilhar a dor com sinceridade e sem queixa, pressupõe responsabilizarmo-nos pela nossa vida e afirmarmo-nos na superação dos problemas.

Expressar a dor é deixar surgir a vulnerabilidade e a consequente grandeza que isso implica para a nossa humanidade.

Partilhar os momentos obscuros pressupõe enfrentar realidades internas que, noutros momentos, nos teriam parecido pouco "comerciais" para a nossa imagem em venda. O "desabafo" nada pede, apenas solicita atenção e escuta para poder converter em palavras os sentimentos de confusão e dor. Todos sabemos que quanto mais capazes formos de nomear a dor, mais controle temos sobre a origem do nosso sofrimento. É por isso que, à medida que partilhamos esse sentimento, retomamos a *perspectiva* e ordenamos as ideias na nossa cabeça. De novo recuperamos a distância de um *espectador* pleno de *desapego* e calma.

O verdadeiro crescimento pressupõe a superação do narcisismo que nos converte no centro dramático das nossas vidas. O ser humano é tão sociável por natureza que, quanto maior for o seu nível de comunicação, melhor será o aprendizado e o desenvolvimento pleno das suas capacidades. Na realidade, o Universo é um conjunto de relações entre átomos, planetas, estrelas e pessoas. Uma dança infinita de partículas que tecem a *grande malha* da Realidade que, como *rede holográfica*, vibra no grande jogo das interdependências.

Quando nos sentimos felizes, podemos optar por oferecer ao Céu esse sentimento permitindo que os campos de energia se expandam pelo planeta. Talvez nos ocorra pensar que a nossa maré de paz chegue ali, àquele lugar onde alguém assolado pela dor possa receber uma suave carícia no rosto. Acaso haverá maior satisfação do que oferecer a nossa alegria de forma anônima? E quando sentimos a dor nascida da nossa própria alma, podemos levantar os olhos para o Universo e optar por respirar durante uns minutos. Respirar profundamente, enquanto todas as estrelas estão conscientes de que a dor que chegou... já passa.

## ALTRUÍSMO

*11 Com o verdadeiro mestre, o discípulo aprende a aprender, não a recordar e obedecer. A relação com a lucidez não modela, liberta.*
Nisargadatta

Quando olhamos para a vida e contemplamos a diversidade de experiências que ela nos trouxe, damo-nos conta de que viver é uma aventura insólita. Uma viagem, na qual assistimos a nascimentos e perdas de entes queridos e a essa *primeira vez* tão carregada de possibilidades e magia. Ao longo do caminho, experimentamos diversos trabalhos e ocupações que, umas vezes nos comovem e outras nos deixam indiferentes. Contemplamos vários cenários, nos quais o guião fala de cooperação e concórdia, embora também tenha traços de "politiquice" e de aparência. Vivemos em várias casas e visitamos lugares de culturas desconhecidas. Quando éramos pequenos, os adultos eram muito grandes e agora, à medida que avançamos, vemo-nos como uma pequena gota no grande mar da existência. Ao longo dos anos, temos visto muitos modelos de carros, de casas e de roupas e adaptámo-nos ao avanço de uma tecnologia vertiginosa. E, perante esta enormidade de experiências que passam apagando os seus próprios odores, perguntamo-nos: "Que sentido tem esta viagem? O que pretende o Universo quando nós, que aqui estamos, viajamos num trem que o tempo devora? O que é suposto fazermos? O que pintamos nesta tela enorme?".

Às vezes pensamos que talvez a vida seja o *mestre* que nos ensina o que soa oculto por detrás daquilo que enfrentamos. O Universo mostra os seus ensinamentos, adotando vários rostos que nos abrem e despertam. Umas vezes pede-nos para investigarmos as grandes ciências, noutras, convida-nos a mergulhar nos meandros das almas mais curiosas. Em qualquer dos casos, durante a viagem, aprendemos a converter as contradições em paradoxos, enquanto deixamos passar os pensamentos que antecipam desgraças e nos inquietam.

De que se trata, então? Em que consiste esse algo que devemos aprender na nossa travessia pela Terra? Esse algo que parece mover tantos fios no interior dos nossos corações e das nossas cabeças? Uma vez mais, surgem perguntas cuja resposta é efêmera, mas nem por isso deixam de ser sinceras. Talvez, a primeira coisa que desenvolvemos seja a capacidade de *aprender a aprender*, para assim transformarmos cada experiência em sabedoria. Quando despertamos para o segredo da abertura, a vida roda com outro sentido. Percebemos que as coisas, por piores que pareçam, têm a sua intenção oculta e depressa descobrimos que o caminho da vida é, na realidade, uma escola.

Há um momento em que todos os seres humanos assistem ao esplendor do relâmpago e participam do Grande jogo que representa a consciência. A partir deste primeiro "dar-se conta", já nada será igual e tudo o que acontecer servirá para uma expansão sem volta. Trata-se de uma *iniciação-fronteira*, que, às vezes um grande livro proporciona e, outras, é a entrega passional que a aventura do amor proporciona. Muitas vezes, a mudança acontece quando, pela nossa vida, passa um ser *desperto*, com quem desatamos as vendas do nosso olhar interno. Trata-se de uma etapa que, passado algum tempo, recordamos como a linha divisória entre a escuridão da antiga noite e o amanhecer de uma nova vida.

Alguma vez você se questionou sobre que sentido tem seguir numa atitude de estagnação? Se assim é, mantenha a calma e confie, enquanto permite que Isso o encontre, e mais tarde... o mostre.

## ALTRUÍSMO

***12** Se deres um peixe a um homem faminto, o alimentas durante um dia. Se o ensinares a pescar alimentá-lo-ás toda a vida.*
Lao Tsé

Quando o ser humano se encontra no seu estado natural, ou seja, no estado em que *flui* pela vida, tende a expressar a sua verdadeira natureza. É uma atitude aberta, de oferta e partilha, que precisa de dois ingredientes, que por sua vez dão sentido à verdadeira condição humana. Esses ingredientes chave são a Inteligência e a Consciência.

Se o amor não é um mero sentimento que, tal como as ondas vai e vem, e se adquire expressão de forma inteligente e consciente, o ser humano entra num curso superior para gente sábia. Um curso para homens e mulheres que são capazes de responder às faíscas intuitivas e seguir o caminho do serviço, para onde o Universo os enviar. São seres que, através da corrente intuitiva, são transportados a momentos e lugares nos quais podem ajudar e transmitir calma. São aqueles que, no seu apoio à amplitude, não se regem pelo pensamento calculista mas, movem-se em *flashes* lúcidos que cuidam secretamente da vida que pulsa em todas as pessoas.

O *desperto* utiliza a palavra para neutralizar discussões e "desobstruir canos" nas relações humanas. É alguém que serve sutilmente o crescimento interior dos seres, gerindo a íntima abertura das suas crisálidas. Diz-se que o *iniciador* sorri e dá a mão, mas também apresenta a sua face mais negra e ameaçadora: dois rostos sob os quais se percebe o grande propósito de apoiar projetos que amadureçam os frutos da *vida consciente* no planeta.

Trata-se de um profissional da expansão, cuja ajuda chega a muitos, mas não "amarra" ninguém. Mais tarde, quando segue o seu caminho, por vezes, sente-se o cheiro de rosas e outras flores, o perfume da moda.

*Amor inteligente* é o que se chama ao jogo de reconhecer que dar um peixe a cada dia, cria sutis "acidentes" e deixa claro, a quem o recebe, que não poderia viver sem essa oferta. Sem dúvida um *padrão de dependência*, onde o que nasce da pena ou da própria arrogância, não oferece *varas de pesca* aos que já estão preparados para ganhar a vida e viver de forma independente. Amor inteligente é acalmar a sede de *água da vida*, uma água que apenas flui quando a manipulação do ego dá lugar à maturidade sincera da alma. Amor inteligente é aquele que dá e, ao mesmo tempo, sabe que pode retirar-se porque, mais do que dar, o que na realidade fez foi incentivar uma *forma de ver e sentir* capaz de assumir tranquilamente a vida, exercitando recursos para navegar por entre as crises da existência.

O verdadeiro sábio já deixou para trás essa forma de ensinar que traz implícito o poder de quem dá e cria laços de submissão e dependência. Agora, o seu prazer está em exercitar no "coração do milagre" e no *furacão de sincronias* que movem os fios da alma. Uma mente que todos os dias se maravilha ao confirmar, com surpresa, o Mistério do Espírito que faz encaixar todas as peças.

O *desperto* é um curador que não faz esforços, apenas está atento às pressões internas daqueles a quem, não casualmente, encontra. O trabalho de aliviar e ampliar chega à sua vida enquanto passeia, enquanto observa. Chega em qualquer momento e onde menos se espera. Há já algum tempo que se matriculou nas *Ciências do Amor Inteligente* que tornam as pessoas realmente independentes.

## ALTRUÍSMO

**13** *O maior de todos os erros é não fazermos nada, porque pouco podemos fazer.*
Sidney Smith

*Num local de sol e paz, encontrava-se um escritor que vivia junto a uma pequena povoação de pescadores. Na sua tranquila vida, quando amanhecia, dava um grande passeio à beira-mar. Num dia, igual a tantos outros, viu ao longe uma jovem que parecia dançar à beira-mar. À medida que foi se aproximando, confirmou que a bela jovem recolhia estrelas-do-mar que estavam na areia e as devolvia, com graça e ligeireza, ao oceano. "Porque fazes isso?", perguntou o escritor um tanto intrigado. "Não percebe porquê?", respondeu a jovem, "Com este sol de verão as estrelas secam e morrem se ficarem aqui na praia". O escritor não pode evitar um sorriso e disse: "Jovem, existem milhares de quilômetros de costa e centenas de milhares de estrelas-do-mar... O que é que consegues com isso? Tu, sozinha, devolves muito poucas ao oceano." A jovem, colocando outra estrela na mão e olhando-a fixamente disse: "Para esta já consegui alguma coisa" e lançou-a ao mar. Sorriu e prosseguiu o seu caminho. Naquela noite, o escritor não conseguiu dormir... quando amanheceu, saiu de casa, procurou a jovem na areia dourada, juntou-se a ela e, sem dizer nada, começou a recolher estrelas e a devolvê-las ao mar.*

Basta uma só estrela-do-mar? Uma só? A vida é um valor que não fala o idioma da quantidade, desenvolve-se nas suaves brisas da *qualidade*. Quando damos *vida à vida*, nos sintonizamos com o oceano primordial de *energia-consciência*. Tão vivo está um cavalo fogoso, como o podem estar centenas deles galopando velozes nas pradarias. Na realidade é a mesma *Vida-Una* que, como realidade metafísica dá alento a cada corpo, como se de um terminal orgânico se tratasse. Com a vida nunca é pouco nem é muito; é, simplesmente, um sim ou um não.

Descobertas recentes no campo da biologia postulam a existência de uma nova espécie de vida no planeta. Trata-se de um enorme fungo que, com uma extensão de dezenas de quilômetros vive e se desenvolve a um metro de profundidade, debaixo da terra. O curioso deste espécime é que tem centenas de terminais que surgem à superfície com a forma de pequenos cogumelos. Cada um destes pequenos fungos de superfície, com *aspecto de separação e individualidade*, está conectado debaixo da terra com a *Vida-Una*, à qual pertence, sendo esta a sua única manifestação externa.

Por mais que, através da ciência cheguemos a medir e controlar as *espirais ribonucleicas*, não estamos, nem sequer, tocando a *energia--consciência*. Todas aquelas aparências que possamos tocar com a destreza de um bisturi, não farão mais do que deambular pelo mundo das "formas puras", pelas quais a Vida se expressa. Qualquer manipulação genética, por mais sofisticada que seja, opera apenas sobre as superfícies, já que o *aspecto Vida* não é acessível através da forma mas sim, através da empatia sutil com a sua essência. Algo que não está ao alcance do bisturi, mas sim da energia do amor e das suas lúcidas consequências.

Às vezes sentimos que a vida nos pede para dar atenção e consciência ali, onde se encontra essa estrela-do-mar ou da terra. Essa estrela de ar ou de fogo cujo destino parece não ser o da morte imediata, mas sim o de se lançar na vida que começa e se renova. E talvez pensemos que, como não a podemos amar o suficiente, mais vale abandoná-la e fechar à chave a porta da alma... Nunca é pouco nem muito quando se trata de qualidade. A força que subjaz após uma ação desprovida de proveito próprio conecta com o núcleo da citada estrela. Quando alguém se sente motivado a partilhar o seu conhecimento e a apoiar os projetos dos outros como se fossem os seus, convém recordar que quem deve dar graças não é o que recebe, mas sim o que dá aquilo que o percurso da vida reclama.

## AMOR

**14** *A diferença entre o amor e a paixão é simples. A paixão procura a felicidade no outro, enquanto o amor busca a felicidade do outro.*

Anônimo

Nós, seres humanos da atualidade, dizemos que amamos, mas não sabemos o que é isso exatamente. O egocentrismo do nosso atual modelo de desenvolvimento evolutivo denota um nível narcisista no qual, as relações tendem a desenvolver-se de forma muito primária.

Pensamos que o amor é um sentimento de atração pelo que abraçamos apenas o que nos satisfaz e deixamos de amar quando nos sentimos incomodados. Estamos muito longe do coração nuclear e da essência.

Quando encontramos esse Amor *sem motivo*, que tem mais a ver com a nossa identidade profunda do que com a pessoa que abraçamos, expressamos padrões emocionais que aprendemos em família, na nossa infância. O crescimento pessoal do ser humano e o acesso a um nível mais elevado do apego, também chamado amor, passa pela ampliação da consciência e pela superação dos padrões de dependência.

Por vezes chamamos egoísta à pessoa que vive exclusivamente interessada nela própria, a uma mente que gira, uma e outra vez em torno da sua própria e encerrada esfera. Ninguém é culpado do nível evolutivo em que se encontra, porque a vida é um caminho no qual enfrentamos uma lição atrás de outra. Todo um percurso no qual nos doutoramos em *expansão de identidade* e descentralização gradual da pessoa. A experiência da identidade "Eu" amplia-se e passa do corpo físico à família, da família à sociedade, da sociedade ao mundo e do mundo ao Universo. A vida é uma chamada à contínua universalidade dos nossos interesses e à ampliação da margem de tolerância. A "diversidade" é a lição com a qual o nosso ego, em geral entrincheirado em ideias exclusivas e de uma só cor, se expande.

Frequentemente acontece que até o maior sacrifício que podemos fazer para favorecer outra pessoa, é feito porque em algum nível sentimos uma satisfação compensatória. Às vezes o que nos motiva é a imagem dos favores que oferecemos. Outras vezes, isso deve-se à manipulação soterrada, para conseguirmos que gostem de nós, que nos queiram. Muito poucos são os que conquistaram a pureza de coração para se mobilizarem no apoio ao outro apenas por amor e compaixão, de uma forma altruísta e desinteressada.

A capacidade de amar é consequência de um caminho de profundidade e aprendizado da alma. O fato de propiciar bem a alguém, sem daí retirar qualquer satisfação própria, é um acontecimento evolutivo que tem mais a ver com o milagre do que com a Graça. O eu superficial e individual é o que agora temos. É o equipamento de que a vida se serve, neste plano, para se expressar. Conforme formos avançando no caminho, dissolvendo o narcisismo e soltando defesas e couraças, poderemos dizer: "Sou amor". Talvez, nessa desnudez da alma, todos e nenhum, sejamos o objeto do nosso olhar mais íntimo. O amor é um estado de consciência em que o Profundo se abre e se revela. Entretanto, contentamo-nos em dizer que seremos felizes se alguém a quem dizemos amar se comporta da forma que nós queremos. Porque, infelizmente, quando o outro não satisfaz as nossas necessidades mais ocultas e faz coisas de que não gostamos e que nos alteram, esquecemos os caminhos calorosamente percorridos e nascemos para a separação e a surdez da alma.

– Coração aberto. Na realidade, quem és?

Infinitude, oceano de consciência.

## AMOR

**15** *Amar um ser humano é ajudá-lo a ser livre.*
Ramayat

Que melhor presente podemos dar a alguém que amamos do que apoiar a sua liberdade? De que género de liberdade se trata? Será uma liberdade superficial que lhe permita fazer o que nos incomoda, fingindo que não nos importa? Ou, trata-se de facilitar a libertação de amarras, possibilitando o seu êxito e independência?

Quando fazemos com que os nossos entes queridos "necessitem" de nós, estamos anulando a sua autonomia e independência. A "necessidade" de algo ou de alguém é um *estado mental* que priva de opções e favorece a escravidão e a dependência. Se em vez de manipular, para que o ser amado "necessite" de nós, tentarmos que nos "prefira" ou "eleja", estaremos dando um grande passo, o passo que vai da prisão a uma vontade livre que opta.

Com frequência, e para assegurarmos que nos queiram, ajudamos dando um peixe de cada vez, em vez de entregarmos a vara de pesca completa. O que acontece é que, em nome da ajuda manipuladora, tornamo-nos indispensáveis ao outro para que não possa ganhar a vida e voar por conta própria. Uma maneira muito sutil de *enredar* uma pessoa e fazê-la orbitar à nossa volta de forma parasita.

Na realidade, o sentimento nobre tem mais a ver com a oferta de autonomia e desenvolvimento do que com a manutenção de posições privilegiadas. A escravidão é ignorância, quanto mais conhecimento e informação oferecermos mais liberdade damos. O conhecimento permite tomar decisões bem informadas e aumentar a nossa prosperidade, enquanto nos libertamos de dependências passadas. O desenvolvimento pessoal permite gerir a nossa vida e acabar com o sofrimento que a ignorância produz. Haverá melhor oferta?

O conhecimento de uma pessoa não se baseia simplesmente em dados, mas em algo mais integral que liberta o ser humano, tanto da escassez como das suas próprias misérias. O desenvolvimento da inteligência e o cultivo da alma propiciam uma confiança que não se apoia na presença de ninguém em concreto, nem em nada daquilo a que nos prendemos. Quando trabalhamos o nosso interior, sabemos que ninguém nos vai oferecer a felicidade, mas que esta depende da relação conosco e com a amplitude de consciência alcançada. Trata-se de uma transformação para a liberdade que não tem tanto a ver com a ausência de cadeias externas como com a maturidade e o sentimento de transcendência.

Se apoiarmos o outro no desenvolvimento da sua mente e no cultivo da sensibilidade interna, ele terá mais opções para conseguir o bem-estar e a paz duradoura. Haverá melhor presente do que aprender a construir a própria paz? Haverá melhor presente para darmos aos seres que amamos?

Facilitar o método e a energia com o ser que partilha o nosso tempo é uma forma de amar que, não só lhe dá possibilidades como também lhe fornece um mapa para se orientar nas ideias mais amplas e libertadoras. Quando uma pessoa se abre à expansão que oferecemos com o abraço da nossa alma, recebe um presente que não tem preço. Recebe o código para sair do medo e as chaves do despertar da sua consciência. Amar é partilhar a cura que nos libertou e oferecer aquilo que nos deu mais poder e tranquilidade. Amar é oferecer a chama que um dia se acendeu no alto da montanha e partilhá-la em conversações diárias.

## AMOR

**16** *O verdadeiro amor não é um sentimento que nos oprime.*
*É um estado que investiga o nosso interior*
*e evolui até à consciência integral.*

M. Scott Peck

À medida que o ser humano se desenvolve e evolui, entende o amor como algo mais do que um sentimento que oprime, que move paixões e ignora consequências futuras. As decisões tomadas em nome do amor sob um estado de grande emoção, depressa arrefecem. Na sua queda tendem a desencadear uma grande perturbação e, em muitos casos, aflições insensatas.

Deixarmo-nos guiar por uma bússola que só tem em conta a exaltação dos sentimentos, leva a deixarmos de ouvir a voz que nos impede de "perder a cabeça". Um *des-balanço* que, mais cedo ou mais tarde, será cobrado a preço muito alto na forma de carências e frustrações típicas daquelas relações em que predomina a paixão e o fascínio completos. No extremo oposto, está o indivíduo que se deixa guiar exclusivamente pelo mundo prosaico da razão, sem dúvida alguém que se afogará num território de cálculos e interesses que o levarão a um deserto alheio à sensibilidade e frescura da alma.

Qualquer decisão tomada, partindo de uma destas posições, quer a da cabeça, quer a do coração, pressupõe lateralização e vivência plana. Pelo contrário, os indivíduos orientados para uma *consciência integral* entram no mais profundo de si mesmos e conseguem que os opostos inerentes ao *eu superficial*, se vão integrando numa nova esfera. Pensamento e sentimento, razão e afeto, cabeça e coração, intervêm integralmente na decisão sobre algo tão mágico como a química das almas. Na realidade, no fundo de cada ser cabem os opostos sem conflito nem visão dissociada. E, da mesma forma que uma pomba necessita de duas asas para voar, o nosso cérebro necessita dos dois hemisférios cerebrais para avançar até às profundezas da sua íntima morada. Se uma das asas induz a atuar com a emoção, a outra induz a atuar com a razão. É apenas a *força conjunta* de ambas que conduz ao progresso. O amor como força essencial da vida, não está fora desta lei que equilibra e integra os opostos.

Durante milênios, e em muitas culturas da atualidade, as grandes decisões de formar uma família e criar vínculos, era um assunto dos pais, que ignoravam os gostos particulares de cada membro do casal. Num assunto da vida tão delicado, nenhum dos dois intervinha. Na realidade, há muito poucos anos que se tem em conta os sentimentos como elementos decisores na criação da família. A humanidade moveu--se em ciclos pendulares que alternavam etapas de predomínio racionalista com etapas de romantismo que exaltavam os sentimentos e a sensibilidade da alma. *Ação e reação* anunciam a chegada de um terceiro ponto, a *consciência síntese*, que integra os opostos e abre a porta à Inteligência da Alma. Um estado mental em que se pode dizer que o *coração pensa e a mente ama*.

Num nível mais elevado, o amor pressupõe uma onda que emerge da Infinitude interna e traz consigo a Experiência da Totalidade. Numa *comunhão espiritual* de dois seres, o vínculo está para além da paixão e da razão. O Amor, com maiúsculas, é um *estado de consciência* que integra Eros e Thanatos, o ascendente e o descendente, o Céu e a Terra. Um encontro que está para além de qualquer forma de apego e que nasce nos planos *transpessoais* onde o *silêncio é a pergunta e a resposta*.

## AMOR

*17 Se queres crescimento e união nas tuas relações, não modifiques os outros.*
*Modifica a tua forma de ver as coisas.*
Bob Mandel

Modificar a forma de ser dos nossos amigos ou do nosso ser amado é uma tarefa tão impossível quanto vã. Sem dúvida, se queremos qualidade na nossa convivência, e sabendo que o *amor não basta*, tratemos de construir *pactos e acordos* para condutas mais desejáveis. Toda imposição manipuladora, que nasce da frustração e da briga, converte-se numa ineficaz e medíocre estratégia que, não só impede o fluir da energia, como também intoxica a relação. O amor tem muitos graus e remédios que dependem do nível em que brota e se exerce. Tanto sente o que ama como o que se projeta de forma narcisista no outro, recriando a sua própria imagem idealizada, como o que abre o seu coração ao ser que compreende e respeita.

Se nos damos conta de que começamos a não gostar de alguma coisa na pessoa que nos acompanha, tentemos perceber o que é que na realidade nos separa, qual é, de fato, a ameaça que subjaz na conduta de rejeição. Acontece que, nas relações dependentes, quando o outro parece fazer algo que escapa ao nosso controle, sentimo-nos feridos, talvez porque ele se emancipa das nossas amarras com uma mente liberta. Nesses momentos, o fato de manipular e de pretender mudar a pessoa através de estratégias e reprovações é "pão para hoje e fome para amanhã". Este comportamento baseia-se no medo, que cria cadeias de maior dependência, na motivação de seguir juntos, sem fugir nos dias de tempestade. Existirão outros caminhos para resolver os desacordos? Aquele que aprende conscientemente, depressa se dá conta dos poderes curativos das crises que acontecem em todos os casais. São situações que, como os nós do bambu, surgem de maneira cíclica renovando e fortalecendo a convivência. Como aproveitar os nós críticos nestas relações? A cura mágica é restabelecer a comunicação sincera. É um remédio inteligente e poderoso que começa por observar o conflito no interior de si mesmo e, depois, o expressa sensatamente. A comunicação bem trabalhada não só cura as feridas como também consolida e fortalece o casal. Cada novo pacto permite renovar a travessia e encontrar novas opções.

Ser independente não equivale à indiferença emocional, mas sim à conquista de si próprio como pessoa consciente e autodeterminada. O respeito pelo ser que amamos não se baseia tanto na conduta alheia mas sim numa saudável relação consigo mesmo, que observa e analisa a sua própria frustração e briga. O olhar profundo dos fatos e o exame das próprias reações não só desmascara os medos que ameaçam a mente, como também permite ordenar as próprias emoções sem reprovações, sem rancor e com calma. Quanto melhor uma pessoa se relaciona consigo própria, melhor se relacionará com aqueles que ama. Se colocamos energia no nosso desenvolvimento e independência, seremos capazes de amar com a alma. Um espaço psíquico profundo que não movimenta velhos medos e mobiliza a vida a partir da confiança.

Não podemos mudar o mundo, mas podemos mudar a nossa própria visão e o significado das coisas. Observemos a interpretação que nossa mente faz dos fatos que a alteram e cultivemos o conhecimento sobre as nossas emoções, de forma a que aquilo que antes nos incomodava já não nos afete da mesma forma. E se, mesmo assim, depois de esgotarmos os remédios para a concórdia não se restabelecer a comunicação entre as almas, façamos alterações e reinventemos a nossa vida voltando a nascer.

*AMOR*

***18*** *O amor cooperante implica dois indivíduos independentes, completos e sintonizados que escolhem viajar na vida unidos e superando as suas diferenças.*
Jane G. Goldberg

Um erro muito difundido é crer que a independência equivale ao desamor. O fato de pensar que porque alguém "necessita" de nós, nos "quer muito" é uma consideração distorcida. O "eu quero você porque preciso de você" ou "eu quero você porque não posso viver sem você" é uma manifestação de *dependência* que, mais do que amor, demonstra infantilidade e regressão e, em muitos casos, uma patologia encoberta. Tudo isso, em nome do amor e das "boas relações" de convivência.

A independência é uma característica que o *amor consciente* requer para se expressar e florescer. É algo mais do que uma característica da relação, trata-se de um *estado de consciência* alcançado por pessoas que já foram individualizadas. Pelo contrário, os níveis nos quais se manipula com estratégias, ocultam imaturidade emocional e ameaças de abandono que pertencem a modelos mentais, cujas fases de desenvolvimento são mais primárias. A independência implica partilhar com respeito e confiança, uma consideração que se não temos por nós próprios será difícil aplicá-la a outras pessoas.

Outro erro muito difundido é pensar que existe uma alma gêmea. Uma única pessoa capaz de completar a nossa existência. A alma gêmea reconhece a nossa identidade como uma espécie de "metade vital", com a conseguinte mutilação idealizada. A *cara-metade* é um mito que alude à necessidade de sermos complementados por uma única pessoa no Universo, que acabará com as nossas carências e problemas. Na realidade, cada ser humano é completo em si mesmo. Uma *metade inteira* que pode decidir viver a vida na companhia de outra ou de outras *metades inteiras*. Todas as pessoas têm necessidade de afeto, de pertença, de reconhecimento e de autoestima, mas isso não tem nada a ver com a existência de uma alma única no Universo com cujo reencontro solucionaremos todos os problemas. Um mito que disfarça sentimentos de dependência e regressão àquele primeiro tempo de união com a mãe que todo ser humano registra na mais tenra infância.

O amor está muito longe de ser um sentimento que nos vincula a um ser que, em caso de ausência, incapacita a nossa existência. *Duas pombas presas pelas patas, somam quatro asas e não podem voar.* Esse "arrebatamento com correntes", frequentemente nomeado como amor, talvez tenha outro nome. Podemos chamar-lhe paixão, cuja etimologia equivale a *"padecimento, o que suporta"*. Pelo contrário, o Amor centra-se no irradiar e oferecer, tornando-nos livres, talvez porque vive orientado para a paz serena da pessoa amada. O Amor, nos seus múltiplos graus de aproximação ao Amor com maiúscula, vive numa atmosfera de espiritualidade, abre o coração e pressupõe uma bênção que nos inunda de aventura e Graça.

O Amor a todos os seres é um estado de consciência transpessoal que também pode surgir entre seres em sintonia. Em que consiste esse chamado *milagre a dois*? Consistirá em poder sintonizar no plano físico, emocional, mental e espiritual duas pessoas? Essa "ponte a dois" refere-se a uma sinergia e comunhão que se expande até ao Todo através de ondas de luz e vitalidade serena. O Amor é unidade ansiada, um estado mental de íntima reunião e *volta para casa*.

Na realidade, o amor está dentro de cada um de nós e cria-se na consciência desperta.

## AMOR

## 19 O amor liberta-nos do sofrimento.
Sófocles

Quando, na nossa vida, não há amor, vivemos encapsulados dentro de um ego ávido de aquisições e prazeres. Um caminho que converte a vida em algo mais parecido com uma luta entre irmãos do que com uma oportunidade de partilhar a aventura da existência. Quando não há amor instala-se um *eu sobrevivente* que deambula febril na selva das campanhas publicitárias. Um eu que se vê obrigado a perder a sua inocência e a aprender a devastar, enquanto que, esquivando-se aos obstáculos, morde e escapa. Trata-se de uma vida que decorre entre o medo e o desejo, fugindo para diante, enquanto pressente a chegada de um mundo novo no qual o coração se abre e aquece.

A maior presença do medo e menor presença do amor assalta-nos. O medo busca segurança e impulsiona-nos a acalmar uma sede ansiosa, mesmo que seja com água salgada. Uma água que, tal como o dinheiro, por mais que se ganhe, nunca chega. A segurança que procuramos não se encontra nos abrigos atômicos, nos grandes hospitais, nem nas contas bancárias. Muitas pessoas com patrimônios tão grandes que não os conseguem gastar numa vida, sofrem um programa neurótico de solidão e carência. A segurança é um *estado de consciência*, que se alcança à medida que cultivamos o jardim da nossa mente e exercemos a ação justa e generosa. Ações que primam pelo serviço desinteressado que, sem o pretendermos, nos tornam merecedores da paz na alma.

O amor é um manancial de vida que se cultiva tanto nos espaços de silêncio como na partilha sincera da nossa intimidade. O amor é um estado de *atenção sustentada* que se desperta vivendo o presente, contemplando a beleza e permitindo o afloramento da compaixão que abraça. Um estado no qual, em cada manhã, ao nascer da aurora e sem sair da cama, nos perguntamos: "Quem sou eu?". E, em resposta, a Manifestação emerge, o Observador do pensamento revela-se e, a partir desse momento, o próprio ego "tocado pela consciência" busca sentido nas vivências do dia. Para que estou vivo? Qual é o propósito da minha existência? Procurando as respostas, percebemos que a forma mais estável de alegria aparece quando damos *vida à vida* e praticamos o respeito, onde ela nos mostra. Umas vezes será um rosto contraído que está pedido paz e calma, outras será alguém que nada pede, a não ser companhia. Amor é o passaporte da existência para transcender o egoísmo e abandonar a prisão da máscara manipuladora. Não se trata de anular o ego, nem de negar o poder e a utilidade da sua eficácia, trata-se, simplesmente, de o observar, conhecer e alinhar, docilmente, aos propósitos globais da alma.

"O que se pode fazer para sentir amor?" perguntamo-nos, sabendo-nos colonizados e contraídos pelo discurso prosaico da sobrevivência. Porque é que, pelo que parece, apenas alguns o sentem e outros vivem tensos e endurecidos, apertando as mandíbulas perante supostas ameaças? Perante tais perguntas, devemos respirar... sentir como flui o ar nos pulmões, fechar os olhos e esperar. A pouco e pouco, um lúcido sossego chegará e nos abraçará.

Há quem pense que o amor é o que se sente pelos filhos, outros chamam amor à paixão alvoroçada, e alguns experimentam-no perante sublimes emoções estéticas. Mas todos, intuem que o amor é uma opção do Profundo, que chegou numa noite estrelada em que decidiram olhar e... logo, sentiram que a escolha estava feita.

## AMOR

**20** *Quando o Céu quer salvar um ser humano, envia-lhe Amor.*
Lao Tsé

Conhece o sentimento de solidão que rói as entranhas da alma? Um sentimento comum em pessoas recentemente separadas? Sente, com frequência, ansiedade e desmotivação? Sente cansaço e esgotou a vontade de viver?

Se, de alguma forma, se sente assim, peça Amor ao Universo. Tal como o sonha: Amor. Para isso, comece por recordar o grande poder do *decreto*, cuja base é mais forte do que o simples e temporal consolo da esperança. *"Pedi e vos será dado"*. Peça um milagre para sair da solidão. Depois, colabore com o Profundo averiguando o que é mesmo necessário para que isso aconteça. Será amor o que precisa? Sim, amor. Não importa a idade que tenha, nem que já sinta carinho ou viva bem na companhia de determinadas pessoas. Do que se trata é de viver num *estado de consciência* de onde surgem *ondas de amor consciente*, para com essas pessoas ou outras novas. Amor como suave estado de alma que, nascendo do mais profundo, se expressa no que conhece e também naquilo que, em alguma ocasião, se detestou.

Tudo começa por admitir que a relação que você anseia é possível. Abra o Coração ao Agora! O resto é outro departamento. E lembre-se: todas as noites, antes de entrar no oceano dos sonhos, atualize o que quer: simplesmente Amor. Depois, abra o peito e a mente permitindo que se produza o milagre, apoiado pelo misterioso fluir das afinidades vibratórias. Decrete que "o seu milagre é possível" e que até o mais estranho pode acontecer neste momento.

Lembre-se: "Tudo é possível". Repita esta frase mil e uma vezes e, pouco a pouco, desaparecerão os padrões limitadores que vivem no seio das suas crenças mais íntimas. Amanhã mesmo pode acordar e sentir que algo muito sutil e sem retorno deu uma volta à sua existência. Também é possível que, durante o dia que tem pela frente, aconteça alguma coisa que mude a sua aventura interna. Pode acontecer que, perante algo sem importância, o seu coração se abra e surjam sentimentos de expansão que esbatem antigas fronteiras. Sem dúvida, será a mão oculta do universo que, de forma sinuosa, conspira atendendo ao seu pedido e o apoiando. "Tudo é possível" é a ideia amiga e facilitadora.

Lembre-se de que tem direito a sentir Amor, que você é um ser consciente e que merece experimentar a alegria de SER pelo simples fato de *dar-se conta*. Não há idade para o Amor, todas as idades são adequadas para aquecer o coração e sentir-se em comunhão com a vida. Além disso, como você bem sabe, com todos os seres se pode aprender e sentir prazer, todos eles oferecem partes inesperadas de grandeza e de sombra e, por detrás de cada "casual" situação, o Amor espreita.

Convocamos o amor quando começamos por servir os interesses da vida em cada pessoa que encontramos. *O espírito de serviço* é o melhor remédio que existe para invocar o Amor. Quando temos à nossa frente um rosto que nos emociona, pouco a pouco é-nos revelado o verdadeiro porquê desse encontro e a não casual coincidência. Na realidade, temos a felicidade que damos. Não é uma questão de contabilidade, mas sim de apoiar a evolução que respeita e reforça o ser humano que nos rodeia. E logo, quando menos esperamos, percebemos que aconteceu algo grande, que esquecemos a pena e que a pessoa em cujo interior viajámos parece mais alegre e serena. O milagre é a própria *saída do Narciso* e a viagem empática pela alma alheia. Um turismo pleno de grandeza que repara a nossa estreiteza e dissolve os restos da nossa miséria.

## AMOR

**21** *O amor é a paixão pela felicidade do outro.*
Cyrano de Bergerac

A primeira coisa que aprendemos na infância é a agradar. A nossa primeira representação no teatro da vida é a de "obsequioso". Uma atitude que desde cedo nos protege de ficarmos sem sobremesa ou de que a mamãe não nos queira. Mais tarde, doutoramo-nos na sobrevivência e aprendemos a ter em conta o que se passa no interior do outro, quer seja porque ele nos mostra má cara, ou porque nos barra o caminho e nos ameaça.

Depois, o ego aprende a seguir em frente alternando tanto a exigência com o amor como a compaixão com a firmeza. Depressa integramos a cooperação e a ajuda com outros registros atávicos da caça e da guerra. Mas, para além do mamífero que vive numa parte das nossas células, perguntamo-nos: "Existe algum nível no qual, por puro amor, sentimos prazer em ajudar o outro e em desejar felicidade na sua existência?". Muitas pessoas pensam que se colocam numa posição debilitada quando se empenham em criar ambientes amáveis para as pessoas que as rodeiam. Sem dúvida, junto com a civilização de individualismo, também encontramos pessoas que despertaram para a mensagem da alma. São seres que superaram o medo de abrir o coração e dedicam a sua obra anônima a dar-se, criando meios para acabar com a miséria de outros e resolver os seus problemas.

O misterioso Impulso Evolutivo que move átomos e galáxias, pouco a pouco, mas que acontece há milênios, conduz-nos a um estado em que preferimos dar um abraço em vez de disparar uma bala. Conforme crescemos, acabamos por preferir dar a tomar, a paz à contenda, a suavidade à violência. Quando observamos a humanidade deste planeta, comprovamos a variedade de desenvolvimentos e diferenças de nível na escala da consciência. Há os recém-chegados – seres com uma alma muito jovem, – e há os anciãos que já estão de volta, que sorriem *des--implicados* perante ameaças acompanhadas de espadas e moedas. Uns sentem amor pelos outros porque, um dia, o seu coração se abriu e a sua alma iniciou uma viagem de ida sem volta; outros reconhecem com inveja e desdém os sentimentos altruístas daqueles e colocam barreiras no seu coração como proteção e defesa. Uns e outros começaram há milênios lançando lanças, enquanto, pouco a pouco, a cultura como cultivo do jardim interno e a expansão da consciência estabeleciam leis e códigos de direitos humanos que acabavam com a injustiça e a violência.

Há dois milênios, a mensagem dos seres lúcidos revolucionou as velhas ideias. Ainda se ouve o milagre que a essência propõe: *o grande abraço entre todas as pessoas*. Nunca antes se tinha sonhado com uma mensagem tão revolucionária como a de *ama o teu próximo como a ti mesmo*. Uma chave de fraternidade que abriria a porta de entrada da alma e nos distinguiria das máquinas.

Os sábios falaram desta grande notícia enquanto algumas igrejas a contaminavam e intoxicavam. Os seres sensatos recordam-no, apontando a paz que proporciona a *chama trina acesa* dentro do peito e em todas as células. Na realidade, deixaram-nos um *mapa do tesouro*. O tesouro de encontrar um sentido para o processo da vida, que decorre entre o nascimento e a chegada. Desde então, muitos seres lúcidos, ao acordarem de manhã, propõem-se servir os outros e, ao longo do dia, escutam, não julgam e ajudam com silêncio e entrega. O amor nutre-se da felicidade do outro e não há depressão que sobreviva ao propósito de dar-se, ali onde a vida nos coloca.

## HARMONIA

**22** *Fixa os teus olhos nas estrelas
e enraíza os teus pés no chão.*
Roosevelt

Quando fixamos o nosso olhar no universo da noite estrelada, descobrimos a nossa *Casa Maior* nesse espaço do "lá fora". E, uma vez que aquilo que admiramos é precisamente aquilo em que nos convertemos, não parece um mau objetivo observar a imensidade do céu e, seguidamente, ampliar o olhar da alma. O Universo, com o seu profundo espaço azul, é apenas *ressonância da mente profunda* do Ser que o contempla. Uma realidade que acontece pela lei da Correspondência, que afirma: "*Como é em cima é em baixo, como é dentro é fora.*" Uma lei que, intuitivamente, nos faz perceber que a nossa mente profunda, centro do nosso Ser, é tanto Infinitude e Profundidade como aquela que os nossos olhos percebem ao contemplar as estrelas. A identidade da alma que *somos* em essência.

Contudo, junto à percepção celeste da Totalidade, surge a necessidade de integrar a nossa mais prosaica humanidade da Terra. O corpo requer cuidados e a satisfação de necessidades que têm a ver com a diminuição da ansiedade satisfazendo questões materiais. Uma dimensão materialista da vida que, para se sentir plena tem que ser paga com um sem número de faturas. Por outro lado, os níveis de proteínas e sais minerais lembram ao habitante do corpo que a sua alma não poderá se maravilhar com as ideias do eterno, se a máquina física não foi tratada atempadamente.

Se observarmos a *grande árvore* comprovaremos que os seus galhos se elevam em direção ao céu. Procuram a luz, sabendo que não há outro caminho para crescer e florescer.

Vemos também que as suas raízes se afundam na terra abrindo caminho por entre as pedras e procurando a água que, às vezes, corre escondida entre torrões e rochas. Da mesma forma, o ser humano desdobra-se na *consciência integral* que engloba tanto os assuntos do céu como os da terra. Por um lado, afunda as suas raízes profundas no subterrâneo do subconsciente e, por outro, com a mente e o coração abre-se ao espaço luminoso da consciência. Se a árvore quer chegar bem alto, terá que se enraizar profundamente alcançando as zonas mais obscuras e sombrias da terra. O crescimento do ser humano é um processo que integra tanto a luz e a sombra como o espírito e a matéria. Sem dúvida um paradoxal *yoga de integração* que dá sentido ao jogo da existência.

Não nos enredemos apenas com a terra esquecendo-nos dos assuntos do céu. Verifiquemos a direção que a alma segue no seu caminho até à Luz, enquanto aprendemos as lições da terra. Atenção às folhas e aos galhos da nossa cabeça, cujo alimento são Valores e Princípios que nada têm a ver com o dinheiro e a fama. Para nutrir as nossas flores abertas ao céu, devemos cultivar brisas de lucidez e alargar os pontos de vista do dia a dia até ao mais profundo da consciência. Atenção também ao preço que o corpo nos cobra para nos levar de viagem. O corpo pede exercício e alimento para ter vida e força. Demos ao corpo prazer e descanso, horas de sonho e bons passeios pelo campo. Recordemos que a ordem e o *desenvolvimento pessoal* integram o insólito *centauro* e permitem ressoar com o Infinito no mais profundo dos seus projetos.

O caminho atual do ser humano não é o dos deuses nem tão pouco o dos animais. Talvez seja o dos curiosos habitantes da *terra média* que caminham com amor e sensatez pelo estreito *fio da navalha*. Ao longo do caminho, o jogo de viver impõe regras de *observação sustentada* para manter o equilíbrio e fluir, com a consciência bem atenta e desperta.

## HARMONIA

**23** *A maior parte das alterações humanas escondem algum tipo de exigência.*
Albert Ellis

Se nos dispomos a percorrer um milhar de léguas a cavalo, devemos substituir o chicote por carícias e as esporas por palavras. Se pretendemos resolver um problema técnico, quer seja de química ou de matemática, deixemos de lado o rigor que aprisiona o *ser intuitivo* que bate dentro de nós e afloremos a criatividade com plena confiança. Se queremos que os nossos companheiros e parentes façam esforços e horas extras, esqueçamos as ameaças e os gestos que acompanham as exigências.

Quando apertamos as porcas dos parafusos há um ponto álgido e mágico que, se o passamos, a força volta-se contra e o trabalho perde-se completamente. Da mesma forma, a atitude que reprime e pressiona o outro, mata o que nasce da alma. A exigência anula a espontaneidade deste mundo gratuito em que estamos dispostos a fazer esforços por *motivação* e não por coação e ameaça.

O rio flui ao longo do canal enquanto acaricia as pedras. A força da corrente move o seu curso a cada metro, sem exigência alguma de chegar. Da mesma forma, quando vivemos uma vida a partir de dentro, aprendemos a rodear os obstáculos sem termos que apertar os dentes e nos impormos ao que resiste. Deixemo-nos fluir pela corrente e confiemos. Se tivermos que nos deter, que seja por algo que não suscite ameaça nem violência.

As flores do campo dos anjos de asas grandes e amplas, fazem o seu trabalho de forma suave, com o refinamento que a sua beleza expressa. Hoje é um dia em que cabe no mesmo espaço, a benevolência e a firmeza.

Uma combinação explosiva quando estão em jogo projetos que requerem eficácia e *consciência desperta*. Quando fluímos em harmonia, todos os instrumentos soam bem e se integram rapidamente no conjunto da orquestra. Atenção ao fluido, irmanado e criador que corta o passo ao medo antecipatório, pelo qual "perdemos os papéis" e nos instalamos na rigidez de posturas tensas.

E assim como o meio ambiente necessita de cuidados para evitar a contaminação, também nós devemos libertar a *atmosfera psíquica* de tensões que destroem a vibração das consciências mais despertas. Isso não quer dizer debilidade, nem tão pouco brandura medíocre e tonta. O sossego é um estado mental que podemos treinar para neutralizar a ansiedade do que perdemos no momento presente e se instalou o medo em vez da confiança.

Se apostamos na paz e deixamos para trás o velho caminho de sobrevivência e de guerra, controlemos o tom da voz e prestemos uma *atenção refinada* a todas as coisas, por grandes ou pequenas que sejam. Rapidamente encontraremos pessoas que também estão chegando a dimensões de inofensividade sem se mostrarem pusilânimes ou com ideias pouco claras. São pessoas com as quais devemos partilhar as portas abertas da nossa essência.

Se ainda acreditamos que para exercer um poder não há outro remédio senão gritar com exigência, recordemos que um programa desta natureza não é algo que necessitemos para pedir respeito ou desejar que os outros façam bem as coisas, é um estilo que, com frequência, aprendemos na família de origem e não foi suficientemente *observado* na nossa própria pessoa. Recordemos que há outros caminhos mais flexíveis e, na maioria dos casos, de maior liderança e eficácia.

## HARMONIA

**24** *O que sofre antes do necessário,*
*sofre mais do que o necessário.*
Séneca

Se cultivamos a paz interior através da prática da ação correta, sentiremos um tal grau de confiança que qualquer antecipação de que alguma coisa pode correr mal, será interpretada pela sua mente profunda como um vírus, e a sua dissolução será automática. A antecipação negativa dos acontecimentos dolorosos gera sofrimento no presente por algo que, paradoxalmente, pode suceder no futuro. Não será melhor pensar que quando as coisas acontecerem disporemos de soluções certas? Na realidade antes de acontecer o que nós tememos, o mais provável é que algum dos elementos implicados já tenha sido alterado. Não poderá também acontecer que, quando chegar o amanhã, já nos é indiferente aquilo que hoje nos atormenta?

Há pessoas que têm uma *grande tendência para viver* com problemas. As suas mentes têm o hábito de criar tensão e incerteza sobre o que irá acontecer. É muito frequente que o programa mental de antecipação e *vitimização* destas pessoas tenha sido fotocopiado de algum dos seus progenitores. Um aspecto que, embora nos ajude a entendê-lo, não nos exime do trabalho de instalar novos programas de ideias. Para se conseguir uma reorientação positiva, primeiro temos que estar conscientes dos momentos cotidianos em que surgem as emoções destrutivas. Depois, é aconselhável cultivar a *atenção sustentada* num traçado de novas opções de pensamento mais profundas e expansivas. De outra forma, as ideias estéreis, para além de intoxicarem o próprio 'psicocorpo' e o meio ambiente, angustiam e atormentam.

*Um dia, um malicioso ilusionista fez constar que era capaz de ensinar um burro a falar. A sua habilidade na criação de boatos era tal que logo chegou aos ouvidos do rei. Quando o ilusionista se apresentou na corte jurou e tornou a jurar ao rei que era capaz de ensinar qualquer burro a falar, bastando para isso que o deixassem viver três anos no palácio. Perante isto, o rei disse-lhe: "De acordo, mas se não o conseguires até ao prazo acordado mando-te cortar a cabeça". O ilusionista aceitou e, entre dentes, cochichou: "E em três anos de manjares e bom viver, não morrerei eu ou o burro antes do rei?"*

As estatísticas mais recentes indicam que 90 a 100% do sofrimento que o ser humano padece é gerado por coisas que não aconteceram nem irão acontecer. O fato de aprender a erradicar tais pensamentos vírus da corrente mental, é o verdadeiro *yoga da atenção*. Quando a mente é invadida por semelhantes ideias, o indivíduo vê-se obrigado a manter um constante estado de alerta. O *yoga da atenção* é uma *ginástica mental* que, sem dúvida, fulmina os pensamentos inúteis e indesejáveis e ajuda a conhecer os meandros do que acontece numa mente aberta. Esta prática também proporciona a revitalização do mundo das ideias e possibilita um avanço na expansão da consciência.

É frequente observar como muitas mães apelidadas de "boas" se antecipam a imaginar desgraças para os seus filhos crescidos, quando estes se atrasam a chegar a casa. Cuidado com esse aspecto de alguns seres que se *preocupam* "tanto" com os outros, e afirmam que o fazem porque gostam e "necessitam" deles. Talvez estes vínculos, na maior parte dos casos, tenham a ver mais com padrões patológicos de *dependência* do que com relações de amor e convivência. Os fatos que acontecem na vida são totalmente neutros. Na realidade é a nossa mente que interpreta e dá significado positivo ou negativo às coisas que acontecem. Desta perspectiva, aprender a *pensar bem* o que acontece é uma das mais valiosas competências das pessoas.

## ABERTURA

**25** *Só fechando as portas atrás de nós,
se abrem as janelas do futuro.*
Françoise Sagan

A transformação e o treino da nossa mente é um processo permanente que não só afeta a própria pessoa, como se repercute em todos os setores da vida. O Universo e nós com ele, vivemos submetidos à *lei da Impermanência*, um princípio que nos recorda que a energia não se destrói, *transforma-se*. Em virtude de tal princípio, experimentamos a sensação de atravessar ciclos e *momentos fronteira*, nos quais percebemos que estamos deixando para trás velhas formas mentais. É um momento da vida em que se libertam velhos apegos, se dissolvem relações que já não apoiam o crescimento e se ajustam emoções que já não funcionam.

Em cada nova abertura, quando enfrentamos uma pequena prova, aqueles padrões de pensamento que já estão caducos, desprendem-se sem esforço, tal como o fazem as folhas do outono quando o vento passa. Rapidamente nos damos conta que são passos de um processo de renovação, embora não saibamos como será o novo, apenas reconhecemos aquilo que de nós se afasta.

Nestas alturas, intuímos que o crescimento interior impõe *esvaziar-se* para renovar. E quando isso acontece, sabemos, desde o mais profundo, que chegou o tempo de resolver os assuntos pendentes e observar como se dissolvem restos sutis de rancor que ainda pulsavam dentro de nós. Sentimos que é a hora de esvaziar os armários físicos e mentais porque o aroma do novo está chamando à nossa porta. Quando nos damos conta da presença destes sintomas, nos perguntamos: "O que posso fazer para apoiar este processo?". A resposta chega sozinha, mostrando-nos que para avançarmos devemos desviar a atenção do velho e nos focarmos no que intuímos e desejamos. Uma ponte que se observa a partir desse espaço de serenidade e amplitude em que *nós somos*, embora por vezes não o creiamos.

Vivemos um tempo histórico em que somos testemunhas de uma das transformações mais incríveis da vida na terra. Assistimos, não sem assombro, à transformação de milhões de crisálidas humanas que nascem num nível de consciência mais amplo. Trata-se de um salto evolutivo no qual o *Homo Sapiens* se transforma no *Homo Lucens* e através do qual o "pequeno eu" se expande, integrando tudo o que antes era "o outro" e agora, simplesmente, é *corrente de consciência*.

Esta *transformação silenciosa*, acontece de "*um em um*" e vem acompanhada de perturbação e crise, embora saibamos que o medo da mudança é apenas apego e memória. Na realidade, convém soltar e fluir como faz o rio que resvala as suas águas, recordando que quando fechamos uma porta, o Universo não tarda em abrir outra ainda mais ampla. Somos *testemunho* que observa equânime como a velha pessoa fica para trás, enquanto emerge a nova sutileza.

São tempos em que convém deixar partir os que não estão no novo caminho, confiando e permitindo que surjam outros companheiros, embora desconhecidos, com os que se pressentem portas abertas. O velho modelo começa a parecer mais estreito e uma nova e mais ampla espiral se implementa. Sabemos que é abertura e observamos como se desprendem apegos que, na realidade já nada nos trazem.

A busca finaliza.

*Isso* nos encontra.

## ABERTURA

**26** *Quando deixamos de ser o centro dramático das nossas próprias vidas, conseguimos uma expansão que nos dá a paz.*
Alice A. Bayley

A vida é um processo de ampliação progressiva da própria identidade. No início, o eu vive *encapsulado* dentro da pele, num mundo tão apertado que é quase impossível colocar-se no lugar do outro. Pouco a pouco, o impulso evolutivo expande a identidade e, à medida que a pessoa cresce e avança, supera a sua própria prisão egocêntrica. Quando se expande o *eu-corpo-físico* da criança, esta identifica-se com o *eu-família*. Mais tarde, continua a expandir-se a um *eu-sociedade* em que vive, para chegar o dia em que a sua experiência de identidade abarque a Humanidade completa. Diz-se que a expansão segue o seu processo até culminar no ser-totalidade, o Universo em essência.

O *caminho iniciático* que a consciência percorre até à infinitude de um expandido *você mesmo*, implica aberturas sucessivas, também chamadas *iniciações*. Cada nível superior integra os níveis anteriores. No mundo da física esta lei reflete-se quando vemos que os átomos integrados se transcendem no nível maior da célula. Da mesma forma, quando as células se integram, transcendem ao nível superior – o órgão. E, por sua vez, este integrado com outros, transcende-se num 'psicocorpo' e continua assim até chegar onde quer. Esta escada de níveis – *holo-arquia* expressa-se, conceitualmente, quando vemos que duas letras integradas formam uma sílaba. Quando estas, por sua vez se integram, transcendem a uma palavra que, por sua vez, integrada em outras, transcende a uma frase e, depois a um parágrafo...

Quanto maior profundidade e maior totalidade, maior é o valor conjunto. A nível do *si mesmo-consciência* passa-se o mesmo, quer dizer, quanto mais amplo e profundo for o nível interno alcançado, mais valioso e desenvolvido será o eu identidade que sentimos e expressamos. Expandimo-nos do egocentrismo ao mundocentrismo e, deste, ao *holocentrismo*. O processo de crescer e expandir significa um caminho de volta à *consciência da unidade*. Um estado final de chegada em que já não existe o *outro*. Um processo que representa a evolução da consciência que, partindo do estado *pré-racional e pré-consciente*, passa por um estado *racional e consciente* e, finalmente, torna-se *transpessoal e supraconsciente*. Três etapas de desenvolvimento que aludem ao passado, presente e futuro da Humanidade completa.

A experiência dramática que experimentamos ao viver acontece ao nosso *eu-ideia*, não ao que na realidade somos em essência – um *Ser* transpessoal. A dramatização é uma peça teatral que se desenrola na mente da pessoa. O fato de observar as personagens internas com que nos identificámos e nos distanciarmos delas, implica libertar a identidade real das suas marionetes. Ao deixarmos de acreditar que *somos* as nossas próprias personagens e olharmos para elas como parte do próprio ego, separam-se as máscaras do pequeno *eu pessoa e vive-se a partir do eu testemunha em permanente presença*. É um centro da corrente de consciência que observa as personagens e as máscaras. O ser permanente, absoluto e equânime. O que se *dá conta* do que a sua mente prefere, compara e opina. É aquele que se apercebe dos conteúdos padrão e dos modelos que a sua mente trabalha.

As nuvens do céu vão e vêm sem que isso afete o disco solar, que contempla imperturbável a passagem das sombras. Da mesma forma, os pensamentos, as emoções, as imagens e as sensações, todos eles impermanentes, são como essas nuvens, sempre mudando, não afetando o *eu-observação* que, como o céu, permanece imperturbável com as suas presenças transitórias. Trata-se do Ser essencial que na realidade somos, que representa a liberdade por excelência.

## ABERTURA

**27** *Todos temos dois aniversários. O dia em que nascemos e o dia em que a nossa consciência desperta.*
Maharishi

Temos o aniversário do dia em que o nosso corpo físico nasceu, na forma daquele bebé que não tinha consciência de que a vida começava. Existe outro nascimento posterior, no qual nos damos conta de algo extraordinário, que abre caminhos desconhecidos. É uma experiência com a qual percebemos que somos mais do que uma mente pensante. Já lhe sucedeu? Nesse caso, em que momento sucedeu esse *clic* que abriu a porta de uma *identidade mais ampla*?

Na realidade, não nascemos apenas fisicamente, mas também espiritualmente. Neste segundo nascimento, tornamo-nos conscientes de que somos essência. Uma experiência deslumbrante, com a qual começamos a desejar *realizar-nos* e tomamos consciência da maravilhosa possibilidade de atualizarmos as nossas potencialidades e de recriarmos na plenitude perfeita do que somos e do que nos rodeia. Nesse dia irreversível, voltamos a Nascer, com maiúsculas.

O nascimento físico implica o acesso progressivo à nossa pessoa física, emocional e mental. Sem dúvida, o chamado *nascimento espiritual* anuncia a entrada num *Labirinto sem Retorno*, pelo qual, passo a passo, vivência a vivência, expandimos o nosso nível de consciência. Tornar consciente a *verdadeira identidade* é um caminho que também começa com um primeiro "dar-se conta". A diferença entre o antes e o depois é algo parecido a vivermos dormindo ou despertos a dimensões internas insuspeitadas. O espiritual está para além dos credos e ideologias mais ou menos estreitas. O espiritual é uma *experiência* íntima e *transracional* por onde o Eu profundo aflora. É um nascimento que, quando acontece, já não tem volta. Você sabe que poderá mudar as suas ideias, mas não poderá renunciar a essa consciência de si mesma que já lhe foi revelada.

Um nível que não se baseia na quantidade de informação, mas sim na capacidade de *dar-se conta*. Há pessoas que já nasceram para essa experiência, outras a quem ainda não lhes chegou. Não é uma questão de idade, inteligência ou tenacidade, mas dessa misteriosa força que abre umas rosas antes das outras.

O que é certo é que este nascimento é algo pelo qual devemos dar graças. Se sentimos que ainda não chegou, é o momento de aproveitar uma boa circunstância emocional para nos abrirmos ao Universo com uma confiada espera. Tudo chega no seu momento. Diz-se que *quando o discípulo está preparado, o mestre aparece*. Às vezes este adota a forma de um livro; outras de um cálido entardecer, e em algumas esconde-se no salto de uma bailarina ou na pupila de um lúcido. Em certas ocasiões chega acompanhado de amor irresistível e de acontecimentos de dor, mudança e surpresas inesperadas.

Quando alguém desperta e acede a essa vivência interna, sabe que voltou a nascer porque já não viverá mais do mesmo, porque sente que antes deambulava às cegas. Na realidade, dar-se conta de que se vive no *sonho da mente* é uma forma de despertar. "A vida é sonho", dizia Calderon. "Vivemos numa caverna e relacionamo-nos com o mundo das sombras", dizia Platão. Sair da caverna significa tornar-se consciente. Consciente de quê? De que, em essência, somos Observação, Infinitude, Oceano de Consciência. Um estado mental que não depende do patrimônio acumulado nem do grau de inteligência. Já sabemos que o caminho do puro "ter" tende a tornar-se insaciável. Para ele *nunca é bastante* e depois de se conseguirem as coisas desejadas, nada nos garante a paz completa. *O cultivo do "Ser"* aquieta a mente e permite viver o presente da lucidez e a paz profunda da alma.

## ABERTURA

**28** *O importante é não deixar de se interrogar, apenas tente compreender uma pequena parte do mistério em cada dia.*
Albert Einstein

Pensamos que é mais difícil responder a perguntas do que formulá-las. Não resulta extremamente valioso ser capaz de perguntar e de se perguntar? Na realidade, da mesma forma que, segundo a física, a matéria nasce ao mesmo tempo que a antimatéria, a pergunta nasce ao mesmo tempo que a resposta. Pode-se afirmar que para a mente racional, cada cara tem a sua coroa e *todo veneno tem o seu antídoto*.

Quem sou? De onde venho? Aonde vou? Estas têm sido as perguntas fundamentais que, passo a passo, abriram a mente do ser humano ao longo da História. Perante estas questões, a lucidez individual e coletiva gerou uma multiplicidade de respostas. Porém, a diferença entre umas e outras foi determinada pelo grau de *abertura de consciência* alcançada. Todas as perguntas que formulamos ao Universo não tardam a ser respondidas, embora muitas vezes permaneçam escondidas, ali onde a intuição aponta. Na realidade, há respostas que a visão lógica não pode satisfazer e, ainda assim, chegam de igual modo através do *eu profundo* e das suas sutilezas. Chegam quando nos abrimos ao sentir e intuir a identidade de luz que cimenta a nossa alma. De fato, se somos capazes de perguntar e formular, as respostas não tardarão a nos *encontrar*.

Quanto maior é a abertura e a profundidade de um ser humano, mais sensibilidade há nas suas perguntas. Quanto mais amor flui da sua alma, mais escuta sem corrigir, sem opinar e sem avaliar as respostas. Quando superamos o medo em expressar-nos plenamente, escutar começa a ser uma arte que implica grande dose de respeito e equanimidade. Se aprendemos a formular corretamente as nossas perguntas, as respostas terão o mesmo nível de precisão. Diz-se que quando uma pessoa é entrevistada, tende a criar respostas que alcançam apenas o mesmo nível da pergunta. De fato, os entrevistadores sensíveis e profundos possibilitam aos seus interlocutores imensas respostas que são incríveis até para eles, que as expressam com surpresa.

Compreender cada dia uma parte do Mistério é abrir a mente ao que realmente somos: *Oceano Infinito de Consciência*. O Mistério não responde com palavras; responde ativando a lucidez e tornando objetivas as *sincronias* cotidianas em que, cada noite, aquele que quer progredir se pergunta:

– Hoje, ao longo do dia, o que aconteceu de mágico, de especial, de significativo?

– Em que progredi hoje? Qual foi o meu propósito durante o dia?

– O que aprendi e em que me beneficiou o que hoje não aconteceu como eu queria?

Aquele que pergunta corretamente o faz a partir da sua neutralidade. Parou de supor. A pergunta é uma autêntica invocação da força cósmica que o Universo sempre devolve e responde.

"Posso te ajudar?" é uma boa pergunta. Tudo está em nós, não só as perguntas, mas também as respostas. Talvez todas sejam necessárias no seu momento e na sua medida. Somos algo mais do que cada parte observável da nossa mente inquieta. Na realidade, o Ser é a Testemunha que observa a nossa mente que cria, sem cessar, imagens e palavras.

## AVENTURA

**29** *A Humanidade encontra-se a meio caminho entre os Deuses e os animais.*
Plotino

A História da Humanidade afirma que, há cem mil anos, a condição humana se encontrava muito próxima dos animais. O seu modelo de vida girava em torno da sobrevivência física e o seu aparelho cognitivo ainda não tinha desenvolvido a linguagem para se expressar e partilhar as primeiras emoções das suas almas. Aquele ser humano *pré-consciente* e *pré-pessoa*l encontrava-se fundido nas correntes sub-humanas da natureza que, fazendo de *grande mãe*, o mantinha em *simbiose* com ela.

Um misterioso acontecimento poria em marcha o *impulso evolutivo* que, como um motor imparável, empurraria o ser humano para o exílio da terra. A Humanidade, rapidamente, se veria distanciada da *mãe terra* e reorientada em direção às estrelas. O caminho havia sido iniciado na unidade pré-consciente e dirigia-se veloz à etapa seguinte, de razão e consciência. Aquele ser humano infantil que não *sabe que sabe*, começa a engatinhar enquanto se transforma em "costas eretas" procurando instintivamente a individualidade e o *dar-se conta*.

Muitos milênios se passaram para que aqueles homens e mulheres desenvolvessem um psiquismo capaz de investigar e sentir os pontos mais recônditos da vida e das suas almas. Aquele caçador que vivia da natureza, pouco a pouco descobriu a enxada e tornou-se *hortícola*. Nasceu a família e o ser humano assentou num espaço físico que lhe proporcionava alimento e sentimento de *pertença*.

Pouco a pouco, o "mistério evolutivo" seguiu adiante e o ser humano inventou o arado. A chegada de uma máquina tão incomum começou a multiplicar de tal forma a produção, que os seus excedentes alimentares permitiram libertar um grande número de seres que puderam dedicar tempo ao desenvolvimento das artes e das ciências. Um tempo no qual florescem as culturas. Nascem os impérios e também se sofisticam as guerras. Um espaço da História onde convivem as grandes diferenças que se forjam no refinamento dos que sabem e na escravatura dos que acatam.

A alma humana, embora vivesse em corpos grotescos, seguia inspirando o *adormecido*, que cada vez se tornava mais consciente da sua própria pessoa. O *semi desperto* já se apercebia dos seus próprios pensamentos, já estava nascendo para o estado de indivíduo com consciência. Partindo do nível *pré-consciente e pré-pessoal*, a raça humana tinha-se tornado *consciente e pessoal*. O tempo passou e o impulso evolutivo seguiu permitindo ao ser humano manejar a sua mente e dar lugar à *onda industrial* e à sequente *onda informática*, em plena era da comunicação e do genoma. A razão colonizou os espaços mais desenvolvidos da humanidade e permitiu a convivência, no mesmo planeta, de seres com diferentes *graus de consciência*. Atualmente, a velocidade evolutiva é a mais rápida da História e a atual diversidade faz conviver, muitas vezes com dor, os *adormecidos* e os *despertos* na mesma terra.

A vida comporta-se como uma espiral e o ser humano sente *flashes* intuitivos de um novo *salto evolutivo* para a esfera *transpessoal* e a chamada "supraconsciência". A Consciência-Testemunha está aparecendo entre os mais adiantados e começa a emergir uma nova sociedade baseada nos valores da alma. A "Revolução do Profundo" acontece de forma silenciosa e o despertar anuncia a transformação de milhões de crisálidas que começam a dar mariposas andróginas ao mundo. Seres com sutis tendências de amor e lucidez que estão já mais próximos dos reinos do espírito que das fronteiras do mundo animal. A alma está assomando a sua luminosidade numa mente mais desperta. Atualmente, uma massa crítica de lúcidos, no silêncio de cada dia, abre, passo a passo, a dimensão cósmica da consciência.

## AVENTURA

**30** *Não existe maior aventura que a de aventurar-se no outro. O resto é turismo.*
Herman Hesse

Se queremos viver a aventura de ampliar os limites do pequeno eu, que melhor possibilidade que a de saltar para a realidade que "o outro" vive? Que melhor possibilidade que simpatizar com os seus sentimentos e intuir o rasto dos seus sonhos? Sem dúvida, é uma *viagem iniciática* que permite passar as fronteiras do próprio egocentrismo. Captar as necessidades do outro,

Perceber os seus medos e desejos, reconhecer os seus anseios e saber para onde se dirige o seu olhar, é uma viagem de amor e conhecimento que transcende o próprio narcisismo e expande a consciência.

A vida é uma aventura de *aprendizagem sustentada* que encontra a sua máxima expressão quando olhamos o interior das pessoas. Cada imersão na alma do próximo é uma *carreira de espelhos*. Estes, refletem um oculto eu que, graças ao outro, se revela. Porém, nada que não tenhamos previamente conhecido e registado em nós, seremos capazes de reconhecer no olhar alheio. Quanto mais tivermos vivido e observado, mais horizontes podemos perceber na pupila de outras *auras*. Cada indagação é um abraço ao desconhecido que remove velhas formas e fertiliza as nossas moradas internas de surpreendentes possibilidades.

Olhe, de uma forma segura, os olhos do outro quando comunica os seus sentimentos e ideias. Abra o seu coração enquanto escuta algo mais do que as palavras que saem da sua boca. Relaxe ao contemplar o seu rosto e abra-se à percepção de todo o seu ser enquanto respira conscientemente, sabendo que expande o seu campo áurico e abraça sutilmente o Ser que conecta.

Embora fale de coisas sem importância e se encontre num ambiente de intranscendência, olhe o rasto do eterno que vive no interior do outro e reconheça a infinitude que está oculta por detrás das suas atitudes e das suas formas. Embora o seu encontro com o outro pareça funcional e apenas falem de coisas práticas, sentirá como que por detrás dos gestos e das palavras que você diz existirem correntes de simpatia que assinalam grandeza.

Pouco importa se agora o caminho da sua vida atravessa um ciclo de temor e resistência.

Quando abraçar o outro, homem ou mulher, foque a sua atenção no centro do seu próprio peito e, estreitando os olhos, perceba o fogo das duas chamas conectadas. Permaneça esses instantes eternos entrelaçando a energia dos dois núcleos que agora se reconhecem para além das suas máscaras e defesas. Faça perguntas sobre tudo o que sentir. Como bem sabe, para lhe responder, o seu interlocutor tem de olhar para dentro de si mesmo, para áreas que normalmente não olha e às vezes nem recorda. Viaje ao seu coração e à sua mente enquanto indaga a partir de um vazio que não julga nem compara e, portanto, ama.

Pergunte ao outro: O que sente quando abraça e o que sonha? Como enterra os seus mortos, como supera as suas perdas e como se casa? De que ri e de que chora? O que admira na vida e o que o satisfaz nas pessoas próximas? Como desejaria morrer? Como é a sua família? O que é que salienta nos amigos e o que é que realmente lhe importa? Que sentido tem a sua vida e o que busca o seu coração em cada manhã? Quem de verdade é e para onde dirige o seu olhar? Por quem sente ternura e com quem iria a uma ilha deserta? etc. Depois partilhe o silêncio. O silêncio eloquente que surge quando o coração fala.

## AVENTURA

*31 O destino da viagem da evolução humana é a consciência de Deus.*
Sri Aurobindo

Embora o ser humano expresse atitudes brutais do seu anterior nível evolutivo, é também capaz de conceber e expressar excelsas formas de refinamento e beleza. Por causa disso, perguntamo-nos: "Acaso mentes capazes de criar incríveis sinfonias, construir pirâmides e esculpir figuras divinas em mármore não são indicadoras de um caminho para a excelência? Acaso mentes capazes de escrever lendas, sentir compaixão pela dor alheia e inventar tecnologia para viajar ao espaço não estão apontando um *futuro lúcido* e pleno de benevolência?". A descoberta do genoma, as sinceras intenções da democracia e o sentimento de solidariedade com a vida, não apontam a um destino *supramental* mais além do egoísmo e das contendas?

A Humanidade vem de um passado *pré-consciente e sub- -humano* que estava mais próximo do animal que do criador intuitivo que se *dá conta*. Ao longo de milênios, fomos abrindo a mente para um incomum conhecimento do Universo e da natureza humana. Um processo de crescimento sustentado que começou na fusão da *mãe terra* e segue avançando através de *expansões sucessivas de consciência* para esse Mistério, com maiúsculas, que também podemos chamar Deus ou Infinitude e Presença.

Conhecemos a maior parte da história humana e, mais ou menos, sabemos de onde viemos, mas acaso sabemos para onde vamos? Para responder a esta pergunta, convém recordar a recompilação feita pela Filosofia Perene. Trata-se de *sete verdades profundas*, que se encontram implícitas em todas as culturas e épocas, tanto na Índia, como no México, China, Japão ou Mesopotâmia, e que Ken Wilber nomeia da seguinte forma:

1 – Que o espírito existe.

2 – Que o espírito está dentro de nós.

3 – Que apesar disso, a maioria de nós vive num estado de separação ilusória.

4 – Que existe um caminho para sair da loucura da ilusão.

5 – Que se seguirmos esse caminho chegaremos a um Renascimento ou Libertação do espírito.

6 – Que essa experiência põe fim ao nosso estado de sofrimento.

7 – Que o final do sofrimento converte a vida em amor e serviço para todos os seres sensíveis.

Estes sete pontos formam um *consenso filosófico* mundial sobre os traços comuns dos seres humanos e o seu caminho pela vida. Em cada época da História, a Humanidade evoluiu em escalões sucessivos de crescimento e expansão da consciência. Cada ciclo correspondente esteve marcado por grupos e indivíduos com experiências místicas de lucidez, cujas coordenadas são comuns a todos: infinitude, paz, unidade, totalidade e essência. Trata-se de *estados do Ser* que transcendem a razão e pertencem ao ático da mente ou *supraconsciência*.

Há melhor destino para os seres humanos do que voltar para Casa? Talvez nos encontremos no espaço intermédio entre a saída e a chegada da grande aventura. O ponto médio entre os deuses e os animais. Só nos resta seguir adiante, expandindo gradualmente a visão para a onipresença da luz. Um estado, talvez, similar ao da origem, mas agora, depois do exílio sofrido, com um prêmio acrescido, o de podermos contar com o grande *dar-se conta* da consciência desperta.

## COMUNICAÇÃO

**32** *O Bem cresce à medida que se comunica.*
Jonh Milton

Sabemos que quando se *pronuncia*, damos existência ao que pronunciamos. Sabemos também que se *nomeamos*, atualizamos o que nomeámos na consciência. Como diz um texto bíblico: *"O verbo faz-se carne e habita entre nós."* Quererá isto dizer que a palavra tem uma dimensão criadora?

Vejamos, leitor: se agora lhe peço que não pense num elefante rosa, e repito: "Por favor não pense num "elefante rosa"!" O que acontece? Oh! Lamento que seja tarde, você acaba de imaginá-lo! Ter nomeado um elefante rosa produziu um *flash* na sua mente e indicou a figura do que entendemos como elefante rosa. Quer isto dizer, que a palavra *ativa* processos reais no cenário íntimo da consciência. Sem dúvida, nomear é uma forma de criar.

Neste sentido se orientam as palavras de um mestre Zen, que disse: *"Só existe a interdependência se alguém a nomeia. Se não há ninguém para a nomear, a interdependência não existe."* Onde nos leva esta informação? Será a chamada realidade um consenso mental que surge primeiro na mente que a imagina e cria? A partir desta perspectiva, apenas o que nomeamos e damos atenção na consciência existirá para nós neste grande subjetivismo vital. É por isso que, se a própria mente não se apercebe de um sucesso, essa realidade não existirá para ela. Neste sentido aponta o refrão que diz: *"Olhos que não veem, coração que não sente."* Um relativismo que merece a pena tomar em conta porque, na realidade, na mente de cada um só existe aquilo de que se é consciente.

Enquanto dormimos ou simplesmente não estamos atentos, não *testemunhamos* as coisas que acontecem, pelo que se pode afirmar que para a sua mente não existem. Em vista disto; não valerá a pena optar por comunicar e reforçar o que entendemos por Bem? Quer dizer, o que está mais próximo da alegria e do bem-estar como *força feliz da natureza*.

O que é o Bem? É por acaso uma opção de viver que parece mais próxima da paz do que da guerra? O Bem Primordial parece que tem mais a ver com o abraço do que com a bala. Ou seja, com o apoio à vida e o fim do sofrimento do que com a perpetuação da dor e da violência. E assim como não existe a obscuridade propriamente dita, apenas existe a Luz e a *ausência de Luz*, na realidade também só existe o Bem. O chamado "Mal" pode ser considerado como *ausência do Bem*, já que não tem identidade própria.

A comunicação é uma das ferramentas mais extraordinárias para ativar programas de alívio e lucidez. E assim como desejamos ter um meio ambiente cuidado plantando árvores e evitando resíduos tóxicos, da mesma forma, para conseguirmos uma atmosfera psíquica limpa convirá semear uma comunicação sincera e generosa, fechando a porta a relatos que intoxiquem a mente acerca de outras pessoas. Vale a pena evitar a crítica destrutiva e a violência, desenvolvendo uma *inteligência da alma* cuja expressão benévola flua pela corrente da consciência.

Nenhuma palavra se perde na atmosfera planetária. As palavras são vibrações que flutuam na aura do planeta. Se as nossas palavras são justas e geram estados de Bem-Estar, bloquearão as vibrações de tensão e falta de esperança. Se você deseja ser feliz, torne-se consciente do propósito e da intenção sutil das palavras. E a tudo isto nos perguntamos: "Existirá algo tão extraordinário como a Felicidade Infinita?". Alguém respondeu dizendo: "Tudo começa por *nomear* a sua existência".

## COMUNICAÇÃO

**33** *Tato é a habilidade de conseguir que o outro veja a luz sem o fazer sentir o raio.*
Henry Kissinger

A verdadeira mestria tem a faculdade de transmitir ensinamentos a outra pessoa sem lhe passar nenhuma fatura emocional por isso. São faturas encobertas, que recordam sutilmente não só a ignorância de quem aprende, mas também a superioridade de quem ensina. A verdadeira mestria mostra que aprender é um processo fácil e apoia a ideia de que não é necessário esforço, o que verdadeiramente conta é a *motivação*. A tão caducada frase: "A letra com sangue entra", afirmava que o conhecimento se conseguia através do sacrifício das experiências de renúncia dolorosas mas, sem dúvida, esta sentença pertence aos velhos paradigmas da nossa herança de escassez e estancamento.

No mundo do ensino é frequente encontrar pessoas que são simplesmente eruditas. Quer dizer, que apenas possuem *quantidade* de dados acadêmicos. São profissionais que ainda não "metabolizaram" a sua informação nem conseguiram convertê-la em sabedoria. São repetidores do que leram que se tornam meros "colecionadores de dados". Pelo contrário, o ser humano que já experimentou a informação que possui, e através de lágrimas e risos amadureceu a sua alma, estará habilitado pelo Universo para facilitar a *expansão da consciência*.

A função do professor puramente "inteirado" consiste em repetir a informação que recolheu e, no pior dos casos, dar lições com uma disfarçada carga de superioridade. Pelo contrário, a figura do professor que, depois de subir a escarpa, se vê imerso no declínio aos seus "infernos", expressa um tal grau de prudência e sabedoria que não ousa condenar nem sequer a sua própria sombra. O ser humano maduro há já muito tempo que *saiu de casa* e derreteu os seus frios *picos matemáticos* nos vales do coração. Vales onde nasceu a vida, com maiúsculas. O sábio caminha irmanado com o discípulo, facilitando situações em que o jovem semeia perguntas e colhe respostas.

Como faz o psicoterapeuta para mostrar a luz sem os efeitos do raio? A psicologia é a arte de elaborar perguntas. Perguntas que, ao serem feitas, dirigem a atenção do paciente para áreas que este, por si só, dificilmente observaria. E acontece que, ao olhar, ali onde convém iluminar e examinar o que surge, conseguimos expandir consciência sobre as nossas insuspeitadas sombras.

O termo *terapeuta* significa "acompanhante". Um psicoterapeuta será um acompanhante da psique, ou seja, um *acompanhante da alma*. Um *facilitador de espaços de transformação* onde se modificam pautas. Na realidade, o campo da consciência que um psicoterapeuta trabalha com o seu cliente se parece mais a um espaço de ginecologia, onde se ilumina um novo eu, do que a um diagnóstico acadêmico orientado por baterias de testes e diplomas de excelência. Quando encontramos um *mentor* vocacional que nos acompanha e assessora nos processos de mudança, revemos interpretações do que sucede e, sobretudo, ampliamos progressivamente a faculdade de "nos darmos conta".

Mostrar a luz sem fazer sentir o raio significa, também, exercer *a arte de perguntar*, de tal forma que o indivíduo que está *aprendendo a aprender* elabora a sua própria resposta. O processo de resposta consequente não fica no nível dos dados, mas desencadeia vivências conscientes que transformam a mente daquele que busca. Aquele que ensina aos outros depois de ter aprendido a perguntar e a escutar, na realidade é o que melhor mostra e revela o que há por detrás das aparências.

## COMUNICAÇÃO

**34** *Aqueles que são infelizes neste mundo, só necessitam de pessoas capazes de lhes prestarem atenção.*
Simone Weil

Em muitas das intensas brigas das crianças, o que verdadeiramente estão pedindo não é a Lua ou o brinquedo do irmão, mas simplesmente que se lhes preste atenção. Os animais e as plantas também possuem uma sensibilidade especial que detecta a atenção que se lhes dedica. Que ingrediente sutil parece ser *chave de saúde* no fato de dar atenção?

A resposta aponta para a *energia-consciência*. A atenção, embora intangível e sutil, é uma poderosa força que podemos treinar a *focar* e cuja ação, embora neutra e des-implicada, *influencia* e modifica o objeto em que se foca. Quando, por exemplo, "prestamos atenção" a outra pessoa, estamos criando um *campo de energia* com maior influência do que aquilo que parece e que, entre outras coisas, desencadeia ideias e sentimentos que de outra forma nem sequer teriam nascido.

Quando dedicamos atenção ao nascimento de um projeto, alimentamos geneticamente a sua criação e damos-lhe o nutriente que necessita para a sua maturação e crescimento. A *energia-atenção* é o cimento de que a mente dispõe para dar forma à *criação do novo*, aspecto que realiza fazendo uso da sua incrível capacidade criativa. Na realidade, a atenção é o alimento da consciência. Para atuar conscientemente, é importante estarmos atentos ao que acontece. Trata-se de um estado mental de abertura e amplitude que nada tem que ver com a "concentração", já que esta se centra num objeto não atendendo ao resto. Pelo contrário, a *atenção pura* é mais ampla e aberta e, longe de controlar o que foca, ela torna-se consciente do que acontece. Algo similar ao fato de vivermos despertos e centrados.

A importância vital da *energia-atenção* é muito conhecida pelos membros de uma tribo da Amazônia, que adotaram uma forma muito peculiar de castigar e eliminar o autor de um delito grave. A sua estrutura tribal não tem um pelotão de fuzilamento para esse fim. Por isso, a sua forma de condenar o membro agressor consiste em fazer de conta que ele não existe. Todos o ignoram e deixam de lhe prestar atenção. Ninguém responde às suas perguntas e, de comum acordo, todos os membros da tribo o consideram invisível. Em pouco tempo, a pessoa sujeita a este rigoroso isolamento *de atenção* acaba por morrer.

A administração de *energia-atenção* não é só uma poderosíssima arma terapêutica de cura e cuidado dos que sofrem, mas também dinamiza as relações, alimenta o desenvolvimento dos que crescem e é o grande fertilizante do amor.

O ser humano consciente dispõe da capacidade de focar a sua atenção onde quiser. Trata-se de uma capacidade que lhe permite evitar a dispersão mental, trazendo ideias e imagens desejáveis ao cenário da sua mente. Aquele que é capaz de dirigir o foco da sua atenção, consegue *desviar a atenção* dos conteúdos mentais que debilitam e intoxicam, como por exemplo as interpretações negativas, as queixas e os medos estéreis que não conduzem à ação. De fato, desenvolver a capacidade de focar a atenção onde queremos, supõe exercer a verdadeira liberdade. Uma Liberdade nuclear, com maiúsculas, que traz domínio sobre a esfera do pensamento e permite que a mente *pensada* se transforme em *pensadora*, com todas as consequências que esta sutil diferença implica na responsabilidade da própria paz interna.

# COMUNICAÇÃO

## 35 *O importante não é o que se diz, mas o que se faz.*
Nisargadatta

Falar e divagar sobre aquilo que não pode ser colocado em prática, pode converter-se em "matéria mental tóxica". O ser humano é um processo de ação consciente que se move por um impulso para *realizar* os níveis mais profundos da sua essência. Uma força que surge quando já superámos as necessidades básicas, tais como a alimentação, o afeto e a autoestima. A necessidade de autorrealização pertence a um nível mais elevado, na *escala de necessidades*, que nos incita a converter na *prática* os nossos processos criadores.

Criar e transformar a matéria até os níveis incríveis que a tecnologia atual nos permite, supõe alcançar uma capacidade tão extraordinária que nos recorda a frase do Evangelho que afirma: "*E sereis como deuses*". Na realidade, assim como os nossos pensamentos nascem com vocação de palavra, também a nossa palavra nasce com vocação de ação. O processo de inventar, descobrir e, posteriormente, fazer é uma viagem que, partindo do nada mais profundo e misterioso do nosso interior, se converte em ação transformadora do "lá fora". De certo modo, os seres humanos são ginecologistas daquilo que, querendo nascer, utiliza a nossa inspiração e o nosso fazer.

Diz-se que educamos os nossos filhos não tanto pelo que lhes dizemos mas mais pelo que fazemos. E, em última instância, o que fazemos é, nem mais nem menos aquilo que somos. Quando alguém diz que fumar é mau, mas fuma, as suas palavras não chegarão ao coração de quem o escuta. O que educa e transmite cria um *campo morfogenético* ou qualidade da "energia ambiente", de grande poder na mente do que cresce e evolui.

Palavra e ação, um binômio que é importante equilibrar. Às vezes este equilíbrio quebra-se pela exagerada presença do pensamento discursivo e acadêmico. Se tal *desequilíbrio* se produz por um "apetite desordenado de informação" acaba por nos converter em seres teóricos, com um baixo nível de ação e experiência. Perante este desequilíbrio, talvez seja o momento de esvaziar os armários, limpar a casa de papéis e livros e deixar espaços abertos para que circule mais energia para uma vida mais ampla. Se sentimos que nos dedicamos a "colecionar dados" e que na nossa mente racional não existe o entusiasmo vital do que sente e abraça, é tempo de soltar o que está a mais, coisas e símbolos e deixar que o Ser Interno se movimente com maior ligeireza.

Se com tanta intelectualidade o que na realidade procurávamos era nos desviarmos de uma carência efetiva, é tempo de fazer mudanças e de iniciar novas atividades: *tai chi* ou *yoga*, *dança de salão*, ou até *montanhismo*. Talvez seja o tempo de soltar hábitos que obstruem o fluxo da vida que corre nas veias. Quem sabe se para muitos varões da nossa sociedade não chegou o tempo de deixarem aflorar a profundidade afetiva e a serena sensualidade que possuem intensificando a atividade do hemisfério direito do cérebro. Talvez tenha chegado o momento de equilibrar a razão com a ternura e a disciplina com a benevolência. A parte feminina da mente demanda afetividade e vivências que estão para lá de teorias e palavras. Uma dimensão que abre a porta ao profundo e permite o acesso à transparência. Dois hemisférios cerebrais, uma consciência. Um delicado e interessante processo de integração que lembra a ave que avança com o bater das suas duas asas. Um nascimento para o novo paradigma do *psíquico andrógino* que, ao mover-se como um pêndulo, está preparado para penetrar na consciência integral que observa a mente que flui entre as luzes e as sombras.

## CONFIANÇA

**36** *O momento mais escuro da noite acontece um instante antes do amanhecer.*
Vicente Ferrer

O que é que acontece quando sentimos que "tocamos no fundo"? Quando a noite é mais escura, não é precisamente quando a vida dá lugar ao amanhecer? Se observarmos as leis da natureza vemos que o duro inverno dá lugar ao sol da primavera e que no mais profundo do fruto caído se encontra a semente. Ciclos ascendentes que atingem o zênite e começam a descer até "tocar fundo" e voltam a emergir num novo episódio da existência. Um princípio que, como *lei do Ritmo*, assinala a permanente mudança e transformação de todas as coisas.

Quando experimentamos, no mesmo dia, um pico de frustração e outro de esperança, um ponto de crispação e outro de sossego, ou pinceladas de incerteza e mais tarde de confiança, podemos perguntar-nos: "Existe algum estado mental que permaneça realmente?" A resposta é, obviamente, *não*. A realidade constroi-se com um material tão fugaz como o podem ser os pensamentos e, somos capazes de manter algum pensamento durante uns minutos? A resposta é evidente ao observar que a corrente das ideias é tão rápida quanto efêmera.

O mesmo acontece com as sensações e as emoções. Podemos alargar o prazer que sentimos ao comer um alimento requintado, quando este já está mastigado? Podemos alargar a emoção da satisfação por um trabalho bem feito? Ou a exaltação de um abraço de um ser querido? A resposta continua a ser *não*. A única coisa que temos no presente e a única que permanece perante esta ilusionada roda que toca fundo e se eleva, é a observação e a consciência de tão profunda *impermanência*. Algo que corre a cargo do Testemunho imutável. O Eu Real e imperturbável que não se move nem se altera.

Se se mantém a atenção nas mudanças e nas ondulações que a mente experimenta, a *observação sustentada* desperta e liberta-nos. No fundo de nós mesmos, sabemos muito bem que a vida tem um sentido, tanto na incerteza como na certeza. No Universo infinito tudo é movimento: átomos, moléculas, órgãos, planetas e estrelas movem-se, orbitam e alteram-se. Da mesma forma, pensamentos, emoções e sensações também fluem em ondas suaves que vão e vêm ao longo de ciclos que se alternam.

Quando sofremos, devemos observar a dor e como, depois dela, nasce a esperança. Não é necessário que dediquemos grande esforço para superar, nem que façamos grandes coisas na mente confusa pela tempestade. Simplesmente, quando chegar a *noite obscura da alma*, fluamos para diante e deixemos que o novo chegue e que, de tudo isso, aprendamos. Tudo são vivências que acontecem na grande espiral da experiência. Confiemos na mudança. Na realidade somos muito mais do que os jogos que alternam na mente. Não somos vítimas nem carrascos. A dor é transitória e faz parte da vida, como o fazem o prazer e a plena satisfação.

Tenhamos confiança no *Ritmo do Universo*. Tudo acontece por uma razão e, por vezes, é duro nascer para uma nova etapa, mas sabemos que por detrás do que acontece há crescimento e aprendizagem. Quanto mais difícil é o momento, mais próxima está a grande mudança que nos fará renascer noutra esfera. Se agora há nuvens de dor e confusão na sua vida, aceite, observe, mantenha a atenção... você bem sabe que isto também passa.

## CONFIANÇA

**37** *Deus escreve certo por linhas tortas.*
Albert Einstein

*Por casualidade, aquela mulher descobriu a carta que ele tinha na sua mesa e a crise estalou: "Como pude esquecer-me e deixar ali a carta?" Perguntava-se ele, enquanto saía de casa em plena chuva. "Como pude ser tão descuidado e insensato?" Dizia, enquanto conduzia por aquela interminável estrada...*

Com o passar dos anos, aquele despiste foi recordado por ambos como um catalisador que fez renascer as suas vidas e renovar uma situação que se tinha tornado infernal. Pouco a pouco, o que pareceu ser uma maldição baseada no insólito esquecimento do documento foi, mais tarde, recordado como o *sucesso mágico* que deu a volta às suas vidas fazendo-as sair do estancamento e reabrindo um novo ciclo com todas as suas consequências.

Despistes, erros de direção, esquecimentos de algo importante, chegar tarde a um lugar, tropeçar e cair, perder algo importante, fazer uma ferida e toda uma longa lista de aparentes casualidades, por vezes desencadeiam reorientações com sabor a destino. Perante elas aprendemos que aquele que no fundo não quer fumar, se esquece dos cigarros ou perde os fósforos. Aprendemos a intuir quais os acontecimentos que trazem algo com eles e quais os que não têm importância. Quando questionamos a vida dos seres humanos descobrimos testemunhos de despiste que assinalam *causalidades* de *causa* e não de *casual*, que, sem o pretender mudaram o rumo vital de uma forma surpreendente.

E, acaso pensamos que se fizéssemos as coisas com fria previsão e cálculo teríamos desenhado um guião de vida futura melhor do que o que surgiu após uma falha e as suas consequências? Que estranha força, ao que parece *superinteligente*, move o inconsciente pessoal até àquele despiste importante? Que mágico pode "desconectar" o controle do indivíduo no momento único e irrepetível em que se desencadeia o "acidente de percurso"? Mais tarde, quando tudo passou, aqueles que conseguiram *dar-se conta* do jogo que subjaz depois de experimentar esse tipo de acontecimentos reconhecem a sutileza de um *Princípio de Ordem Superior* – Por outras palavras: eus. Esse Deus que a humanidade madura já não *projeta* como uma macro figura pessoal, mas sim como a Inteligência Universal de um cosmos em que *vivemos, somos e temos o Ser.*

Por que é que muitas mudanças de rumo se baseiam em pequenos incidentes? Porque é que o mundo se renova tão frequentemente através de sucessos desajeitados ou geniais, tão pequenos quanto mágicos? Por que é que a aparente desgraça se converte mais tarde em algo pelo qual damos graças durante toda a vida? As respostas a tais perguntas entram no âmbito do silêncio, talvez porque revelam a grandeza do Mistério da vida. Um *profundo silêncio* é o que dá resposta a algo tão inefável quanto lúcido, capaz de oni-abarcar todos e cada um dos infinitos braços do Universo que a mente racional, na sua pequenez e miopia jamais teria conseguido contemplar.

Se nos enganamos, devemos aprender a rir, embora no início não vislumbremos o radioso alcance do que aconteceu. A experiência diz que muitos dos despistes que as pessoas de caráter controlador experimentam estão carregados de destino. Acaso a mão do anjo, com a sua magia suprema, está por detrás? Uma *mão branca* que reconduz o adormecido para experiências que a sua alma deve viver no decurso da sua aprendizagem. Por detrás de falhas inocentes encontra-se a reverberação do Ser. A sua escrita, por vezes sinuosa e surpreendente, abre a janela da nossa vida para as brisas do amanhecer.

## CONFIANÇA

**38** *Abre-te ao milagre. Aquele que não crê em milagres não é realista.*
David Bem-Gurión

O que seria para você um milagre? O que é que poderia ocorrer na sua vida que pudesse ser considerado um milagre? Hoje, a vida pede-lhe que, ao longo dos momentos especiais do dia, penetre em *si mesmo*, respire fundo e formule a pergunta: "O que seria para mim um milagre"? Permita-se sentir as respostas, por mais sutis que estas apareçam na sua consciência.

Perante esta pergunta alguém respondeu coisas muito interessantes sobre o seu ego. Pensava que, se conseguisse uma soma de dinheiro muito elevada, as suas limitações estariam resolvidas. A partir daí poria em marcha alguns objetivos que até então lhe pareciam uma utopia. Pensava que a sua procura da abundância incrementaria a capacidade de ação, de tal forma que poderia materializar todos os sonhos, tanto os seus como os dos que o rodeavam. Na realidade, aquela pessoa queria converter-se num inteligente *Rei Mago*.

Alguém também explicou que, depois do abraço sexual existiam possibilidades surpreendentes de transcender a sua mente racional e abrir a consciência à esfera *transpessoal*. O seu milagre consistia em tornar possíveis estas incríveis viagens ao Real que, de forma progressiva, lhe produziriam não só uma *mudança psicossomática*, mas também aquilo que denominava como a *libertação da ilusão*. Afirmava, que depois de cada viagem orgástica à visão da totalidade partilharia a sua experiência e ensinaria outros a alcançá-la. Outra pessoa disse que o seu milagre consistiria em possuir o *dom de curar* todas as dores de quem cruzasse o seu caminho. Queria dispor da capacidade de ajudar a reconduzir os conflitos emocionais das pessoas. Na realidade, queria fazer milagres nas feridas abertas da alma.

Outra pessoa disse que o seu milagre consistiria em ser capaz de sonhar, durante a noite, com tudo aquilo que *escolhesse sonhar*, mas *dando-se conta* de que estava sonhando. Quer dizer, queria experimentar os chamados *sonhos lúcidos*. Aquela pessoa acreditava que o imenso potencial que existe durante o sonho e, partindo dessa realidade tão maleável, poderia tornar-se capaz de experimentar todos os seus desejos, por muito incríveis que estes parecessem. Desejava ter experiências placentárias por entre as fendas do passado e do futuro, além de se conectar com civilizações estranhas de outros planetas.

Alguém também disse que o seu milagre particular consistiria em perceber-se na Presença, afastando para sempre o medo e fluindo com a vida no amor e na confiança. O seu milagre era saber-se e sentir-se Luz, com a consequente expansão da sua consciência pelos confins do Universo. Alcançar a Infinitude e transcender a barreira da mente racional.

Perante tais testemunhos, talvez o importante seja abrir a mente a "*tudo é possível*", recordando o poder ilimitado desta. Não pensemos que nos falta realismo e imaginemos que já sucede o que desejamos, que já o temos e o sentimos. A verdadeira felicidade acontece na pupila da alma. Talvez, o que você agora vive tenha alguma relação com sementes e condicionamentos da sua infância. *Semeie o futuro no presente.* Desenhe de novo a sua vida e recrie-se agora, já consciente. Não duvide do que quer. Você sabe que o simples fato de senti-lo significa que, embora pareça incrível, está no seu caminho e, de alguma forma, o merece. Não se rebaixe nem um só grau por velhas censuras ou antigas culpas. Olhe o céu estrelado da noite e sorria, que já é o momento de ser livre e de permitir que a brisa quente roce a sua alma. Seja realista e... espere um milagre!

## CORAGEM

*39 Muitas pequenas derrotas conduzem à grande vitória.*
Chuang Tzu

A maior coragem que uma pessoa pode expressar ocorre quando, após uma grande derrota, mantém em alta o seu nível de autoestima. Quando o ser humano não permite que o medo e o fracasso quebrem a sua força e ânimo, está utilizando uma coragem íntima que lhe possibilitará reflexões competentes e ajustes em futuras oportunidades. Talvez, para ganhar e conservar a sensatez e a temperança, tenha que aprender a perder previamente.

A verdadeira vitória não está no resultado quantificável a curto prazo, mas no aprendizado obtido. Na realidade, o grande propósito que resume todos os pequenos objetivos da vida centra-se em evoluir e crescer como seres com alma. A derrota não existe, já que todos os acontecimentos que vivemos, mesmo os frustrantes, contêm ensinamentos. A finalidade do *labirinto iniciático*, por onde o ser humano caminha ao longo da vida, consiste em desenvolver o conhecimento de *si mesmo* e expandir a sua consciência *ad infinitum*.

Não há derrotas, mas apenas experiências que assinalam o caminho que percorremos, com as suas luzes e sombras. O grande objetivo é tornarmo-nos suficientemente lúcidos, para aprendermos com os erros enquanto caminhamos. Não há culpas nem castigos, apenas uma totalizadora ou *holística* interação do Universo entre as redes que tecem o destino de cada pessoa. Quando alguém sente frustração porque não lhe é concedido um trabalho que escolheu, pode ter a tentação de "atirar para trás das costas" e esquecer que nada é casual. O que crê em si mesmo sabe que há um lugar no mundo para ele, sabe que a vida lhe coloca um processo que, maior ou mais pequeno, vivenciará com todas as sinuosidades emocionais que isso implica.

"*A perseverança traz boa fortuna*", diz o I Ching desde há quatro mil anos. Um Princípio que já foi entendido pelos antigos filósofos chineses ao primarem a perseverança como uma capacidade da inteligência. Quando alguém persevera observa os erros passados e registra eficazmente as ações que rejeita. O controle da ansiedade antecipadora começa com o aprender a *amar a ação pela ação*, independentemente do resultado. Cada passo, cada movimento, cada gesto, por pequeno e funcional que seja supõe um fim em si mesmo e merece toda a nossa atenção e consciência. A vitória final é a auto vitória. A Vitória das vitórias pressupõe integrar a experiência vivida num núcleo consciente de abertura. Somos muito mais que um número de ilusões e decepções. Somos Luz em plena amnésia temporal que, ao longo da vida, misteriosamente, se torna consciente de si mesma. O caminho é longo e ao mesmo tempo curto, já que, em última instância, não há nada para procurar porque nós já somos o que procuramos. Porque não acreditamos? O Grande Esquecimento faz parte do jogo de viver que, de certo modo, é o jogo de recordar. Quando a *cortina de névoa* começa a se dissipar, compreendemos que o mundo é perfeito tal como é, incluídos os nossos desejos de o mudar. Na realidade, quando olhamos para o que já vivemos, no fundo de nós mesmos sabemos que, aconteça o que acontecer, *não aconteceu nada*.

Talvez, numa manhã não muito distante, ao abrirmos os olhos, sintamos que despertamos de algo mais do que o habitual sonho de cada noite. Talvez sintamos que, de repente, despertamos do *grande sonho do eu separado*. Então compreendemos que estamos imersos na grande aventura da consciência, cujo despertar é a verdadeira vitória.

## CORAGEM

*40  Fazendo o que tememos dissolvemos o nosso temor.*
Emerson

Quanto mais fugimos do medo, maior e mais forte se torna o seu feitiço sobre a alma. Para nos livrarmos desse poder, devemos olhar de frente a sua influência paralisadora e, mais tarde, discernir se está nos protegendo de um perigo ou é simplesmente um vírus mental que nos inquieta.

O medo que paralisa e deprime é o medo neurótico que impede a ação. É um sentimento que se sintoniza com velhas tensões e feridas não resolvidas. O temor que se disfarça de insegurança encobre antecipações de dor e, muitas vezes, faz referência a duelos submergidos, cuja recordação nos invade de ansiedade e induz a condutas crispadas.

O medo nasce da memória da dor e surge em *flashes de pensamento* conectados à recordação. São ideias neuro-associadas que conformam a crença de que aquilo que rejeitamos, pode voltar a acontecer. Na realidade, se não há memória não há medo. Por este motivo, os inocentes enfrentam com tranquilidade "irresponsável" muitas situações de alto risco. Os inocentes não *projetam* experiências anteriores e, consequentemente, não temem a chegada da suposta desgraça.

Onde vemos uma conduta exagerada, revela-se a sombra que oculta velhas feridas e que nos incita, sem demora, a uma *drenagem emocional* da alma. Onde, por exemplo, vemos a mentira, nos seus diferentes graus, atenção, não há maldade ou estupidez, mas apenas uma mente que se sente ameaçada. Convém olhar o medo de frente e perguntar: "O que é que temo na realidade? Qual seria a pior coisa que poderia acontecer?", ao observar e especificar com precisão o que tememos, podemos respirar fundo o temido e criar novas opções mais desejáveis. Em breve, acontecerá que o grande gigante ilusório, que apenas pode habitar nas sombras, se esfuma, dissolvido na luz da consciência.

A sensação de confiança e segurança não surge só como consequência da memória do próprio êxito, mas também é uma qualidade que a nossa inteligência emocional desenvolve. Confiar é uma opção que podemos cultivar e reforçar, enquanto se comprova que depois dos problemas aparecem as soluções e que todas as dificuldades fortalecem e ensinam.

A confiança também nasce a partir da faculdade intuitiva do *Ser* que somos e que, escondido e sábio, se vai revelando. A confiança é um *estado de consciência*, um plano mental de vida, que se abre à Paz e à temperança. Mas, de onde nasce? Será uma proteção mágica que opera a partir das estrelas? Ao tentarmos responder, a razão talvez duvide, mas todos sabemos que não estamos sozinhos. A História e o Mistério assim o provam. O Universo apoia-nos a encarar o medo enquanto, com inteligência, fazemos o que devemos, embora sintamos insegurança e ameaça.

Quando nos vemos numa situação de ridículo, ruína ou abandono do ser que amamos, devemos deter-nos uns instantes. Convém respirar profundamente, distanciando-nos do cenário, enquanto deixamos que a *coluna de luz* passe por nós e penetre no cimo da nossa cabeça. Mais tarde, a simplicidade suavizará o que temermos e a sobriedade será nossa aliada. Não há temor que sobreviva se respirarmos de forma consciente e continuada. Só temos que nos deter e observar, sem evitar nenhum aspecto e sem esconder nenhuma das faces da situação. A partir do Silêncio Consciente, em breve, a melhor opção surge e a vida, de novo, ganha sentido enquanto nos reinventamos a nós próprios. Já está tudo no seu lugar. Você sabe o que esperar e volta a fluir *centrado* no núcleo da confiança.

## CORAGEM

**41** *O ser humano que se levanta é ainda maior do que aquele que nunca caiu.*
Concepción Arenal

Quando um ser humano "cai na lama" da existência, o que acontece sem que ele o saiba, é que está se abrindo um inesperado processo de mudança e transformação no seu rumo e na sua pessoa. A vida é paradoxal ao servir-se da queda quando, na realidade, o que com ela vem é o aprendizado e a maturidade da alma. Desprestígio, ruínas, erros, perdas, abandonos e doenças chegam às nossas vidas e, arrasando o que pensávamos ser, submetem o nosso ser a experimentar as dores que surgem com cada nova lição. Mais tarde, passado um tempo de assimilação, chega o dia em que uma vez mais a força nos impulsiona para a subida de outra nova montanha.

Aquele que se levanta é um ser distinto do que sofreu a queda. A dor ampliou a sua visão. A perda esvaziou-o dos apegos e o processo expandiu a sua consciência. Às vezes o que cai é um ilusionista que, mais tarde, se levanta já como um mago. O ilusionista ainda maneja ilusões e manipuladoras *bolhas de prata*. Sem dúvida, materiais tão efêmeros que se diluem perante qualquer brisa que lhes toque. Pelo contrário, o mago renascido trabalha com elementos mais sóbrios e profundos. Inicia projetos conhecendo as suas debilidades e olhando de frente as sombras. Um ser mais equânime e desprendido que domesticou o seu ego e varreu a sua arrogância.

Há pessoas com pobreza material e escassez nas suas mentes e nas suas casas que nunca foram ricas, mas que também não conhecem os confortáveis meandros da abundância. E também existem outras pessoas que, sendo ricas em bens e poderosas na sociedade em que estão inseridas, depressa lhes chega um raio que derrubando a sua *Torre*, as atira para o lado oposto das suas próprias referências. Acontece, então, que as suas vidas enfrentam a perda dos vínculos sociais e a dor produzida pela morte de uma identidade velha. Na realidade, através destes acontecimentos, surge um novo ciclo de renovação e aprendizado.

E assim como há *ex ricos* que "caíram" e sofrem com as diferenças, também existem *ex lúcidos*; quer dizer pessoas que conheceram a lucidez e a graça e um dia enfrentaram a intensidade amnésica da *noite escura da alma*. Na realidade, são *almas grandes* que, depois de viverem na claridade e na paz de espírito, são chamadas a enfrentar as sombras obscuras das suas moradas mais íntimas.

As experiências difíceis que vivemos, como o podem ser o exílio da nossa família, a perda do ser amado, o declínio económico, a diminuição da nossa segurança ou o abandono da lucidez alcançada são acontecimentos que, do ponto de vista iniciático de maturidade e despertar da consciência, têm outras leituras para além de meras desgraças. O que se levanta e regressa como o *Filho Pródigo que regressa a Casa* tem outra qualidade na sua alma. Os seus olhos falam outro idioma e a todos comove a profundidade do seu olhar. Aprendeu os segredos do coração humano enquanto iluminava a sua própria *sombra*. É o sábio que já não julga os que erram, que compreende a dor dos que sofrem e já não tem armaduras no seu coração. É o novo servidor do mundo, aquele que tendo tudo, parece ficar sem nada.

A descida dos deuses que se fizeram homens fala do mito da *queda voluntária*. Um processo de densificação no qual, por amor e compaixão, os lúcidos entram voluntariamente em amnésia. Talvez este seja o sutil preço que pagaram antes de aceder ao último escalão do nirvana. Na realidade, o que desce de novo à origem, o faz mais radiante e contém outra vibração na sua aura. Todos sabemos que há *anjos caídos* que cumprem a sua missão e, em cada amanhecer, dão graças.

## CRIATIVIDADE

*42 Para criar o futuro não há nada como imaginá-lo. O que hoje é utopia, amanhã será realidade.*
Júlio Verne

Você já criou a sua utopia? Deu-se a esse luxo? Em que mundo gostaria de viver? Que capacidades gostaria de expressar? Permita-se, alguma vez, conceber uma vida sem limites nem regras sobre o que é possível. Gostaria que a hora da sua morte chegasse durante uma experiência de *comunhão cósmica*? Gostaria de percorrer o Universo com as suas faculdades mentais e explorar as suas insólitas formas? Extraterrestres? Viagens no tempo? Gostaria de semear árvores em todo o planeta? Ser capaz de se comunicar com os golfinhos? Solucionar a fome, a doença e a ignorância do planeta? Ler no coração das pessoas? Ter *sonhos lúcidos* enquanto dorme e descansa?

Vale a pena utilizar as nossas incríveis faculdades de imaginar e criar sutilezas utópicas. Quer dizer, dar forma mental a algo que a nossa mente crê que não é possível. E se, durante o sonho, fôssemos capazes de sonhar à vontade com qualquer guião que quiséssemos enquanto somos conscientes de que sonhamos? Acaso não seria interessante entrevistar seres extraordinários como Buda, Jesus, Lao Tsé, Einstein, Leonardo...?

Na realidade, o momento presente que cada um vive é consequência das utopias do passado. O que a nossa vida é atualmente, em todos os aspectos, é justamente o que em algum momento anterior *acreditámos* ser possível. Nem mais nem menos. Da mesma forma, aquilo que nos anos sessenta era "ficção científica", nos anos noventa, perante o progresso acelerado, soava já antiquado. A utopia tem muitos campos e cada pessoa que aborda um novo ciclo e dá um *salto na sua consciência*, cria a sua.

Em tempos de boas notícias pensamos que tudo vai pelo melhor. Trata-se de uma visão que pode levar a intuir novas possibilidades. Que melhor contribuição do que dar à *atmosfera psíquica* do planeta a nossa utopia? Os intuitivos do mundo fazem esse favor à raça humana. Para isso, captam as melhores *possibilidades quânticas* que, mais tarde, *integram as suas escolhas*, dando lugar à chamada "realidade". São imagens mentais que atuam como *flashes* de grandes momentos.

    Utopia e ucronia referem-se ao que não é deste lugar nem deste tempo. De que lugar e de que tempo são as atuais utopias? As coisas agora vão mais rápidas do que a imaginação. Se antes a utopia era algo incrível e pouco provável de vermos realizado, na atualidade, os nossos olhos assombram-se com o acelerado ritmo de tudo o que é imaginável. Será uma utopia chegar a ser tão rico como sábio? Tão capaz de gozar as inesperadas possibilidades da sexualidade, como de se extasiar na comunhão contemplativa com o Espírito?

    Que melhor utopia que a expansão da consciência ao plano do Infinito? Aprender a acabar com o sofrimento? Sentir a certeza de que *não somos nós que estamos no Universo, mas sim o universo que está dentro de nós*? Saber-se Luz que *ocupa todos os espaços em tempo zero*. Viver no espaço da paz profunda? Amor que abraça tudo o que existe em ternura e compaixão supremas? O que hoje somos capazes de imaginar é porque, de alguma forma, está no nosso destino. Se assim não fosse, o conteúdo da nossa utopia não seria nem remotamente imaginado pela mente humana. Se se imagina a si mesmo e ao mundo em que vive, está assumindo a responsabilidade de *autoinventar-se*. Sem dúvida, uma faculdade insólita que nos dimensiona.

# CRIATIVIDADE

## 43 Sejamos fundadores da nossa própria religião.
Salvador Pániker

Naqueles tempos em que as tribos se defrontavam com o problema do desrespeito da propriedade privada e em que era necessário conter os impulsos dos mais fortes e arrogantes, a sociedade viu-se obrigada a criar um "corpo policial" capaz de assegurar as regras de convivência. Ao longo da História, a necessidade de conter a parte animal do ser humano foi de tal magnitude, que não houve outro remédio senão projetar uma *super polícia nos céus* capaz de vigiar os malfeitores da terra. Um Poder Superior cujo castigo tivesse a ver com o *mais além da morte*, um medo ancestral que todos, tarde ou cedo, enfrentariam. A religião primitiva com os seus códigos morais e os seus castigos infinitos, cumpriu um papel fundamental na educação dos povos que, graças a um Deus supervisor e justiceiro, tornava consciente o ser humano da intenção e consequências das suas ações mais secretas.

Mas a religião era algo mais do que uma polícia barata e excepcional que gerava medo e repressão nos mais primários. A religião era um caminho para *religar* o ser humano com um *Princípio de Ordem Superior*. Uma força organizada que se ocupou de transmitir e nomear a relação transcendente do homem e da mulher com o Espírito. A religião, durante milhões de anos, também se ocupou de apontar a Bondade, o Amor e a Beleza como estados superiores de consciência. Sem dúvida, como qualquer instituição humana teve um sem fim de despropósitos e erros que assombraram o que, de outra forma, teria uniformizado as crenças de toda a sociedade.

Atualmente, muitas pessoas desenvolvidas na razão libertaram--se das crenças religiosas mas, com isso, também cancelaram a sua relação com o Espírito. Tal reação provocou um vazio de transcendência, desorientando muitos seres que procuram contato com o sentido profundo da existência. São pessoas que, ao ficarem sem religião, ignoram como aceder ao mais profundo de si mesmas. Desconhecem que ritos ou orações os ligam com essa Inteligência Superior, sem caírem em sectarismos e ideologias fanáticas. Muitos seres humanos do nosso século, ignorantes das vias para a essência, temem entrar em seitas e escolas espiritualistas que enredem uma parte das suas mentes sem alcançar a paz e a lucidez que as suas almas desejam.

Assim como gerimos o nosso desenvolvimento material e ao mesmo tempo tecemos a rede dos nossos afetos, também devemos aprender a percorrer os caminhos que transcendem a nossa lógica e que nos permitam uma expansão sustentada da consciência.

Na atualidade, tudo o que precisamos é *a la carte*, inclusive o modelo de Deus que necessitamos projetar, dependendo do grau evolutivo que se possua. Um Deus justiceiro? Um pai benévolo? Energia cósmica? Inteligência Superior? Um Deus amigo? Quem sabe o coração de todas as coisas? Infinitude? Oceano de Consciência? O Todo? O profundo? Vazio? Presença? Luz?

E, embora a forma do divino que cada um projeta dependa de cada cultura, o certo é que a essência é a mesma em todos os *clichés* da História. Todas as imagens divinas acabam gerando a mesma experiência de amplitude e o mesmo desejo de bem, embora o idioma e os ritos marquem diferenças. Talvez valha a pena não ficar passivo perante a nova diversidade de caminhos, mas descobrir a via que permita melhorar as condições de vida no planeta.

## CRIATIVIDADE

*44 Qualquer pedra é um diamante para aquele que sabe ver.*
Anónimo

Que força mobiliza o escultor a captar a figura que se esconde oculta na pedra? Será a própria figura que, a partir do plano do futuro, chama o criador para nascer na matéria? É a Inteligência Universal que move ambos no cumprimento do seu papel, tanto o do ginecologista como o da criatura?

A obra de arte mais importante da vida é a que fazemos conosco mesmos. Dar forma consciente ao próprio ego e ensiná-lo a viver feliz é, sem dúvida, uma criação "cinco estrelas". O ser capaz de captar as opções mais produtivas e sábias do nosso eu, é a obra-mestra por excelência. Uma obra de satisfações infinitas e cuja duração é a da vida.

Para se construir um bom "eu-pessoa", a primeira coisa que convém fazer é visualizá-lo como uma obra acabada. Da mesma forma que um arquiteto faz os planos nos quais aparece um edifício, para desenhar um eu competente, equilibrado e virtuoso, deve-se começar por nomear as suas várias características e qualidades. Uma vez que o nosso artista interno elege as formas que deseja para a sua pessoa, só tem que as imaginar e desejar. Quer dizer, plasmar estas ideias nos planos da mente. E à medida que estas se forem especificando, também começa o mágico processo de acreditar no desenho que anteriormente começou como uma loucura.

A criação do eu é uma obra mágica cujo único álibi é tão virtual e efêmero como o podem ser as crenças limitadoras do que é ou não possível. Sem dúvida as crenças podem ser superadas pela nobre e suprema arte de auto imaginar-se para lá das mesmas. Mais tarde, quando se vão superando as limitações inerentes ao que nós cremos que é possível, convém sentir e especificar a própria utopia. Para ser competente nesta criação há toda uma Tecnologia de Transformação à sua disposição.

Deseja um bom método para se reinventar e ajustar as velas do seu barco? Pois bem, comece por se imaginar estendido no leito da morte. Não se assuste, a morte não é tão ameaçadora como dizem. Pense nela como uma bênção. Na realidade é uma volta para casa com descanso garantido. Olhe para trás, para a sua vida passada..., agora, já não tem outra oportunidade... O que é que não fez que teria gostado de fazer? A quem ou a quais gostaria de ter dado mais atenção? Vai-se embora deste mundo com as mãos cheias do que verdadeiramente vale a pena? Colocou os seus talentos numa direção que agora valoriza de outra forma? Quais foram os melhores momentos da sua vida? Amou e riu o suficiente? Dedicou tempo ao que realmente valia a pena? Se tivesse outra oportunidade que mudanças faria? Sente que está a tempo de reorientar algo na sua vida que o faça sorrir no dia da sua morte? Lembre-se que toda a mudança começa com um pensamento do agora.

Imagine tudo o que referimos anteriormente. Responda a cada pergunta como se a estivesse vivendo. Supere as limitações e crenças do que é real ou irreal e confie neste jogo da morte, o jogo mais importante da sua vida. Tenha em conta que, durante o tempo que lhe resta de vida, não acontecerá muito mais do que aquilo que imaginou. A imaginação é a ferramenta da qual se vale o seu eu futuro para nascer. Conceda-lhe espaço para que se revele e passe-o para o plano das formas. Não se rebaixe, não seja realista à antiga, e converta-se na criança criadora que você é, em essência.

## CRIATIVIDADE

**45** *Os problemas econômicos não se resolvem com dinheiro, resolvem-se com imaginação.*
Anthony Robbins

A escassez de recursos não se resolve com a chegada de um empréstimo bancário ou com a boa vontade de alguém que faz de papa e "recheia" a conta já que, em geral, essas ações não fazem mais do que tapar buracos, mais ou menos previstos, e detêm a chegada de medidas para resolver a escassez.

Todo projeto de criação de riqueza supõe um processo de imaginação e trabalho tão criativo como o pode ter sido aquele que, no seu tempo, fez com que o primitivo *Neanderthal* criasse um arco e flechas para conseguir sobreviver. Talvez a caça fosse escassa e os animais cada vez mais rápidos e abusivos. Sem dúvida, nem por isso a vida humana deixava de seguir em frente instando à resolução de cada nova situação. Se naquele momento histórico, o *maná* tivesse caído do céu, fraco favor teria feito o "deus que estava de serviço" aos descendentes do surpreendido caçador. Talvez, o verdadeiro milagre esteja na inspiradora chegada de ideias e motivações que, com o nosso posterior trabalho e elaboração, trazem a prosperidade e o bem-estar que as nossas vidas merecem.

Trata-se da imaginação criadora, uma capacidade às vezes tão nova como audaz que, rompendo com os velhos limites e impulsionando para seguir em frente, supõe um dos grandes aliciantes da mente humana.

Esta capacidade de superação põe-se em evidência com a cíclica chegada das crises econômicas que, apesar do seu aspecto ameaçador, fazem aflorar inesperadas potencialidades em quem as enfrenta. Trata-se de ciclos econômicos de mudança e *otimização* que não só incitam a resolver a incerteza, como também criam novos horizontes e bases para a prosperidade futura.

Tarde ou cedo, todo o ser humano em crescimento supera o dependente parasitismo de alguém que o protege. Chega um momento em que o indivíduo autoconsciente, finalmente começa a aportar à sociedade a verdadeira música que tem dentro. Depois das primeiras notas de uma verdadeira melodia, a vida devolve-lhe, multiplicada, toda a energia posta em jogo e proporciona-lhe aquelas oportunidades que a sua sobrevivência e desenvolvimento evolutivo precisam. São momentos especiais em que se percebe a chegada de algo parecido com um milagre. Momentos em que se sente que tudo encaixa fluindo por si só, quase sem intervenção nem esforço.

Quando o móbile de imaginar está fortemente ancorado no desejo de servir o seu propósito essencial, colocam-se em marcha energias transpessoais que podem surgir até do próprio futuro. Quem negaria um sorriso de gratidão ao inventor da roda, do telefone ou da penicilina? E se o dito criador dispôs, para a sua criação, de uma energia enviada inconscientemente do futuro pelas mentes dos beneficiados? Talvez possa apenas afirmar-se que todo o ser humano que se propõe criar soluções está invocando uma energia disponível no Universo. Energia em forma de ideias e motivos que, na realidade, supõem o verdadeiro maná, ao qual a pessoa madura aspira na sua independência. Uma Graça espiritual capaz de resolver paulatinamente os três problemas que a atual humanidade enfrenta: a ignorância, a doença e a fome. Três ameaças que não se resolvem com a ajuda do Banco Mundial ou com a chegada de avatares salvadores, mas sim com conhecimento, imaginação e generosidade. O dinheiro é uma energia de capacidade cujas leis de chegada à nossa vida nem sempre têm a ver com a lógica mecanicista. É por isso que o seu poder virtual reside mais nos planos mentais do que no banco da esquina.

## DISCERNIMENTO

**46** *Para acabar com o mal não deve lutar, mas sim, trabalhar energicamente na direção do bem.*
Nisargadatta

Quando uma pessoa está orientada para o crescimento e a atitude positiva, percebe que uma grande parte do mundo parece atuar numa direção contrária. Perante isto, tem duas possibilidades: ou ataca a negatividade através de denúncias e oposições, ou suspende os juízos e elabora uma sementeira sustentada de atos que reflitam a sua própria ideia da bondade das coisas. Algo parecido acontece quando duas marcas comerciais se reconhecem como competidoras e, ou atuam para desprestigiar a outra, ou melhoram o seu produto e trabalham com mais afinco na qualidade da sua oferta.

É muito diferente dizer a uma criança, quando toca o tambor ruidosamente dentro de casa: "Pára já de tocar o tambor, por favor", ou dizer: "Porque é que não vais brincar com o cão e a bola no jardim?". Enquanto uma frase reprime e nega o comportamento, baseando-se na rejeição e na força, a outra motiva para uma ação diferente, sem desqualificar a que naquele momento satisfaz a criança. A primeira deixará o reprimido com vontade de voltar a fazer o mesmo logo que possa, enquanto que a segunda terá conseguido desviar a atenção da opção mais tóxica.

*"Todos os raios da roda levam ao centro"*, dizia Lao Tsé, há quatro mil anos. Uma máxima que alude ao fato de que cada pessoa tem o seu momento e a sua forma particular de avançar até ao imenso mar. E, por mais evoluída que esteja a sua alma, ainda leva às costas uma história pessoal de cegueira e radicalidade que, como acontece a todos, precisa do seu tempo para crescer e despertar. Podemos atirar a primeira pedra?

Quando um ser humano passou pelo processo de se conhecer a si mesmo, quer dizer de conhecer tanto a sua luz como as suas sombras, torna-se muito respeitoso com as debilidades alheias. Procura que a energia que circula no seu ambiente não afete a sua equanimidade e não se posiciona na arrogância, que desqualifica e critica outras pessoas que exercem comportamentos primários que ele já superou.

Se você deseja um mundo melhor, se possui uma sensibilidade ambiental e um critério assertivo sobre a alimentação, as minorias étnicas e os grupos marginais; se tem ideias e experiências acerca de Deus, do Universo e da Consciência; se já se posicionou em relação à distribuição da riqueza no mundo, sobre a educação e os filhos, sobre o sexo, o dinheiro, o progresso e a tecnologia; se de alguma forma se reconhece comprometido com o seu crescimento pessoal e espiritual; se pratica a contemplação da sua própria mente e cultiva a sua vida interna, o que podemos sugerir-lhe? Apenas que siga em frente. Pouco a pouco a sua própria transformação se manifestará num abraço sutil aos seres que, *causalmente*, se aproximam e que, em muitas ocasiões, a única coisa que sabem é que o procuram porque encontram ordem e calma.

Vale a pena seguir o nosso caminho partilhando a chama sem pregações.

A paz e a independência são tão eloquentes que falam por si mesmas.

## DISCERNIMENTO

**47** *O que mais nos irrita nos outros é aquilo que pode conduzir-nos a um melhor entendimento de nós próprios.*
Carl Jung

Por que é que há pessoas que nos irritam de forma exagerada? A que se deve o fato de determinadas atitudes nos fazerem "perder as estribeiras?". Que poder desproporcionado têm certos detalhes insignificantes que nos fazem perder o controle e "encher de nervos"?

Todos já experimentamos, em algum momento, como algumas pessoas que "cruzaram" o nosso caminho cumpriram a desagradável tarefa de "revelar o pior de nós". São instantes nos quais, a partir do nosso inconsciente, surge a chamada *sombra* ou território psicológico que armazena os registros mais dolorosos da nossa infância. A *sombra* nutriu-se de experiências passadas com determinadas pessoas, que não tiveram propriamente o papel de "fadas madrinhas" ou de "magos salvadores", mas sim o de "tiranos" e de "bruxas". Com o passar do tempo, a nossa mente deixou de se ocupar dessas recordações e, uma vez que foram sepultadas no *sótão psicológico*, não foram entendidas nem resolvidas. Ao fim de uns anos, repentinamente, na convivência com uma pessoa que no início nos era agradável, estala um inesperado *clic* que nos irrita e fere, abrindo a porta a conflitos antigos que, em muitos casos, precisam de psicoterapia.

Acontece que no incansável processo de amadurecimento e transparência a que a vida nos submete, vemo-nos atraídos e presos em algumas relações que, estranhamente, parecem sobreviver até drenarem toda a toxicidade de antigas cicatrizes novamente abertas. A finalidade desta perturbação é um convite a *transmutar* a insuportabilidade que nos produz algo que *"vemos"* naqueles que nos rodeiam, drenando as nossas velhas e anquilosadas feridas, até nos tornar praticamente imunes ao que nos descentra e consegue "amargar-nos a existência".

A figura do chefe autoritário como *projeção* do pai radical, a figura da esposa controladora como *projeção* de uma mãe dominante, a figura de um filho "difícil" como *projeção* do que não gostamos em nós próprios... são múltiplas figuras que se repetem como *constelação familiar* que orbitou nos nossos primeiros anos de vida e que continuamos a projetar em sucessivos cenários, enquanto aprendemos a resolvê-las e integrá-las.

Atenção à conduta alheia que desperta a nossa aversão. Recordemos que as críticas e a depreciação que formulamos envolvem projeções das *nossas partes não resolvidas*. Aspectos que, de alguma forma, não suportamos em nós próprios e "vemos" insuportáveis nos outros. Quando nos enfrentamos com semelhantes situações, significa que a Vida nos aponta um trabalho pendente, assim como a oportunidade de ampliar o velho eu para um espaço interno que necessita ser revisto. Uma vez conseguido o *afeto* perante comportamentos anteriormente odiados, podemos aceder a um novo nível de consciência.

Acontece, frequentemente, que em situações familiares que julgamos controladas baixamos a guarda e é precisamente quando, de repente, *desperta o dragão* que vive escondido nas profundezas do nosso inconsciente, fazendo estalar o conflito. Um conflito emocional que começa apenas com um pequeno detalhe que fez *transbordar o copo* e que, se analisarmos com precisão, não é mais do que um reflexo do medo e impotência que a nossa criança interior registrou. A irritação é uma incômoda *cruz*, mas também é uma grande oportunidade de mudar a ficha, no tabuleiro do Grande Jogo do Conhecimento e Compreensão de nós próprios. Sem dúvida, o objetivo de iluminação mais importante da vida.

## DISCERNIMENTO

**48** *A descrição que o Pedro nos faz do João serve apenas para conhecer o Pedro, não o João.*
Spinoza

Quando Darwin, mundialmente conhecido por seus contributos à teoria da evolução das espécies, entrou pela primeira vez, no seu grande barco de três mastros, numa baía da Patagônia, os nativos que se encontravam na praia nas suas atividades habituais, não se aperceberam da entrada desse gigante de grandes velas desfraldadas que, a uma centena de metros se aproximava. Darwin conta-nos que a sua tripulação contemplava, espantada, como aqueles nativos, embora olhando o mar e o barco, não se mostravam receosos deste já que, literalmente, pareciam *não ver* o grande navio – *Beagle* – embora ele estivesse navegando mesmo "debaixo dos seus narizes". Sem dúvida, quando o navio ancorou e os marinheiros desceram os pequenos barcos para se aproximarem da praia, foram imediatamente reconhecidos, provocando um sobressalto na costa. Por que é que os aborígenes pareciam não ver algo tão estranho para eles como um barco desta dimensão? Porque é que algo tão evidente como um grande navio era invisível para essas mentes e, sem dúvida, quando apareceram os pequenos barcos foram imediatamente vistos?

A resposta é-nos dada pelas leis da *percepção* dos fenômenos que diz: "*O que tem na frente um martelo não vê mais do que um pau*". Pela lei da lógica, o aborígene não concebe sequer a existência de uma "peça do barco" como o que Darwin (como se fosse um extraterrestre) apresentava na baía. O seu cérebro não reconhece essa realidade, porque simplesmente acredita impossível que tal coisa exista. Por isso a sua mente não podia supô-la nem reconhecê-la. A mulher grávida não tem tendência a ver muito mais mulheres grávidas do que via antes da sua gravidez? Quando queremos comprar um determinado modelo de carro, não começamos "casualmente" a "ver" uma maior quantidade circulando pelas ruas do que víamos antes?

A chamada realidade ganha forma na nossa mente por *consensos culturais*? Afirma-se que o que vemos *lá fora* é uma *projeção* da película que temos dentro, ao *estilo do cinema*. É por isso que "o que Pedro detetou no João diz-nos mais sobre o Pedro do que sobre o João". Os defeitos e as virtudes que *reconhecemos* no outro não nos oferecem essa possibilidade de reconhecimento, se não as experimentámos já dentro de nós próprios. Tanto quando admiramos como quando sentimos aversão por uma determinada característica de outra pessoa, na realidade com quem estamos experimentando atração ou rejeição, é como um espelho que reflete o que sentimos em alguma parte profunda do nosso Eu.

Então nos perguntamos: "Existe a realidade física objetiva?". A resposta talvez tenha algo a ver com os chamados *sonhos lúcidos*. Como se sabe, o sonho lúcido é como todos os outros, mas com a diferença de que o sonhador se *dá conta* que está sonhando. Trata-se de uma interessante experiência que oferece ao indivíduo a possibilidade de mudar à sua vontade o guião onírico. Algo que não altera de forma alguma a sensação de realidade que este tipo de sonhos nos oferece. Observemos que as variáveis de tensão sanguínea, suor, orgasmos e outras constantes neurofisiológicas que podem acontecer, dão uma realidade incomum a essa película enquanto o nosso corpo ressona imóvel.

Existe por acaso um *sonho de dia* no mundo da vigília e um *sonho de noite* entre os lençóis? O tão falado *Despertar da Consciência* tem a ver com o reconhecimento da película que a nossa mente projeta constantemente? E a partir desse reconhecimento...? Liberdade?

## DISCERNIMENTO

**49** *O isolamento é a pobreza do eu.*
*A solidão é a sua riqueza.*
May Sarton

Alguma vez se perguntou quantas horas por dia permanece em silêncio? Dedica tempo para estar consigo mesmo enquanto ordena experiências na sua cabeça? Enquanto se calam diálogos internos e deixa entrar intuições na consciência? Dedica tempo a não fazer nada útil e a deixar-se fluir na alma? Cuida do seu interior da mesma forma que cuida do estômago, do cabelo ou do rosto? Lembre-se que, enquanto a solidão pode chegar a ser uma bênção o isolamento, pelo contrário, é uma patologia.

Às vezes acontece que ao vivermos com outras pessoas falamos sem parar das coisas que nos passam pela mente. Sem dúvida, torna-se paradoxal que, na agitação e na pressa cotidiana se torne difícil partilhar silêncios conscientes e espaços nos quais se atendem níveis profundos da pessoa. Talvez mereça a pena aumentar a nossa saúde mental e deixar fluir pelas paisagens internas que requerem reflexão e contemplação serenas.

De manhã, antes de sair de casa, dedicamos ao nosso corpo cuidados de limpeza e escolhemos roupas adequadas. E o que fazemos com a nossa mente e com os óculos de ver a existência? Sabemos estar sozinhos com nós mesmos? Dedicamos atenção ao sentido que tem a nossa existência?

Se nos encontramos *encurralados* nos hábitos de uma vida estreita, apostemos na mudança. Por vezes, esta disfarça-se em perdas que revolucionam e desordenam as nossas vidas. São tempos nos quais convém gerir novas amizades, abrir relações e iniciar uma comunicação com pessoas diferentes. O isolamento é um vírus que vive dos medos, muitas vezes antigos e recônditos que carregamos às costas. Saúde é abertura a outras mentes, apreço por outros ritos, outros costumes e formas de entender a existência. Recordemos que quanto mais diversidade há no jardim, mais sã e flexível é a vida que nasce.

Para sermos realmente nós próprios precisamos de espaços de solidão em que nos indagamos, sintonizamos e recarregamos. A solidão inspira porque a mente procura encerrar processos internos que, se ao longo do caminho não foram resolvidos, inquietam o sonho e nos distanciam da essência. A solidão é um estado espaçoso, algo que também se pode viver no convívio com outras pessoas. Algo que resulta mais simples quando dedicamos um espaço a nós próprios e atendemos as correntes sutis da consciência.

Quando chegar em casa, detenha a sua película e observe. Arrume um tempo para se recolher e abra um espaço para "respirar conscientemente", enquanto revê o dia, relaxa a mente e esvazia as cargas acumuladas. Se você é rico em tempo, tem a maior das riquezas. De que serve ganhar mais dinheiro, se no final não dispomos de tempo para metabolizar emoções e apreciar no *darmo-nos conta*.

Se você refugia demasiado no seu trabalho e sente, inclusive com frequência, que fica crispado nos fins de semana, talvez haja um remédio: cultive a leitura lúcida, faça exercício, aproxime-se de outros seres ricos de espírito sem querer "vender" a sua pessoa, quer dizer, sem "lamechices" nem cuidados com uma possível desaprovação externa. E acontece que, ao abrir o coração com a simples verdade e deixar sair aqui e além o que levamos dentro, ocorre algo muito forte: o velho isolamento emocional transforma-se em capacidade de regozijo com outras pessoas, enquanto nasce uma nova sensação de solidão que já se desfruta a partir da alma.

## EQUANIMIDADE

**50** *Desapego é soltar o velho, sem que o novo tenha ainda chegado.*
Nisargadatta

Encontramo-nos em crise quando sentimos que os nossos *modelos mentais* expiraram mas, apesar disso, não temos ainda claro como serão os novos. O *programa de pensamento* que há anos resolveu a nossa vida e que, inclusive, foi bem-vindo na sua instalação e colocação em marcha, também tem o seu momento de caducidade e decadência. Quando um modelo de vida chega ao seu declive, começamos a experimentar um "viver acomodado" sem assomos de criatividade e sem esse sentir de que *tudo se encaixa*. Atravessar este espaço de transição entre o velho e o início do novo é uma tarefa delicada. São momentos de confusão que, com frequência, removem emoções dolorosas, antigas e escondidas. E acontece que, perante a morte do velho programa e o emergir do novo, o que realmente ilumina o túnel de acesso é ter consciência e respirar a dor armazenada das velhas sombras que turvam a nossa calma.

Nesses momentos, *soltar* é a ideia chave. Deixar partir e caminhar, muito atentos, no *fio da navalha*. São tempos nos quais o *cada dia* dá o oxigênio apenas para o momento imediato e para resolver pequenas coisas. Acontece que, o simples fato de *dar-se conta* do que se passa, oferece ferramentas para acelerar agonias e levantar a cortina das pupilas que temos meio fechadas. São tempos de avançar quase às escuras, *atentos a cada passo*, que por pequeno que seja, dissolve ansiedades e afunda memórias virtuais e passadas.

A liberdade talvez não esteja em terminar relações com esta ou aquela pessoa que nos incomoda. A liberdade começa por soltar dentro de nós mesmos e, mais tarde, quando conseguimos que o comportamento dessa pessoa não nos afete, tudo muda, ela própria se retira, morre, ou simplesmente a mandam para outra terra. A natureza é sábia e quando se trata de renovar as folhas do outono, sopram suaves brisas que as soltam dos ramos. A vida, então, renova-se e o olhar amplia--se. Para soltar os fios dependentes que um dia tecemos com outras pessoas e convertê-los em relação independente e sã, passaremos por *soltar dependências* e fluir pelo abismo do presente, testemunhando o que acontece.

A liberdade começa por se observar a mente que pensa, experimentando que *o que se vê* não é o visto e que a identidade Real de *si mesmo* não é a mente que pensa, mas sim a consciência-testemunha que a observa. Recorde que *o olho não se vê a si mesmo* e se o eu é capaz de se dar conta do pensamento, é porque o pensamento não é o eu, mas sim do eu, da mesma forma que o pode ser o *meu* casaco. Para nos desapegarmos da mente egoísta, primeiro há que abrir esse Olho que vê ele próprio discorrer as ideias e testemunhar o processo que estas seguem, quando surgem e se associam.

Como diz o sábio:

*Abram-se ao novo, amigos, e detenham as suposições que, na realidade, não são mais que projeções de memórias passadas. Talvez nos aguardem experiências que acreditamos desejáveis mas, ao mesmo tempo impossíveis, vivências que para chegar apenas requerem que vocês se soltem e se abram. Permitam-se entrar no destino que, cada dia, cocriamos com os nossos pensamentos e intuição aberta. Deixem-se abraçar pela Presença e, hoje, em algum minuto da jornada, ergam o coração ao céu e respirem confiança.*

Na realidade, o velho desprende-se enquanto o novo avança. A eternidade aguarda para fazer-nos livres do tempo, para recobrar a unidade perdida e observar o sorriso da alma.

## EQUANIMIDADE

*51 O Ser não se identifica com o fracasso e o êxito.
Aprenda com ambos e vá mais além.*
Nisargadatta

Qualquer identificação do eu com o fracasso ou com o êxito é uma redução errônea da totalidade que *somos* nós mesmos, a uma mera *parte* que representa o *ego ou pessoa*. Vincular a *identidade essencial* ao eu superficial que vive entre os dois polos mencionados, supõe perder a perspectiva global e encerrar o Ser que somos num clichê tão transitório como local. O fato de dizer "sou tal e qual...", supõe reduzir-se; por acaso não *somos* muito mais que esse estreitamento? Por quê empenharmo-nos em limitar o que tem tantas caras? Em todo o caso, definamos: "*Uma parte de mim é...*".

Tanto o êxito como o fracasso são apenas *interpretações mentais* de situações que acontecem a seguir às nossas expectativas prévias. Uma interpretação efêmera que varia em cada pessoa e em cada momento da vida. Uma mesma situação objetiva, para uns pode significar um êxito e para outros um fracasso. Dois polos ou estados emocionais de uma mesma realidade que tendem a enredar o indivíduo num movimento psíquico pendular. Êxito significa alcançar os nossos objetivos, mas na realidade, o *êxito por excelência* será aquele que tenha a ver com o despertar da consciência, com o cessar do sofrimento e com a recuperação da nossa lúcida identidade essencial. Um objetivo da *anamnese* que dá sentido à vida e cujo caminho constitui a realidade última, à qual, tarde ou cedo, todo ser humano chega.

A chave para alcançar um objetivo está no grau de *atenção sustentada* que dedicamos ao tabuleiro do jogo em que este se desenvolve.

Os êxitos, na sua parte luminosa, proporcionam ao ego um certo grau de segurança e autoconfiança. Sem dúvida, na sua vertente sombria podem ser fonte de arrogância que ignora a cara e a cruz da existência. Pelo contrário, o fracasso, embora muitas vezes suponha uma experiência dolorosa, é uma valiosa ferramenta para traçar caminhos de aprendizagem para futuras realizações a partir da sabedoria da alma. Na realidade, não existe o fracasso, apenas existe crescimento e aprendizagem. O fracasso é uma experiência de adiamento da realização que, por sua vez, traz consigo ajustes pessoais que marcam um antes e um depois na corrente de experiências humanas.

A vivência do fracasso permite regular um grande desapego da malha do sonho em que vivemos enredados, já que as emoções que este implica motivam à recuperação da visão global. Ao enfrentarmos a frustração proveniente do fracasso, uma parte de nós aprende a desenredar-se do feitiço criado pelas bolhas da expectativa. Promessas que, às vezes, podem aprisionar a alma humana na sede insaciável de viver um determinado desejo que a prende ao *samsara*. De fato, no desencanto do fracasso subjazem as sementes do êxito, sementes que libertarão do sonho em novos amanheceres.

O que existe para além do fracasso e do êxito? Algo parecido ao que flui entre as margens de um rio? Trata-se da observação consciente do jogo polar da própria natureza mental. Um nível de consciência que se encontra mais além de qualquer identificação com alguma das margens. Aprendemos com o êxito e aprendemos com o fracasso, ambos são mestres da alma que trazem sutis lições para desenvolver toda a sabedoria e compaixão que batem no coração humano. Ninguém escapa às duas grandes lições que estas experiências implicam. Lições que fazem referência à montanha imóvel da equanimidade, como símbolo interno de uma perfeita neutralidade que não prefere nem intervém, mas apenas testemunha a chegada de acontecimentos, para lá das interpretações que a mente procura, no sinuoso processo da existência.

# EQUANIMIDADE

*52 As limitações da vida superam-se com uma boa dose de desapego inteligente.*
Nisargadatta

Quando nos vemos submetidos à frustração e ao conflito, é fácil sentir que uma parte de nós perdeu a perspectiva e se enredou no jogo neurótico da implicação. Perguntamo-nos: "como sair desta pequena prisão emocional?" A resposta assinala que, para sair da limitação e dissolver a tensão, convém recuperar a distância e a sua consequente objetividade.

Em que consiste o desapego? Desapegar-se é distanciar-se e desprender-se da identificação com o objeto que nos "prende" e que, por sua vez, nos impede de viver com equilíbrio e equanimidade. Na realidade o fato de se desenredar de uma situação não significa atuar para fora, transformando e manipulando o exterior, mas sim, trabalhar para dentro de si mesmo desviando a atenção do objeto que nos altera e deixando passar o tempo suficiente para esfriar a atmosfera emocional. Uma vez recuperado o estado mental de silêncio e sossego é o tempo da ação correta.

Existe algum cirurgião que possa operar friamente o seu próprio filho? Na generalidade, os pais sentem-se demasiado implicados com os seus filhos para agirem com neutralidade. Sem dúvida, esse apego também se estende a outras pessoas, às coisas, ao lugar, às ideias e a diversas formas de vida. Aprender a desprender-se do poder que estes aspectos exercem sobre a nossa consciência é um ato de liberdade. Não se trata de abandonar as coisas ou pessoas a quem queremos, mas apenas afrouxar a relação interna de identificação e dependência com as mesmas. Para atingir este objetivo, há pessoas que, em cada noite, se despedem da vida e se desprendem de tudo o que as identifica. Esse exercício é um salto para a liberdade que, na manhã seguinte, permite relacionar-se com tudo o que se perdeu, mas de uma forma mais equânime e serena.

O exercício que mencionámos lembra os antigos ritos de iniciação egípcios, nos quais o futuro iniciado "morria" simbolicamente e mais tarde, ao renascer, já vazio de apegos e identificações, recebia a merecida categoria. *Perder tudo para ganhar tudo.* Esvaziar-se para se deixar ocupar pela nova Água da Vida. Noutros rituais antigos, o coração do iniciado era pesado numa balança para comprovar se estava livre de apegos. Nas práticas Zen, conduz-se o indivíduo a um estado de *vazio mental* para experimentar o desapego, sem a carga de condicionantes que o ego racional arrasta.

O maior testemunho de desapego é sentido quando reconhecemos a nossa identidade essencial e, respondendo à pergunta: *"Quem, de fato, sou eu?"*, mergulhamos dentro de nós até encontrar o sujeito primordial, o Eu-observação que, por ser *presente puro*, está para além do tempo. Trata-se de um Eu-Totalidade-Infinitude cujo reconhecimento, ao alcance de todo ser humano, acontece através de uma experiência íntima que assinala a máxima expressão de desapego do eu racional.

Para superar as limitações que o medo produz, assim como os sutis afluentes que este filtra pelos mais recônditos espaços da mente, vale a pena exercitar-se no desapego. Para isso, convém retirar-se para um espaço de atenção e silêncio para recuperar o essencial e libertar a consciência de enredos com as partes mais dominantes do nosso ego. O medo e o desejo condicionam a claridade do presente. E para navegar por entre os polos extremos, partindo do trilho do meio, devemos aprender a viver na *observação sustentada*. Sem dúvida, o exercício de desapego com a mente pensante mais significativo e libertador da nossa existência.

## EFICÁCIA

**53** *Não basta fazer o bem, há que fazê-lo bem.*
Diderot

Os mitos das antigas religiões contam-nos como os deuses celestes atuavam a partir do Além e manipulavam o destino dos homens através de um poder supremo. Essa crença serviu para aliviar o medo e a dor a milhões de pessoas que, em último recurso, rezavam para alterar os males que pareciam avizinhar-se. Mas esta intervenção divina, embora ajudasse a criar uma esperança curadora e, em muitos casos, proporcionasse ações que mudavam as coisas, também fez acreditar, aos mais simples, que o fato de trabalhar para boas causas lhes permitia atuar com desleixo e negligência, já que Deus "daria um jeito". Parecia que, dada a sua boa intenção, embora fossem ineficazes e tivessem resultados negativos, os deuses fariam o resto e dariam eficácia para que alcançassem as suas metas.

De que serve a boa intenção de ajudar um doente, se por descuido infetamos as suas feridas? De que serve trabalhar numa excelente ONG, se o nosso caráter confunde e cria mal-estar entre os seus membros e colegas? De que serve querer ser útil ao mundo, se a nossa forma de ser e o nosso comportamento entorpecem e dificultam o alcance global das propostas?

Para atuar com eficácia, não se necessita apenas de intenção, mas também de uma correta aplicação dos meios e das formas. E para isso, não basta o desejo de "boas vibrações", mas também competência profissional e emocional. De outro modo pode intoxicar a nossa atmosfera. O fato de querer fazer o bem não outorga uma *bula* de desenvolvimento pessoal, nem exime o indivíduo da *formação permanente* nas técnicas profissionais mais avançadas e excelentes. Fazer bem as coisas é dar atenção a cada ação que realizamos, por pequena ou insignificante que pareça. O êxito não está só baseado nos pequenos detalhes, mas também no aprender a encarar os problemas que surgem, sem deixar para amanhã o que, por vezes, se pode fazer agora.

"Sinto muito, a minha intenção era boa". Uma frase que só se escuta da boca de alguém que, fechado na sua ignorância, causa problemas.

Na realidade, embora trabalhemos numa catedral e cuidemos das coisas sagradas, também temos que resolver com eficácia as tarefas que nos são pedidas. O ser humano atual orienta-se para o alcance de uma *Consciência Integral*. Trata-se de um nível que permite atualizar com plena eficácia, as diversas potencialidades que a nossa identidade global implica. A Consciência Integral é um estado que *conjuga* as facetas básicas de dois aspectos que tendem a excluir-se como linhas opostas. Por um lado, o *ego sensorial* dos desejos, que se desenvolve no reino material do prosaico, por outro, a *alma profunda* que conduz à esfera sutil da Verdade, Bondade e Beleza. Duas linhas de desenvolvimento que, longe de se excluírem, correm entrelaçadas e paralelas.

Para conseguir resultados em qualquer uma das esferas, convém construir bons alicerces e estabelecer bases firmes e sólidas. Embora nos sintamos "bons" na intenção, não conseguiremos que os *deuses invisíveis* corrijam as deficiências dos alicerces que o nosso edifício arrasta. Somos responsáveis pelas nossas obras, quer tenham defeitos, ou sejam perfeitas. A eficácia está presente quando produzimos resultados conscientes e intencionados. Quer dizer, quando colocamos as coisas em sintonia com as nossas metas. Para isso, sabemos que devemos colocar atenção nos detalhes, atenção na aprendizagem sustentada e atenção no momento presente, do qual nasce a infinitude e a magia. A *ação nobre* e correta é um *yoga* que trabalha para sair do labirinto e desperta a consciência. Não basta fazer o bem, há que fazer as coisas bem.

# EFICÁCIA

*54 A maior descoberta de qualquer geração é a de que os seres humanos podem mudar as suas vidas, mudando as suas atitudes mentais.*
Albert Schweitzer

As ações movem o mundo em que vivemos. Mas, o que move as ações? A resposta é, sem dúvida, os pensamentos e as atitudes que se adotam. É evidente que não fazemos as mesmas coisas partindo de uma atitude de confiança e generosidade ou partindo da desconfiança e da escassez. Conforme vamos "monitorizando" a relação entre os nossos pensamentos fugazes e as ações seguintes, chegamos à conclusão de que podemos construir o destino, simplesmente elegendo e cultivando uma *atitude de excelência*.

Para abrir a porta do êxito, podemos escolher pensar que nada é casual no Universo e formularmos perguntas, tais como: O que beneficiei e o que consegui do conflito e da competição? Responder a esta questão é uma forma de recordar que todo o acontecimento tem uma intencionalidade positiva e será a nossa atitude que irá determinar se *o vaso está meio cheio ou meio vazio*. O fato de adotar uma atitude ou outra, desencadeia que o Universo faça o resto. Em todo o acontecimento há um ensinamento que, uma vez aprendido, já não volta nem incomoda.

A atitude é tanto a mãe dos pensamentos como estes o são das ações; as ações, por sua vez, são do do caráter e o caráter o é do destino. Toda cadeia começa pela atitude. Algo que podemos influenciar e cultivar. Algo que começa a depender de nós à medida que nos tornamos progressivamente mais conscientes. A mudança de vida é um direito universal que podemos exercer. O que somos hoje em todos os aspectos, quer seja profissional e econômico ou afetivo, ou no estilo de vida, embora nos custe a crer, é justamente o que um dia imaginámos que chegaríamos a ser. Se nos *reinventamos por dentro*, tudo mudará por fora.

Devemos tornar-nos conscientes da atitude que subjaz por detrás das nossas palavras. Uma focalização de cooperação traz cooperação.

Uma focalização de serviço à vida traz vida. Se verificamos que a atitude egoísta e negativa está muito enraizada, indaguemos na nossa mente e alarguemos a consciência. Se *observamos a nossa mente* de forma equânime e sustentada, a mudança virá por adição e sem esforço. Na realidade somos luz, observação. Qual é o bloqueio que afeta a nossa mente? Antigas pegadas de dor? Somos mais do que um arquivo. Somos abertura.

Em que focalização decidimos instalar-nos hoje? Um dia é toda uma vida e, consequentemente, vale a pena escolher como vivê-la. A "boa vibração" que nasce de uma progressiva consciência é beneficamente expansiva. A atitude que escolhemos impregnará a *atmosfera psíquica* na qual vivemos. O importante é recordar-se, ao longo do dia, o que se escolheu, aspecto que ao ser exercitado converte o inconveniente em virtude. Uma atitude de indagação permanente. Como recordar-se desse propósito ao longo do dia? Talvez seja conveniente começar o dia dedicando o primeiro pensamento ao Universo e ao sentido profundo da nossa vida. Para que vivo o dia de hoje? Que sentido tem a minha vida? Que propósito vital *decreto* manifestar durante o dia? Podemos ver que esta maneira de se recordar a si mesmo permite não esquecer que a vida é mais do que resolver as necessidades do nosso organismo físico e social. Traçar, em cada manhã, a *ponte para o real*, revela uma dimensão transcendente da existência e tece a diversidade das formas com um fio de luz-consciência. E isso merece atenção sustentada.

## EFICÁCIA

**55** *O pessimista queixa-se do vento.*
*O otimista espera que mude.*
*O realista ajusta as velas.*
Guillen George Ward

Os momentos de tempestade fazem parte da travessia do viver. Pensar na possibilidade de uma vida sem a irrupção de inesperados vendavais e sem céus nos quais, repentinamente, aparecem nuvens negras e grandes ondas, é ignorância das leis da natureza.

*O rio da vida flui entre as margens do prazer e da dor.* Um desenho existencial que se baseia no contraste e que, quando a mente humana o assume e aceita, é tão interessante como navegável. A arte de viver é a arte de saber abrir as velas para neutralizar o sofrimento e, sem dúvida, aceitar a dor natural que se desprende em determinadas experiências. A matriz desta inteligência baseia-se na adoção de atitudes diversas perante a inesperada perturbação: uns optam pela queda estéril e debilitadora, que nega a própria capacidade de superação, e outros preferem transferir os seus talentos como navegadores e, após abandonar o leme, dirigem-se aos céus para negociar mudanças nos trovões e nas ondas.

Quando a tempestade estala e os trovões rompem o céu, de nada serve queixar-se. A queixa cria uma atmosfera de inutilidade pessoal e intoxica o nosso inconsciente. Perante a queixa, nenhuma pessoa que nos acompanhe na travessia vai fazer mais para resolver a situação, nem sequer tornar-se mais eficaz. Em todo caso, o seu trabalho ver-se-á acompanhado do vírus queixoso da impotência que tende a contaminar a atmosfera.

Em tempos de tempestade, as pessoas com fé imploram ao céu soluções para as suas desgraças. Fazem-no porque o milagre acalma os seus medos e também porque materializam o que querem e colocam em marcha alterações mágicas na engrenagem do Grande Sonho. É claro que o fato de partilhar com o Universo aquilo que necessitamos não substitui a ação oportuna e inteligente daquele que sabe soltar as velas e tomar o rumo para a costa.

Quando o momento que vivemos é difícil, quer seja porque há tempestade no céu ou porque atravessamos estreitos na terra, sabemos que, depois de cada passo, contamos com um grande aliado que corre a favor do sossego: o tempo. Sabemos da transitoriedade das coisas e que *tudo muda*. Cada minuto abordado com coragem é um minuto de vitória. Cada metro percorrido, um metro que deixamos atrás no caminho da saída. Não se trata de otimismo ou pessimismo, mas de alcançar a competência emocional suficiente para manter o discernimento e adotar medidas de plena eficácia.

Em tempos difíceis, a mente focaliza-se onde precisa de apoio, ação inteligente e soluções imediatas. À medida que superamos os golpes das primeiras ondas e ajustamos o rumo perante os ventos que sopram, o coração *esvazia-se de ilusões*, ao mesmo tempo que aplica os remédios eficazes e rápidos em plena competição. Talvez não seja a altura de opinar, nem sequer de divagar e compreender, mas simplesmente de atuar. Mais tarde, quando a tormenta se afastar e o horizonte clarear, será o tempo de respirar profundamente, de sentir o silêncio e de dar graças. É então que corroboramos que *o vento e as ondas correm a favor daquele que sabe navegar*.

## ENTUSIASMO

## 56 Não éramos apenas felizes, sabíamos!
Kipling

Se o êxito consiste em alcançarmos os nossos objetivos, uma forma básica de felicidade consiste em constatar que os mesmos foram alcançados. E embora o sentimento de termos conseguido seja fugaz, o fato de *darmo-nos conta* de que em algum dia chegámos a imaginar e desejar aquilo que agora atingimos, produz correntes de alegria. Da mesma forma, se alguém se propôs sentir prazer na sinergética aventura de "descobrir juntos" e, de repente, percebe que o que está vivendo nesse momento é precisamente o objetivo anteriormente desejado, o prazer aumenta. Sabemos que a consciência do prazer aumenta o prazer. Saber e partilhar que se é feliz multiplica a positividade da emoção. E embora a Felicidade, com maiúsculas, seja *in-causada*, quer dizer, que não tem uma causa anterior que a produza, o certo é que alcançar objetivos, depois de um esforço sustentado, produz uma satisfação reparadora.

Quando, todavia, a mente está adormecida, ignora que o tipo de vida que cada um de nós vive nos tempos atuais é justo e que o modelo que, anteriormente, acreditávamos e sonhávamos alcançar algum dia é este. A utopia faz-se realidade porque todos os sonhos nascem com vocação para serem experimentados. Assim funciona o jogo da criação: ela serve-se de nós e autocria-se através da nossa imaginação criadora. O tipo de vida que cada um de nós vive não é tanto um problema de boa ou má sorte, mas sim da qualidade do próprio programa mental e do nível de consciência.

Somos tentados a pensar na existência de um destino? Estará tudo predestinado por uma Inteligência Suprema que sincroniza acontecimentos e tece os que, aparentemente, estão desconetados? Às vezes sentimos e intuímos assim. Outras vezes, sem dúvida, pensamos que a realidade conhecida se constrói, instante a instante, através das nossas opções de pensamento. E, talvez, a verdade se encontre nestas duas posições: nem uma nem outra e as duas de uma vez. Talvez se deva contornar a tendência de excluir alguma hipótese por estranha que pareça. Na realidade, todos os aspectos podem ser integrados num nível de consciência expandido no qual não há contradição e onde tudo é compatível. Um estado denominado como Observação Pura.

Como viver esse estado? Para o fazer, detenha o amante durante uns instantes e torne-se consciente da ternura que o seu ser pode transmitir. Testemunhe como nasce o manancial de energia que flui sem causa. Um espaço interior no qual se oferece Água da Vida e *amor consciente* a todos os seres sensíveis. Alguém disse que a raiz de todos os problemas da Humanidade está no fato de não se ser consciente. Na realidade, não se dar conta de que amamos e de que sentimos prazer nisso, não é amar.

E parece que temos um direito legítimo a sentir prazer, que somos criaturas que merecemos a paz profunda, apenas pelo simples fato de estarmos conscientes. Não é necessário que tenhamos méritos nem que o ganhemos realizando esforços. Nada há que fazer, apenas estarmos preparados para que o sentimento do amor nos procure e encontre. Entretanto, respiremos em gratidão adiantada. O fato de dar graças pelo que queremos sentir, já é senti-lo.

Sentir-se bem e irradiar o nosso bem-estar é um estado de *consciência nuclear* que se encontra para lá da exaltação e dos extremos emocionais. Na realidade, o Observador está para além dos polos do pêndulo. É a própria mão que sustém os pratos da balança. Há algo melhor de que dar-se conta dessa paz que nasce mais além das alegrias e das tristezas, plenamente observadas?

## ENTUSIASMO

*57 Os homens pensam que deixam de se enamorar quando envelhecem, sem saberem que envelhecem quando deixam de se enamorar.*
Gabriel García Márquez

Nunca é tarde. Se decidirmos enamorar-nos, o amor chegará à nossa vida. E se, pelo contrário, pensamos que, dadas as circunstâncias vividas, já não nos podemos enamorar, o sentimento do amor não poderá bater na nossa consciência. Na realidade, uma coisa é decidir enamorar-se e outra, muito distinta, é pensar que "necessitamos" do outro sexo e do sexo para sentir amor e, portanto, procurar como furões por entre as suas tocas.

Muitas pessoas pensam que enamorar-se implica *obcecar-se* com o objeto da sua paixão e experimentar um *baile de hormônios* que mais se parece a um "pico" do que a um estado de plenitude serena. Sem dúvida, viver *enamorado* é viver fluindo na corrente de afinidade e empatia com a vida, junto com outros seres que riem e choram. Viver enamorado é, na realidade, viver entusiasmado, um termo que deriva de *en-Zeus-iasmar-se*, que significa "estar pleno de Zeus", quer dizer "estar pleno de Deus" com toda a qualidade de energia-consciência que cada segundo encerra. Uma capacidade da *inteligência emocional* que permite *dar-se conta* a cada instante de que você aprende e desfruta de tudo o que opta e chega.

Para se estar *enamorado* não é necessário que exista uma pessoa única e especial, porque quanto mais enamorados estamos, mais especiais são os amigos e os irmãos da vida, mais cativantes são os filhos e os pais, mais interessantes são os desconhecidos, os animais e as coisas, mais beleza vemos no céu e na terra, mais conscientes somos da *alma do mundo* que nos une e rodeia. Quanto mais *enamorados* decidimos estar, mais sentido tem sentar-se a respirar, contemplar os pensamentos e permitir que as correntes de vida circulem pelo corpo e pela cabeça. E se, além disso, existir uma pessoa muito especial cuja dança de afinidades permite partilhar as descobertas e muitas das pequenas coisas, é perfeito. Se esta ainda não tiver aparecido, você não deixa de seguir enamorado do projeto essencial da sua própria vida, em conjunto com outros viajantes que também escutam a música da alma. Só é necessário ativar *riscos íntimos* que convidam a viajar a partir de dentro e a *converter-se* naquilo que ama.

O amor surge na comunicação sincera, na contemplação do ocaso e na música que nos emociona. O amor surge quando assistimos à abertura de crisálidas e apontamos com ternura a direção das estrelas. O amor nasce quando nos despedimos de uma alma que já percorreu o seu caminho e, fechando os olhos, cruza a ponte para a Grande Alvorada. É amor o que aparece quando comprovamos que alguém fica aliviado com aquelas chaves de lucidez que partilhamos naquele momento da sua desgraça. É amor o que nasce quando sentimos a nossa vida como um rosário de pérolas, útil ao propósito evolutivo que, aqui e além, nos chama e convoca. O amor surge quando nos sentimos úteis ao propósito central que nos vocaciona. Trata-se de um *estado de consciência* que permite ver, cada dia, um mundo novo embora, às vezes, pareça que nada se passa.

Enamorar-se? Sim e sim. Amar é viver desperto e *surfar consciente* e com destreza por entre os dias de sol e tempestade. Você sabe que nunca é tarde para dizer *sim quero* e tornar-se amante da alma. Da alma do mundo e da sua.

## ENTUSIASMO

**58** *Hoje é o primeiro dia do resto da minha vida.*
Stanislav Grof

No momento em que você desperta de manhã, se está um pouco treinado, será capaz de observar como decorrem uns instantes fugazes em que o seu ser passa de existir como *Totalidade* a contrair-se na *identidade pessoa* que vive normalmente durante o dia. Você é consciente desse peculiar espaço entre os dois mundos? Você dá-se conta, ao despertar, dessa transição entre duas margens de sonho-vigília? Alguma vez reparou no processo de despertar em que aparece a consciência de que *você é* e o consequente mundo que, em seguida, a sua mente cria?

O normal é que não se tenha dado conta; talvez amanhã ao despertar se recorde desse fugaz instante e *testemunhe* o processo de se tornar "eu". Talvez, se o desejar, chegue a sentir que você existe, sem que ainda tenha aparecido o mencionado eu-pessoa com cartão de identidade. Como consequência disso, relativizará o estado de *individualidade*, e se tornará consciente de que é algo mais que o *eu superficial* experimentado durante a vigília. Se deseja dar-se conta da *ponte* mencionada ativará uma forma de sair do "eu separado" e ampliar a visão comum e ilusória da *caverna*.

Se observar o processo de "aterragem", verá que a consciência do seu próprio Eu é uma contração da Totalidade que se converte em duas: por um lado, o eu-ego que acaba de emergir no despertar encurralado "da pele para dentro" e, por outro, o mundo, o grande *Outro*, o alheio. De fato, durante o sonho, você "existe" antes da aparição do eu-pessoa. O eu, na sua dimensão essencial é algo mais do que esse eu oposto ao tu; na realidade, é SER, *neutralidade espaçosa*.

Quando se deseja sair, pela primeira vez, da única realidade que existe para o "eu-pessoa" e se acede a uma mais ampla modalidade de consciência, pode afirmar-se com entusiasmo que esse dia é o primeiro do resto da vida. Mas porquê com entusiasmo? Porque sentir-se entusiasmado significa sentir-se pleno de Expansão e Totalidade. Cada instante que você passe Desperto, com maiúsculas, pode dizer-se que é

Unidade, e isso significa entusiasmo no momento presente. Ao despertar pergunte-se: "Quem sou eu?" e não permita que as memórias enganem a Graça que supõe *dar-se conta* do jogo de voltar para casa e *criar pontes* entre mundos, numa integração mais ampla.

Somos muito mais do que a nossa mente. Quando se abrir a um sentimento de Totalidade, permita que isso se manifeste em alegria *in--causada* e observe que se expressa como serviço sustentado à vida. Abra-se à serena neutralidade e deixe-se fluir por entre os meandros da grande viagem. Cada instante conscientemente vivido é um dom e não importa se o sinal do que acontece é de prazer ou dor, ou até de lucidez ou narcose. Todos os estados são passageiros. O importante é que algo em você desperta e retorna ao imediato do momento presente. O único definitivo é agora. E acontece que agora você está aqui, com plena atenção ao abrir da sua consciência.

Hoje abre-se um livro branco no qual podemos reinventar a vida. Surgirá agora o manancial de renovação que nos lava do passado? Você já sabe o poder das coisas bem feitas. Permita que a sua mente se inunde de Presença e testemunhe o fluir por entre os meandros da vida.

Só temos este instante. Permita que o Rio da sua Vida flua no agora. Somos *Oceano de Totalidade e de Consciência*, algo que não é necessário procurar, nem perseguir, nem sequer perder, *porque já o somos* e não existe a possibilidade de deixar de ser ISSO. Algo que sempre fomos e sempre seremos.

# ÊXITO

**59** *O verdadeiro êxito consiste em saber quem você é, em vez de calcular o que será.*
Franz Kafka

Quem sou eu? Essa é a grande pergunta que o ser humano sempre fez ao longo da História. Uma pergunta tão universal e transcendente que a sua repetida formulação desenvolveu o conhecimento essencial da Humanidade. As diferentes respostas propiciaram sucessivas *expansões da consciência* que o ser humano conquistou paulatinamente. Vale a pena dedicar atenção a uma questão que não proporciona o último modelo de carro, nem o dinheiro da hipoteca?

A resposta mais sensata é que "Sim", vale a pena. A nossa visão do mundo exterior e concreto tem muito a ver com os *nossos óculos de olhar a vida* e com a atitude existencial com que nos movemos agora. A nossa hierarquia de valores e o sentido filosófico da existência podem converter muitas penas em crescimento e deixar caducos os velhos modos de viver como vítimas preocupadas. Reconhecer o próprio eu levou-nos a declarações de amor que afirmam: *"Quero você não por quem você é, mas por quem eu sou quando estou com você"*. Não é o próprio eu, com a sua maior ou menor dimensão, a referência por onde passam todas as coisas?

Quando alguém se *identifica* com o que será quando conseguir a sua particular vitória, na realidade, está mutilando o eu e engrandecendo apenas uma parte do mesmo. Você em essência não será nada do que agora não é e sempre foi. Outra coisa é falar dos eu-ideias que representará na sociedade e que, no seu cenário profissional e familiar entrarão em cena. O fato de sermos conhecidos e valorizados pelas nossas profissões, ou pela nossa posição econômica, não quer dizer que acreditemos *ser essa personagem* e caiamos na falácia de nos definirmos com uma ideia tão estreita; por exemplo com um "sou canalizador ou sou juíza". Porquê dar a uma parte do nosso eu superficial a totalidade da própria identidade? Somos algo mais inefável e infinito do que uma determinada atividade. Somos consciência, observação imutável e neutral no cenário das nossas próprias máscaras.

Se os pais pensam sobre o que seu filho *vai* ser na vida melhor será que o pensem como um *espaço de felicidade consciente* em vez de, apenas, como advogado ou toureiro. Melhor como uma abertura à *aprendizagem sustentada* do que como um funcionário ou atriz de teatro. Quer dizer, com traços globais que se aproximam mais do *ser nuclear* do que de qualquer uma das suas partes. Algo parecido acontece quando alguém despeitado descarrega reprovações no seu par, dizendo: "És um egoísta?". Não seria mais Real afirmar: "*Percebo a parte de você que é egoísta?*". Porquê esta *nuance*?

Totalizar acreditando, simplesmente, que alguém é o que representa uma parte de si mesmo é um *decreto mutilador* que ignora as outras formas que adotamos. Na realidade, somos muito mais que um adjetivo estreito e míope com que se etiqueta e totaliza tanto a nós próprios como a outras pessoas. Por mais egoístas ou manipuladores que nos comportemos, temos condutas opostas de generosidade e carinho que também têm o seu espaço e que, quando há motivação, aparecem e se expressam.

Precisamos ter cuidado ao responder à pergunta: "*Quem sou eu?*". Cuidado ao decretar aos outros com as suas pequenas partes que não são a identidade Real, mas apenas um eu etiquetado *em cena*. Reconhecer-se na diversidade de papéis oferece um despertar mais claro do *eu essencial ou espectador*. O grande êxito da vida consiste em reconhecermo-nos como a Infinitude e a Totalidade que essencialmente somos e iludir a tendência a nos pensarmos e pensar os outros como, unicamente, alguma das suas áreas.

## ÊXITO

**60** *Conseguimos porque não sabíamos que era impossível.*
Gustavo Montilla

Para que a mente consiga superar-se, não necessita apenas de metas, mas também de marcar objetivos muito altos capazes de ativar potencialidades desconhecidas. A nossa excelência como pessoas precisa de, sistematicamente, estabelecer objetivos e da aplicação de uma *Tecnologia de Realização* que torne possíveis os nossos fins. Para isso, convém não só contemplar como possível aquilo que se quer, mas também colocar inteligência e trabalho para o converter em provável. Na realidade, para conseguirmos o que desejamos, o que será melhor do que nos emocionarmos com o objetivo e estabelecermos estratégias minuciosas de chegada? Mais tarde, e para envolver o inconsciente no que se deseja, será muito útil *visualizar-se a si próprio* na fase final do objetivo, quer dizer, inundado de alegria com as metas já realizadas.

A história da Humanidade é uma verdadeira carreira da imaginação, para projetos que motivaram o ser humano para além dos limites conhecidos pela sua memória. Uma carreira que começa por superar a perigosa crença da "impossibilidade", um vírus letal que atua sabotando o nascimento das experiências desejadas. Trata-se de colocar um desafio à imaginação criadora que torne possível o que, em princípio, parecia impossível pelas nossas crenças limitadoras.

As crenças são os verdadeiros *fabricantes do possível* e constituem o programa criador por excelência. No passado dizíamos: "Se o vejo creio e se não o vejo não o creio". Sem dúvida, agora que somos mais conscientes do funcionamento da mente dizemos: "Se o creio vejo-o e se não o creio não o vejo". Quando alguém tenta algo uma e outra vez e não consegue, o que na realidade acontece é que, no fundo de si mesmo, não acredita no que tenta. O *programa de crenças* que subjaz na mente humana forma-se na infância e constitui o alicerce das nossas ações e ideias. O que hoje conseguimos alcançar na vida é justamente aquilo que, no fundo, acreditamos possível e merecido. Talvez nem mais, nem menos. Como diz o lúcido: "*Com fé movereis montanhas*". Palavras que durante séculos fizeram referência à *crença* na realização como a qualidade que gera *confiança total* em que o pretendido não só é possível como também plenamente provável e merecido.

Os fatores chave para o êxito consistem em fazer o que gostamos e amar de verdade aquilo que queremos. Algo que tem a ver com a sintonia existente entre a nossa atividade cotidiana e o *propósito central* da nossa existência. A forma de integrar o sentido da nossa vida, na atividade profissional de cada dia, supõe converter o nosso *propósito central* em objetivos e metas conscientes.

Se o propósito central consiste, por exemplo, em contribuir para o bem-estar da sociedade, sem dúvida um dos nossos objetivos consistirá em desenvolver a própria formação para nos tornarmos mais competentes e eficazes. A partir daí, nascerão conjuntos de metas curtas e plenamente abordáveis que, como pequenos degraus, nos conduzirão à chegada.

O trabalho de ser feliz começa em nós e termina em nós. Se nós próprios somos felizes, todo o Universo é um pouco mais feliz. E talvez esta seja a grande forma de contribuir para a felicidade global. Mas, cremos que esta é realmente possível? Que crença temos sobre este estado? Acreditamos que a vida é uma espécie de *caminho de provas* no qual devemos *suar* a perfeição? Cremos que a felicidade é uma utopia para ser vivida apenas num hipotético *mais além*? Se existem crenças deste tipo, por mais que se deseje viver um estado de serena plenitude, nunca o conseguiremos. E se é assim, o que se pode fazer nesta escuridão? Que tal acender uma vela?

# ÊXITO

*61 Nada acontece sem que se tenha previamente imaginado.*
Carl Sandburg

Existirá alguma dúvida de que o que hoje "somos na vida" se deve ao que, em algum momento da mesma, imaginamos e acreditamos que assim seria? O nosso grau de desenvolvimento, o nosso nível de fortuna, a nossa posição profissional, o nosso modelo de companheiro/a, amigos e relações etc., são como são porque algum dia, no passado, imaginamos precisamente que assim seria.

Sonhar desperto é algo mais que uma fantasia. Na realidade é uma forma de criar futuro. A arte de construir imagens mentais, acerca do que queremos viver, não só pode ser algo grato, como também é uma "bomba-relógio" carregada de poder criador. Na realidade, imaginar é colocar os alicerces da realização.

O ser humano dispõe de uma capacidade extraordinária de reinventar-se a si mesmo. E conforme conhecemos melhor as potencialidades da nossa mente, sabemos como aproveitar a carga criadora dos nossos surtos emocionais. Convém aproveitar a força motriz dos *flashes intuitivos* para, a seguir, elaborar inteligentemente o nosso destino. As imagens mentais alimentadas pelo sentimento e pela intuição supõem o *clichê vital* da nossa futura experiência. Sem dúvida, quando você imagina a sua vida futura, deve rever as suas *crenças limitadoras* sobre o que acredita poder e merecer. Recordemos que *merecemos* tudo o que sejamos capazes de imaginar e sentir.

O êxito ocorre quando realizamos os nossos objetivos, mas acaso criamos objetivos? Em caso afirmativo, recordemos que se, além disso os colocamos por escrito, reforçaremos intensamente o nosso inconsciente na direção imaginada. Conhecemos realmente os nossos objetivos? Sabemos o que queremos da vida? Se se der o caso de que o que desejamos hoje nos parece difícil e quase impossível, não sabotemos os sonhos. Recordemos que se de verdade desejamos algo é porque esse guião, de alguma forma, está no nosso caminho. No fundo, o intuímos como possível sabendo que as limitações estão apenas na nossa mente. Tenhamos coragem e eliminemos o temor e a frustração que acompanhou alguns desejos do passado. Confiemos que, depois de formarmos os nossos sonhos, a própria *mente profunda* encontrará o percurso para construir *caminhos neuronais* até à experiência.

Sermos capazes de *criar o próprio ego* supõe a obra de arte mais importante da nossa vida. Construamos o nosso ego com as qualidades e os valores mais sábios que sejamos capazes de visualizar. O limite não existe, apenas as nossas crenças limitadoras o colocam. Primeiro sonhemo-nos felizes, vivendo serenos e lúcidos e, após o guião fundamental, a pouco e pouco, comecemos a pôr os detalhes. Se desejamos recriar-nos na *tecnologia da realização*, convertamos cada imagem em palavras e escrevamos um documento ao Universo descrevendo a nossa vida futura como se tudo o que desejamos estivesse já realizado. Passados poucos anos surpreender-nos-emos com a precisão materializadora com que o Universo opera.

Para criar inteligentemente o nosso destino, convém nos inspirarmos na *opção* mais sábia de nós próprios. Se somos capazes de reconhecer e admirar facetas ótimas dos outros, é porque, de alguma forma elas estão em nós. Se construirmos uma grande *mandala* da nossa pessoa vamos nos surpreender com a amável engenharia com que o Universo apoia a nossa vontade. A nossa consciência cria realidade. É por isso que, para nos reinventarmos, podemos escolher, com os nossos pensamentos, o que nos vai acontecer.

# FLEXIBILIDADE

**62** *Há quedas que servem para nos levantarmos mais sábios e felizes.*
Shakespeare

Na nossa infância necessitámos de uma média de mil e oitocentas quedas para aprender a andar. Cada uma delas ensinou-nos uma nova *nuance* que, posteriormente, fomos elaborando e convertendo em experiência. Na realidade, cada queda que sofremos na vida é um aprendizado, uma lição do caminho que em nada implica culpa ou castigo, apenas crescimento e ampliação da consciência.

Às vezes, quando caímos, falamos de enganos, sem termos em conta que o que aconteceu teve um sentido no desenho mais amplo da existência. E assim como, no "ginásio da atenção", o importante não é despistar-se, mas *dar-se conta* de que nos despistamos, na vida, o importante não é "cair" ou cometer erros, sem nos darmos conta de toda a trama emocional e mental que está subjacente à queda. Cada ação cometida, por equivocada que pareça, conectada com um infinito *tecido de interrelações* que remontam aos confins mais distantes das galáxias. Nada existe isoladamente e nenhum acontecimento passado pode agora ser evitado. Após a queda, a grande aventura da vida está em levantar-se e seguir em frente, mas agora progredindo com mais temperança e com uma visão mais ampla.

Por vezes, a vida requer *acontecimentos críticos* que alteram o equilíbrio. Graças a eles, o modelo renova-se e regenera-se. O desenho lembra um labirinto de realizações e perdas que rompem a ordem prevista da trajetória. A *Lei da Impermanência* também afeta as relações pessoais nas quais, repentinamente, estala um conflito e perde-se o equilíbrio entre as pessoas. *O Universo escreve certo por linhas tortas*, e o que ao princípio pareceu uma falha, mais tarde comprovamos que fez aflorar partes ocultas de nós mesmos à luz da consciência. Trata-se de partes que, para conseguirem sobreviver tivemos que sepultar na *sombra*. Não é frequente que os hábitos e as velhas manias escondam verdades submersas e "apertem" a criatividade das pessoas?

A vida é tão sábia que vale-se da dor da queda para reorientar o caminho e introduzir novos comportamentos. Se descemos a montanha de forma imprudente e caímos, a dor recorda-nos atenção a cada passo da marcha: uma dor que se *vincula* à desatenção e, seguidamente, faz nascer uma maior prudência. No futuro, já não nos cegaremos tanto com a meta nem perderemos a atenção do momento presente que, na realidade, é o que importa. Por outro lado, a dor da queda é passageira e uma vez cumprida a sua missão, passa.

O que aprendi com esta queda? Talvez a resposta seja algo mais do que parece à primeira vista. Entretanto, demos graças ao Universo porque a vida, através das suas falhas e erros abre o cofre dos nossos segredos e, destapa luzes e sombras interiores. E acontece que quando a queda se aceita, tornamo-nos mais flexíveis e tolerantes porque, simplesmente, a velha rigidez é algo que apaga a música da nossa alma. Quando a tempestade passa, as águas que estavam estancadas voltam de novo a fluir, renovando o curso da vida e "integrando" a visão de áreas ocultas e esquecidas.

Caímos outra vez? É tempo de rirmos um pouco de nós próprios e seguir adiante. É tempo de observar e dar graças.

## FLEXIBILIDADE

**63** *O importante não é o que acontece mas como o interpretamos.*
Lair Ribeiro

A chegada de uma doença pode significar um incômodo para alguns e uma oportunidade de reflexão e descanso para outros. E assim como há pessoas que, perante o atraso de algo previsto, sentem frustração e ansiedade, outras há que, pelo contrário, consideram o mesmo acontecimento como uma ocasião de distância e desapego. A perda de um trabalho, um acidente inesperado, a morte de um ser próximo, uma notícia que muda os planos etc., não significam nada em si mesmas. Na realidade, os acontecimentos nascem neutros e alcançam o seu significado e consequente carga emocional quando são processados e *interpretados* pela engrenagem da nossa mente.

Perante esta grande relatividade dos fatos, vale a pena investir naquela parte da nossa mente que se ocupa de *reenquadrar* o significado das coisas. Se damos atenção à nossa parte mental que *processa* os eventos que acontecem, observaremos que esta dispõe de opções: ou bem que se canaliza pela visão negativa e centrípeta, ou bem que opta por dar a volta à situação e contempla o problema como uma oportunidade de mudança e melhoria.

A aceitação ou aversão com que recebemos os acontecimentos depende da *perspectiva* com que são contemplados e elaborados. Quer dizer, cada acontecimento dispõe, em si mesmo, de todas as cores imagináveis. Por essa razão, através da nossa interpretação, a*tualizamos* a cor que melhor se encaixa na complexa variedade de interesses da nossa vida. Recorde-se o famoso provérbio popular, que afirma: "*Nada é verdade nem mentira; as coisas são apenas da cor do cristal com que se olham*". De fato, para assegurar o crescimento sustentado e uma boa saúde mental, convirá que aprendamos a arte de encontrar a *melhor interpretação* do que acontece. Aprender a interpretar é aprender a conquistar a paz. Sem dúvida, um dever da nossa maturidade psicológica e uma responsabilidade nossa.

Perante cada acontecimento de natureza infortunada, formulemos uma pergunta simples mas de surpreendentes resultados: "Que intenção evolutiva traz este acontecimento?". Devemos nos lembrar que a grandeza e a infinitude do Universo não estão desenhadas para maltratar nenhuma das suas criaturas. Perante a chegada da desgraça, também nos perguntamos o que pretende a vida com tal ação e qual é a intenção evolutiva do processo de perda que enfrentamos. As respostas chegam por *via intuitiva*, insinuando uma progressiva maturidade e a educação em valores e qualidades desconhecidas.

Os fatos são neutros em si mesmos. O que nos faz felizes ou infelizes são as *interpretações* que fazemos dos mesmos. Programas mentais introduzidos na nossa consciência que, sem dúvida, foram aprendidos de pais e educadores e reajustados com as nossas próprias experiências.

Recordemos que todo o Universo está implicado em cada acontecimento e que *azar é apenas o nome que damos a uma lei ainda desconhecida*. As coisas não acontecem casualmente, mas sim *causalmente*. Por detrás de cada fato, por pequeno ou insignificante que seja, subjaz o sentido total da existência. Exercitemos uma interpretação *evolutiva* dos acontecimentos e quando a nossa mente se contrariar por frustrações e perdas, respiremos fundo, observemos globalmente e abramos um espaço vazio para que outra interpretação mais evoluída e ampla dos fatos apareça. Ninguém nasce para sofrer. Se queremos viver em paz, devemos aprender a elaborar interpretações sãs e positivas do que, simplesmente, sucede na vida.

## FLEXIBILIDADE

**64** *Não é preciso empurrar a vida. Quando o esforço for necessário a força aparece.*
Nisargadatta

Quando a vida precisa de energia e criatividade para resolver uma situação, a nossa *mente profunda* coloca em marcha incríveis recursos. São faculdades inesperadas que atuam no momento presente, com surpreendente eficácia.

A nossa mente tem a faculdade de intuir os acontecimentos que estão para vir, enquanto apoia o propósito central da nossa vida. Sem dúvida, convém distinguir entre este sábio processo e a a*ntecipação* ambígua de desgraças. São pensamentos sobre "como tudo está mal", que podem ser de grande toxicidade na vida cotidiana. Na realidade, só temos o presente, porque, inclusive, o pensamento que se refere a acontecimentos futuros, é um pensamento que nasce e morre nesse instante também presente do *agora*. Trata-se de soltar a avidez de expectativas e as consequentes frustrações. Todo o Universo é cúmplice em cada *eterno agora*. Cada emoção surgirá no seu momento e cada passo será o que convém, a cada dia.

Devemos treinar a nossa atenção no *amar a ação pela ação*, independentemente do resultado que esta obtenha. Por exemplo, quando caminha experimenta cada passo e controla a pressa da sua mente e a ansiedade da chegada. Passo a passo, chega, sem antecipações, sentindo os pés e as costas retas. Pode-se ir rápido ou muito rápido, mas sem pressa, com serenidade e atenção plenas. A pressa é apenas um *estado emocional* de antecipação e perda do momento presente. E ela depende de nós. Chegaremos ao lugar à mesma hora, tanto com pressa como sem ela. Cada movimento que realizamos é *um fim em si mesmo*. Se se lavam pratos, cada prato é todo o presente, apenas a ação consciente de cada movimento preciso com impecabilidade e destreza. Um atrás do outro. Um presente carregado de consciência.

O Universo conspira para apoiar o processo de viver feliz. Fluir é confiar e pressupõe manter a atenção perante o imprevisto, enquanto se escuta a vida *entre linhas*, observando *o significado* que a mente dá às coisas que passam. Deve-se vigiar a antecipação. *O que sofre antes do necessário sofre mais do que o necessário.* As expectativas geram frustração. Na realidade, a expectativa é memória projetada no futuro e, se este não vem como esperamos, produz frustração e raiva. E se mudarmos a palavra "expectativa" para "possibilidade"? Talvez então a nossa vida, em vez de ficar presa entre o medo e o desejo, esteja plena de possibilidades, quer dizer, aberta e livre.

Às vezes aparecem surpresas e o que emocionalmente parecia branco surge preto e vice-versa. Convém aprender a contemplar o que vem sem expectativas e treinar a mente a perceber *núcleos de possibilidades*, a manter-se aberta a caminhos múltiplos e simultâneos. As expectativas encerram o futuro nos registos da memória; pelo contrário, as possibilidades abrem o campo a derivações surpreendentes. Quanto mais opções a sua mente tiver, mais capacidades terá de viver em criação contínua, participando em cada momento ao sentir que escolhemos e desenhamos.

Se optamos por confiar no Grande Jogo, onde nada é casual e tudo o que acontece assinala aprendizagem e experiência, cada instante oferecerá as chaves para a *Grande Aventura da Consciência*.

# FORTALEZA

**65** *Para ser livre no mundo, temos que morrer para o mundo.*
Nisargadatta

*Na Universidade de Stanford foi feita uma experiência conhecida pelo nome de "Teste das Guloseimas". A experiência consistia em colocar num quarto, uma a uma, frente a uma mesa, com uma guloseima, crianças de quatro anos. A seguir um monitor dizia-lhes: "Vou ter que sair agora e regresso dentro de vinte minutos. Se você tiver vontade pode comer a guloseima mas, se você esperar eu voltar ganha duas". Grande dilema. Quando catorze anos depois estas crianças foram submetidas a um estudo comparativo, observou-se que aqueles que não tinham sido capazes de esperar eram mais estressados, tinham tendência a irritar-se e a envolver-se em conflitos com maior frequência e eram menos aptos para resistir a tentações, de forma a conseguirem um determinado objetivo. Capacidade de adiar a gratificação imediata?*

Quando reconhecemos que "necessitamos" de uma determinada satisfação proporcionada por uma coisa, ou pela presença de uma pessoa, estamos conscientes dessa dependência. Quantas mais opções a nossa mente tiver para satisfazer as suas necessidades e realizar as suas metas, mais poder e liberdade experimenta. Aprender a adiar o desejo e aprender, também, a satisfazê-lo oportunamente, pressupõe ser livre da pressão, por vezes obsessiva, a que este nos submete.

Qual é o lado obscuro do desejo? Frustração? Apego? Ansiedade? O fato de satisfazer um desejo que consideramos irresistível e perante o qual nos declaramos sem capacidade de controle, degrada a nossa vocação de liberdade. *Uma grama cura, uma grama e meia mata.* A medida justa de capricho e homenagem que damos ao corpo e à mente é uma arte que, em cada momento, varia de quantidade. O desejo pode ser um motor vital que dinamiza a nossa existência, mas também uma forma de perder o momento presente mediante *antecipações* e expectativas ansiosas. O desejo abarca um grande leque no espectro da nossa motivação interna. Desde a compulsão hedonista às sensações prazenteiras, até ao próprio desejo de se libertar do desejo e ser livre das consequências que este tem na consciência. Quando o desejo é transmutado num nível superior converte-se em *vontade*, uma capacidade que marca o rumo e conduz a vida. Se satisfazemos desejo atrás de desejo e nos esquecemos da sobriedade da alma, sentiremos o mesmo que experimenta o que bebe água do mar e, por mais que beba, não saciará a sede. Existe outro caminho que se treina no adiamento do impulso e na disciplina de uma renúncia salutar. Trata-se de cultivar *espaços de silêncio* e um permanente olhar interno. Ambos convertem o desejo em vontade, elevando a energia do estômago apertado para o peito e a cabeça. Quando uma pessoa deseja algo ardentemente e trabalha o seu correspondente desapego, consegue converter essa "necessidade" numa "opção", com a qual o desejo deixa de ser exigência. Os desejos deste tipo raramente prejudicam outras pessoas.

"*O reino dos céus está no teu interior.*" Aprender a "*passar*", supõe esvaziar-se da visão ilusória e dar-se conta de que a chamada *realidade objetiva* não é mais do que uma projeção da própria mente sonhadora. E se morremos para a ilusão do mundo, para que nascemos? O que resta?

Talvez reste o silêncio consciente de si próprio.

Talvez reste o Observador dos fenômenos a que chamamos existência manifestada.

O sábio que se sabe Totalidade é o que já evoluiu depois de integrar o de dentro e o de fora.

## FORTALEZA

**66** *Joga a partida que te calhou.*
*Pode ser dolorosa mas deves jogá-la.*
James Brady

Trazemos, por acaso, um conjunto de experiências que, sabe-se lá porquê, nos calhou viver? Trata-se de algum estranho *plano pré-natal* que a nossa suposta identidade espiritual planejou para o *tratamento de sutilização*? Podemos escapar do labirinto emocional que nos calhou? São perguntas que a Humanidade, à medida que se viu confrontada com situações incômodas e dolorosas, foi fazendo de forma sistemática e cujas respostas não se encontram numa chave racional. A intuição acaba por insinuar, sutilmente, a cada um que existem áreas de dor não tão fluidas como outras e que, ao que parece, é o nosso chamado *karma* que nos leva a experimentá-las com todas as consequências que implicam.

Calhou-nos ser pais de filhos com defeitos que atribuímos aos nossos ex cônjuges? Temos que trabalhar com um chefe insuportável e déspota? Acabar o projeto em que nos vimos metidos? Adiar a nossa gratificação prazenteira para um momento mais adequado? Ficarmos uma noite sem dormir? Cuidar dessa pessoa que nos "calhou no lote" ao nascer? Sentir dor pelo sofrimento de alguém com o qual nos sentimos irrenunciavelmente vinculados? Temos que esperar e esperar?

Dores variadas que parecem saldar-se em alguma etapa do caminho através de processos que não podemos contornar e que tememos que nos acompanhem "pela vida toda". Sem dúvida, com o passar do tempo, as aparentes *cruzes* que pareciam chegar à nossa vida por uma infeliz *loteria cósmica*, são precisamente as molas para um futuro *salto de consciência* pelo qual se supera um modelo mental caduco e se acede a uma nova expansão da consciência.

Temos de aguentar companheiros ou sócios que sentimos "que não nos trazem nada"? Tocou-nos viver um período de escassez econômica? Aceitar um corpo de que não gostamos? Uma família que nos oprime? Vivemos ocasiões nas quais desejámos morrer e que, pelo que parece, ainda não era o tempo? Temos de suportar uma perda atrás de outra? Temos de enfrentar a solidão? São momentos de dor que implicam a certeza de uma nova e esperançosa ascensão. É bem certo que, enquanto estes apertam, a sábia *aceitação* reduz a doença em grande medida.

A dor aceita conduz a alma a reinos surpreendentes. Quando um ser humano se sente motivado para o correto jogo das suas cartas e para terminar a partida com dignidade e nobreza, na realidade está elaborando a *competência emocional*, que amadurecerá a sua pessoa e abrirá a porta do s*entido da sua vida*. Quando transmutamos aspectos da cólera, o sentimento de injustiça, o desejo de vingança, a cobiça, a inveja e outras muitas misérias pessoais, convertendo-as em amplitude mental e desapegada temperança, fazemos surgir o *alquimista interno* que encontrou chumbo no nosso interior e o transformou em ouro. O ouro da lucidez e da consciência desperta.

Em plena dor, o fato de seguir em frente, aceitando sem resistências, supõe disparar um foguete para planos de amor e lucidez que, mais cedo ou mais tarde, adoçam a alma de ternura e grandeza. Uma atitude que recorda as palavras do lúcido: *"Nas tuas mãos encomendo o meu Espírito"*.

## FORTALEZA

**67** *Na vida não há coisas que temer.
Só há coisas para compreender.*
Marie Curie

*Naquela noite de tempestade, no casarão da minha avó, ouvi aquela chiadeira (...) o pânico desencadeou na minha mente todo um catálogo de imagens terroríficas. Em breve, percebi o ruído de passos que se aproximavam. Nesse instante senti um maldito bloqueio em todo o meu corpo. Olhei para a porta do meu quarto, não me consegui mexer, nem sequer afastar a mente da manivela (...) suava entre os lençóis, não podia fazer nada (...). A manivela girou, a porta abriu-se e, de repente... apareceu o rosto sereno de Julián, o guarda da casa da minha avó...*

Após uma tempestade emocional causada por tão efêmera causa externa, perguntamo-nos: Qual é a natureza do medo? O que é isso tão poderoso que pode desencadear a mais terrível angústia na nossa existência? As investigações da mente indicam-nos que o medo está baseado na memória da dor. Trata-se de um estado mental, que se forma com base num registro de dor que a nossa memória possui arquivado e que é "projetado" para o futuro, que nos ameaça com a sua possível repetição.

Além do medo pessoal, existe um medo global no mundo. É um sentimento que nasce ao permitir discursos ameaçadores sobre a insegurança do planeta como plataforma de vida. Frases e decretos tais como: *"As coisas vão de mal a pior"*, *"Outro morto, outra guerra, outra empresa que encerra, a bolsa veio abaixo"*, criam na corrente mental uma carga de contrações tóxicas que, mais cedo ou mais tarde, somatizam no 'psicocorpo'. Na realidade, a partir de uma visão *transpessoal* os acontecimentos são neutros, a chave está nas interpretações que a nossa mente faz dos mesmos. O que é bom para uns é uma maldição para outros. E, ao contrário, quando um acontecimento prejudica uns, existem outros que tiram proveito disso. Quando um acontecimento fere uma das partes do nosso eu, o mesmo acontecimento pode estar curando outras partes. A vida é um equilíbrio complexo entre o direito e o avesso. Cara e coroa da mesma moeda tecem a trama que a nossa mente interpreta. Trata-se de compreender que quando chegarem os pesadelos, pode-se dar a volta e escolher a melhor interpretação. Sem dúvida, sabemos que até o acontecimento que parece mais triste, traz sinuosamente com ele mudanças que implicam crescimento e abertura.

Aceitar "o que há" produz uma grande paz na alma. Desde que somos bebês, sabemos que a dor faz parte do jogo do crescimento. Sem dúvida isto não determina que permitamos a elaboração de discursos negativos da nossa mente. Quando se sentir medo, observem-se as memórias que manejam a nossa mente e a seguir, procedamos à construção de uma opção mais sã. São momentos em que o novo quer florescer. O medo salutar protege-nos do que pode acontecer e nos conduz à ação neutralizadora daquilo que ameaça. Pelo contrário, o medo patológico que parece carecer de solução, paralisa-nos e bloqueia-nos, gerando pensamentos obsessivos que não resolvem nem adiantam nada.

Abramos a janela ao mundo e renunciemos à felicidade. Para ser feliz talvez tenha que se libertar da esperança de ser feliz. A única coisa que temos é o agora, o importante é observar a nossa própria mente e as suas complexidades. E mais tarde, agradecer adiantado.

## GENEROSIDADE

***68**** Não terás vivido um dia perfeito, se não tiveres feito algo por alguém que nunca será capaz de o devolver.*
Rutz Smelter

Um *dia perfeito* é algo plenamente integral. É aquele em que, os diversos fatores que têm a ver com a nossa autorrealização, foram expressos e atendidos. Um dia perfeito é aquele, no qual, além de realizarmos os nossos objetivos pessoais, se fez algo com um propósito maior de *sentido existencial.*

Se além de fazermos o pão para nós próprios, tivermos a oportunidade de fazer algo por outra pessoa que percorre o mesmo trecho do caminho, não duvidemos, façamo-lo rapidamente, que disso jamais nos arrependeremos. A *cadeia de favores* anônimos e os *momentos com alma* que colocamos em marcha, sem esperar resposta, talvez sejam uma das experiências mais valiosas que podemos contar no balanço final da vida.

O que significa a expressão *momentos com alma?* Serão momentos de amor sem desejo de retribuição? Momentos de sincera compaixão ou de cooperação e entrega? Alguns relacionam-nos com o espírito de serviço e outros nomeiam-nos como *sabedoria em marcha.*

As regras para ser feliz não vêm num livro de instruções que o bebê traz ao sair da fábrica. Sem dúvida, há algumas leis que foram transmitidas pelos anciãos das tribos que, de boca em boca e durante milhares de anos, indicaram como sentir-se bem e proporcionar harmonia alheia. E, ao que parece, a regra número um é sempre a mesma: *"Ama o próximo como a ti mesmo".* Palavras que os lúcidos pronunciaram e que nada têm de impossível ou tolo. O egoísmo e o narcisismo não se superam com uma emocionada decisão, mas com um treino sustentado de generosidade, auto observação, e maturidade da alma.

Não deixe, pois, escapar a sua grande oportunidade diária. Como bem sabe, muitas vezes não se trata de dar mas sim de *dar-se,* de entregar um décimo do nosso tempo, da nossa escuta e de acompanhar as crises de outras crisálidas. O dia tem mais encanto se, além de atingirmos as nossas metas, a vida nos permitir fazer soar a música da alma. Se somos capazes de aliviar e fazer mais leve o caminho de quem atravessa momentos de dificuldade, demos graças ao apoiar porque, embora não saibamos o que recebemos com isso, algo profundo em nós próprios sabe que o melhor pagamento é a entrega.

É melhor dar uma vara de pesca para toda a vida do que um peixe para cada dia. Se durante o dia se nos apresenta a oportunidade de outorgar esta capacidade, recordemos que o Universo nos colocou no lugar e tempo adequados para oferecer saídas, trazer contatos, abrir portas, facilitar realizações, oferecer ideias e diminuir esforços aos que parecem suportar uma grande carga.

Todo um *circuito de amor em ação* tão sinergético como efetivo. Trata-se de prestar atenção durante o dia. Chegou a oportunidade de *contribuir?* Se não chegou ainda, fluamos atentos.

Que melhor *aventura* que a de *aventurar-se* no outro?

## GENEROSIDADE

**69** *O primeiro dever do amor é escutar.*
Paul Tillich

Escutar atentamente um ser humano que expressa o que sente é um ato de amor por excelência. Quando uma pessoa partilha conosco a sua *intimidade emocional* enquanto somos conscientes do respeito que nos merecem as suas palavras, estamos Amando, com maiúsculas. Quando observamos que quem se comunica está se descobrindo a *si mesmo* e evitamos aconselhar ou corrigir, porque simplesmente escutamos sem necessidade de opinar, damo-nos conta que isso é amor?

Escutar sem dar respostas nem conselhos não solicitados é um ato de respeito e inteligência. Em geral, o eu superficial tende a sentir-se obrigado a responder e dizer que ele também "patati, patatá", quando na realidade, e com frequência o que o nosso interlocutor procura é um *espaço de atenção*, um espaço para descobrir aspectos do seu Ser que, graças à corrente de sinergia mútua, se removem e afloram. Muitas vezes, o que pretendemos ao chamarmos um amigo e contar-lhe as nossas pequenas coisas é metabolizar as nossas emoções, quer dizer, proceder à partilha para ordenar o nosso cenário interno e *darmo-nos conta* do aprendizado que estas implicam. Na realidade, ao partilhar fazemos o mesmo que os corpos quando metabolizam o alimento que os sustenta.

Sentir interesse pela intimidade que alguém nos oferece, não depende só das qualidades de quem nos fala, mas também da nossa própria *competência emocional* para assumirmos a atitude adequada. Escutar é expressar a capacidade de *acompanhar* o que, nesse momento, acontece *dentro* de outra pessoa, sem suposições nem registros prévios que alterem o interesse da conversa. Na realidade, tudo o que o outro partilha acerca de si próprio, também permite ao que escuta descobrir e ressoar as suas próprias áreas internas. Com frequência, as ideias sensíveis daquele que se expressa são uma ótima ocasião para refletir sobre a nossa alma.

Quando alguém pergunta a outra pessoa qual o significado das suas inquietudes e sombras, desencadeia uma viagem ao espaço interno.

É por isso que, se chega uma pergunta nascida deste amigo, que nos olha nos olhos e bate à porta da nossa morada interna, é algo mais que um curioso, torna-se uma ponte para valores e facetas que nada têm a ver com o prosaico mundo do dinheiro.

Para desenvolver caminhos para a alma, convém criar espaços de comunicação plena. E se aprende a escutar, disciplinando a sua necessidade de intervenção durante as pausas de silêncio do seu interlocutor, acontecerá que a conversa se torna mais profunda e sincera. Com uma prática assim, a nossa vida terá mais sentido e conheceremos a diferença entre os homens e as máquinas.

Se você quer criar um espaço de saúde emocional para alguém que afirma ter *a alma ferida*, pergunte e pergunte sobre a ferida enquanto observa por dentro e por fora. Escutar partindo do *Testemunho Equânime* não é uma conduta passiva, mas algo que requer entrega e atenção desperta. Todos sabemos que a escuta atenta requer mais energia do que soltar e esvaziar no outro as coisas que nos importam. O que escuta, além de dedicar atenção ao seu interlocutor, não cessa de observar as suas próprias emoções e evitar contaminar o processo de quem fala.

Ao chegar a casa pergunte ao seu amigo: "O que é que aprendeste e descobriste durante o dia de hoje? Te emocionaste em algum momento?" depois de se descobrir nas palavras alheias, o que será melhor do que agradecer por viajar junto com o outro até às áreas recônditas da alma?

# GENEROSIDADE

***70** Mude o seu desejo de tomar para dar.
Só restará o puro esplendor do amor,
mais além do dar e do receber.*
Nisargadatta

Ao longo do dia, quando de repente você se recorda que sintonizar-se com o dar é retomar uma fórmula mágica, agradecemos ao Universo ter saído do despiste. Então recria-se porque se constatou que a atitude *de serviço à vida* é um sutil fluído da alma que pretende devolver-nos ao *centro observador* de paz e consciência.

O estado natural do ser humano é de cooperação e ajuda. Qualquer negação a este reflexo espiritual supõe um exílio do nosso silencioso paraíso interior. Às vezes despistamo-nos e entramos no jogo egocêntrico de satisfazer a qualquer custo, não só os desejos de compras compulsivas, mas também a ânsia de dinheiro e a necessidade de ser o centro de atenção dos outros. São momentos de inferno íntimo nos quais viver se converte numa carreira de sobreviventes ameaçados por todo tipo de perdas. Um estado no qual a comunicação com os outros se realiza apenas para *obter* e com uma azáfama constante de proveito que anestesia o sentido lúdico da vida.

Realmente, é um golpe de sorte despertar e realizar que se pode, de novo, posicionar-se na corrente do dar, do servir, de ser útil no pequeno e no grande, quer seja autogerando um *sorriso do coração* ou acompanhando as dores alheias. Formas variadas de responder SIM às sutis demandas que o nosso Ser coloca.

Perante esta poderosa corrente de dar, sentimo-nos confiantes porque já aprendemos a colocar limites. Passaram os tempos em que se ignorava como dizer NÃO, talvez porque havia necessidade de se sentir bom e dissolver velhas culpas. Agora já vamos sabendo que o *espírito de serviço* não está baseado no puro agradar aos outros. Já passou o tempo em que se desmascarou o ego assustado que, agradando sem limites, necessitava se sentir amado para poder superar o medo de viver. Talvez agora o grau e autoconsciência alcançado, por pequeno que ainda seja, suponha suficiente motivação que dá sentido ao *supremo prazer de se sentir útil* na vida.

Fluir pela corrente do dar traz o privilégio de *voltar para Casa*. Na realidade, quando se vive posicionado no dar, aposta-se num estado de descentralização do ego que conduzirá, tarde ou cedo, à *saída do labirinto*. Observar que se nasce no dar-se é um caminho de libertação tão eficaz como qualquer outro *yoga*. Trata-se de um estado de consciência que, acompanhado de *observação sustentada*, permite a desidentificação com o *eu-superficial* e a sua consequente expansão libertadora.

A corrente do dar não está baseada em proporcionar aos outros objetos físicos, ou dinheiro, ou muletas. O dar, como atitude, é um *estado de consciência* que se situa para lá da contabilidade efetiva. Dar é agir a partir da observação serena que mais do que requerer uma quantidade de donativos, às vezes, escassamente "sentidos", solicita empatia e compaixão serenas.

Fluir na corrente do dar ajuda a que o mundo seja experienciado como um lugar seguro e verdadeiro.

## PRAZER

**71** *A sexualidade pode ser tão casta como o céu azul sem nuvens.*
Krishnamurti

Que dimensão alcança a sexualidade do *Homo Sapiens* que o mamífero não possua? Parece evidente que a sexualidade dos seres humanos não só responde à pulsão instintiva de perpetuação da espécie, mas também implica uma incrível possibilidade de *sublimação* das paixões, numa *comunhão espiritual* de unidade e graça. A sexualidade entendida como *alquimia* é uma disciplina que permite transmutar "o chumbo" das paixões compulsivas em "ouro" da lucidez e *consciência*. Trata-se de exercícios tântricos que possibilitam a experiência de um *presente puro* que flui entregue e atento ao que, em cada momento, é sem os condicionalismos de antecipação e memória.

Porque é que a cristandade ocidental venera um tradicional S. Jorge que, montado no seu cavalo, atravessa com uma lança a serpente "terrestre?". Na realidade, trata-se de uma imagem que fala de um momento da evolução em que o ser humano se viu obrigado a "separar-se" da natureza, através da negação da "mãe-terra" e da simbólica serpente. Um ciclo no qual o *impulso evolutivo* orienta o *Homo Sapiens* para aspectos da razão e consciência que se vêm confrontados com a antiga fusão pré-consciente com os instintos da natureza. A superação da *simbiose*. Através de um esforçado *"processo de individualização"* que nega – temporalmente – o aspecto feminino da natureza, recorda o adolescente que nega a mãe para afirmar a sua própria individualidade.

A nova pessoa superou a negação temporal da "etapa S. Jorge", sendo tão intelectual como sensual e tão racional como afetiva. Uma forma de dizer que a mulher se amplia atualizando a parte masculina e que, por sua vez, o homem se amplia aflorando a sua parte feminina. O acento científico do princípio masculino e o acento afetivo do princípio feminino, já plenamente conscientes, integram-se e expandem-se, servindo de passaporte para o plano *supramental*. Existe castidade maior que uma sexualidade que abre o coração e ilumina a alma de amor e totalidade?

Talvez o primitivo *Neandhertal* não sentisse nem expressasse a sua sexualidade da mesma forma que a pode manifestar um *budista*. O que é certo é que, cada vez mais, nasce um maior número de seres humanos que desencadeiam forças surpreendentes no seu nível de *energia-consciência*. São seres que, depois de uma mutação evolutiva, praticam o "abraço consciente" mobilizando espontaneamente energias de variadas índoles, tanto térmicas como magnéticas, elétricas e iluminadas. É por isso que a sexualidade "avançada" se desenvolve mediante *ativações elétricas* que facilitam uma série de *experiências nas nuvens* que, todavia se associam ao chamado "orgasmo" e que, longe de pretender a fecundação, supõem uma revolução psicoenergética com profundas implicações evolutivas na consciência.

A sexualidade, para um ser de *consciência expandida*, é mais um "assunto elétrico" de *mutações celulares* que um desejo mórbido de possessão. A chamada "excitação" e a consequente repressão que implica nos planos mentais, recordam mais o agressivo impulso de fusão do que a lúcida transmutação das correntes ascendentes do corpo na experiência de totalidade cósmica. A sexualidade, à medida que evolui, descentraliza-se da sua antiga *genitocentricidade*, saindo do núcleo *diverso e simultâneo* dos sete mil milhões de células de cada psico corpo. Toda uma força vital cuja *fogueira multicêntrica* possibilita a experiência de Ser, dando lugar a momentos eternos em que se revela o essencial, se abre a crisálida da mente e se liberta a borboleta da *Consciência Integral*.

## PRAZER

**72** *O prazer mais nobre é o júbilo
de crescer e compreender.*
Leonardo da Vinci

O que é a felicidade? – perguntou Sigmund Freud ao seu discípulo.

Essa pergunta manteve em plena reflexão, durante dez anos anos, Carl Jung. Um dia, finalmente, este entrou entusiasmado na sala do seu velho mestre e disse:

– Já a tenho?

– Tens o quê? – perguntou, cético, Freud franzindo o sobrolho e agarrando o seu tubo quente.

– Felicidade. Já sei o que é a felicidade.

– Muito bem. E então, o que é?

Jung respondeu com voz firme:

– Felicidade é consciência de evolução.

*Dar-se conta* que estamos crescendo e compreendendo. Dar-se conta que o hoje é mais amplo que o ontem, embora por vezes não pareça. Sentir e saber que o Universo é uma formidável expansão, embora às vezes se sinta que o seu fluido estagna. Expansão que produz um júbilo, para lá dos opostos porque algo misterioso e repentino, disposto a expressar-se a partir de uma nova claridade, possibilita a renovação constante. Quantas vidas em uma? A palavra japonesa *kaisen*, que significa "crescimento contínuo e ilimitado", é uma maneira de nomear o desenvolvimento como a forma mais nobre de satisfação para a refinada sociedade japonesa. Através de *kaisen*, captam-se os meandros sustentados da semente com vocação de bosque. Os meandros das gigantescas espirais galácticas que derramam novas e supernovas no espaço estelar. O imparável desenvolvimento do DNA desde o óvulo fecundado. *Kaisen* também é sentir-se numa *expansão sustentada* de consciência até à Totalidade.

    Não é estranho que o crescimento contínuo da pessoa em processo de despertar, possibilite *experiências espirituais* que ressoam nos níveis mais fundos do Ser. Uma vez vividas, a mente trata de colocar palavras e explicar este sucesso tão extraordinário com sabor a Totalidade. Trata-se de uma vivência da qual surgirão hologramas de compreensão que estão para lá do puro entender e que, por sua vez, mobilizam emoções sublimes que as máquinas não podem ter. Um júbilo que, em si mesmo, nos supradimensiona porque sentimos que a luz colonizou mais uma área da nossa profunda e obscura sombra. Finalmente, chega-se à conclusão de que qualquer tipo de sofrimento assinala alguma forma de ignorância. Os amigos e amantes por vezes perguntam-se: "Que sentido tem que decidamos seguir sendo cúmplices na nossa relação do dia a dia?". Talvez, se a Voz responder: "Porque crescemos e sabemos que crescemos, e ao crescer amamos", os amantes avancem e fluam. Na realidade, uma relação de *amor consciente* talvez seja um foguete com vocação de infinitude que se dirige para *Atman*, Totalidade Integral. Que maior aventura que partilhar o impulso secreto até ao infinito? Pode-se falar de prazer e gozo perante algo tão etéreo como o *dar-se conta* do próprio crescimento? Pareceria que a sensação de prazer é algo que só tem a ver com a dimensão sensorial. Mas onde começa e onde termina o físico? Dizem os neurologistas mais vanguardistas: *"Todo pensamento torto implica moléculas tortas"*. Alguns chamam a este fenômeno "processo de somatização". Corpo e mente, dois aspectos que formam a unidade 'psicocorporal'. Uma coisa é diferenciar e outra separar. A nossa mente é diferente do nosso corpo, mas ambos são um. Quando a mente compreende e se expande, o corpo não fica atrás e entra em revoluções bioquímicas insólitas. Na realidade, o verdadeiro júbilo está simplesmente na consciência de Ser.

## PRAZER

### 73 Universo: "Concede-me o supremo prazer de ser útil."
Ramayat

Existe uma verdade na Filosofia Perene que anima quem a partilha. Diz-se que, quando um ser humano começa o chamado *caminho iniciático*, ou seja, um caminho até ao nível mais profundo da sua consciência, passa por etapas que, sucessivamente, se tornam mais despertas e nas quais a lucidez e a sabedoria tanto revelam como dão. Diz-se também que uma vez percorrido o caminho até ao estado de infinitude se abrem as portas do *nirvana*. Um estado que implica a liberalização do tempo e o salto à *supraconsciência*. O longo caminho da evolução chegou, finalmente, à sua meta. Um ponto na vida, onde o sonho se extingue e a ilusão cessa. O caminhante experimenta amor infinito e percebe que todos os seres *são e vivem* como oceano de totalidade e consciência.

Sem dúvida, este acesso à esfera eterna não é de todo completo, já que, segundo as regras da tradição mística, diz-se que o *iniciado* deve decidir permanecer ou, pelo contrário, voltar até que todos os seres sobre a terra acedam à mesma libertação que ele experimenta. Trata-se de um *sacro-ofício* alegre, pelo qual se *regressa* ao plano ilusório das formas, àquele mundo antigo onde todos os seres humanos vagueiam escravizados nas aparências. A partir desse instante, a sua vida ganha um novo sentido e o amor transcende qualquer forma de paixão e converte-se em fraternal serviço ao *despertar*.

Uma volta na qual se deixarão para trás os retiros, as noites serenas e as horas de silêncio. Sabe que, de novo, entrará no *mundo do tempo* como qualquer outro ser humano, mas agora sabendo-se quem é e conhecendo a finalidade da sua vida. O iniciado decide voltar e, antes de subir de novo para o volante, recorda que um dia, no passado, olhando o céu estrelado pediu ao Universo o *supremo prazer de servir* a existência. Pediu para ser capaz e competente para poder aliviar o sofrimento que a ignorância causa. Pouco tempo depois, sabe-se que nasceu alguém que, na sua maturidade, assistirá à abertura de ternas crisálidas. Sabe-se que chegou um novo ginecologista da alma.

O sentimento de voltar à prisão mental, voluntariamente, para desempenhar a missão de servir, está presente nos grandes mitos da Humanidade. Irmãos Maiores que descendem em naves espaciais. Grandes Mestres que voltam a encarnar em figuras de Dalai-Lamas. Almas grandes que vêm à terra para descobrir algo que beneficia ou alivia a Humanidade que paira adormecida entre as sombras. São seres que sabem que a viagem para este planeta se pode realizar de muitas formas, mas todas elas se esforçam para evitar o sofrimento e encontrar a paz que desejam.

Muitos viajantes pensam que quanto mais coisas acumularem, mais fácil será comprar a felicidade, embora esta seja muito cara. Outros apostam no poder e no prestígio, acreditando que a fama lhes dará oportunidades para serem queridos, evitando assim a solidão e tapando as carências da alma. Alguns acumulam conhecimento, acreditando que cada novo dado que incorporem conseguirá trazer a paz e a sabedoria que lhes falta nos seus corações. E outros, entram no Grande Jogo de Despertar para o Real enquanto partilham as suas descobertas com outras pessoas que também procuram e parece que não encontram.

Muitas pessoas, ao cruzarem a última porta, têm prazer sentindo que o rastro deixado ao longo da sua vida foi um presente para os que continuam a viver sobre este planeta. Um presente pelo qual se deve dar graças. Graças por descobrir curas e desenvolvimento, por pintar e esculpir a beleza, por criar música para a eternidade e por compor em sonetos a vida eterna. E obrigado aos Seres Lúcidos e aos Grandes de Coração por deixarem um exemplo das suas vidas como mapas de caminho de *volta para casa*.

## GRATIDÃO

**74** *Se a única oração que dissesses em toda a tua vida fosse: Obrigado, bastaria.*
Mestre Eckhart

Dizem os *mahatmas* que ao se praticar o *dar graças* depois de tudo o que nos acontece, seja lá o que for, se alcança a paz profunda da nossa alma. Uma fórmula que, ao que parece, drena bloqueios internos e dissolve os medos mais profundos que habitam no porão da consciência. Afirmam também que quando a Graça nos visita, se vive em *gratidão sustentada*, um estado elevado no qual se tornam possíveis as grandes elevações da alma.

Quando dizemos "Obrigado", a mente subconsciente elimina, de forma sutil, o vírus das queixas. Um programa mental de *vítima* pelo qual entregamos o nosso poder e perdemos força. Quando pronunciamos "Obrigado" ativa-se a força mágica do Ser e trazemos segurança à nossa realidade interna. Quando dizemos "Obrigado" confirma-se que recebemos algo que nos chegou ao interior, algo que gratificou a nossa vida e dissolveu mágoas antigas. Quando damos graças reforçamos o fluir das coisas e, além disso, geramos emoções completamente sãs.

Se dá graças em todos os momentos e a todas as pessoas, a pouco e pouco, sentir-se-á merecedor de realizar os seus sonhos e observará que a vida lhe devolve a gratidão que oferece. Rapidamente, sentirá correntes de esperança, anunciando possibilidades de tudo o que deseja. Se com frequência damos "graças", tudo aquilo que nos crispa e as tristezas acumuladas ao longo do dia se verão transmutadas por uma visão mais ampla. Quando damos "graças", algo muito íntimo se oferece e confia, algo muito grande soa dentro e ama. Entretanto você segue em frente, vivendo o presente, ao mesmo tempo que aprende e avança.

Em cada noite, antes de despedir a consciência, o que será melhor do que dar graças por esse presente? Quando chegar a manhã essa faculdade ativa o *dar-se conta*. E isso é tanto como falar da chegada da própria existência. O que aconteceria se ao acordarmos nos dissessem que tínhamos dormido, por exemplo, dez mil horas? Seguramente, hesitando como um incrédulo e não tendo a certeza, não saberíamos o que dizer. Na realidade, o estado do sonho é de inadvertência. É por isso que quando acordamos, o que será melhor do que dar graças pelo privilégio de uma *vida atenta?*

Em cada momento do dia, quando enfrentamos o erro e o seu consequente aprendizado, Obrigado! Em cada beijo e em cada lágrima, em cada tropeço e em cada felicidade, ou simplesmente ao cruzar o olhar com outras pessoas, Obrigado! Ao chegar a casa, ao abrir a porta e ao descobrir a verdade no olhar do outro, Obrigado! Ao sentir algo novo e no arrebatamento perante a beleza, Obrigado! Perante o medo do fracasso, a incerteza futura, o constante renascer, Obrigado! Se alguma vez sentimos que chega à nossa vida a *sorte inesperada* e mais tarde desejamos partilhar com o céu e a terra, Obrigado! Gratidão cada dia, cada hora, cada instante e sentiremos uma grande porta aberta, um caminho que os lúcidos precedentes nomearam como *yoga da alma*.

Se algum dia sentimos o *sentimento sustentado do amor* e que o milagre chegou à nossa vida, Obrigado! Se percebemos que, na nossa cabeça e no nosso peito arde a chama, fechemos os olhos, respiremos fundo e ao soltar o ar, digamos à vida: Obrigado!

Obrigado! Sim, obrigado!

## GRATIDÃO

*75 O melhor efeito das pessoas excelentes sente-se depois de se ter estado na sua presença.*
Ralf Waldo Emerson

Quando um ser excelente se despede e se afasta, fica a flutuar na atmosfera um ponto de consciência que acende a *chama*. É uma sutil onda de serenidade e lucidez que se torna evidente pouco depois da sua partida. De fato, todo o ser humano emana uma radiação que, como uma maleta etérea, registra a qualidade das suas próprias vibrações e a roupagem da sua aura.

Quando pela nossa vida passa um ser que já *observou* o seu ego e que, sem se afirmar, escuta sem pressa e com a guarda baixa, comprovamos que já começam a existir humanos que fizeram da sua mente transparência. Comprovamos que em contato com determinados seres, percebemos uma suavidade e firmeza que envolve chaves que purificam feridas antigas da nossa alma. São pessoas que, embora não falem diretamente acerca do que se passa, chegam dentro de nós, no lugar onde havia danos, onde o nosso ego ferido se encolhe e chama. Tratar-se-á de um servidor da vida que volta para casa? Talvez seja apenas a irmandade humana que sabe o tipo de cura que necessitamos para libertar medos, suavizar arestas e apagar culpas passadas.

Passadas algumas horas, quando paramos e recordamos a sua presença, nasce em nós um sorriso e respiramos fundo, como se algo de suavidade tivesse perdurado. E embora não haja razões para se sentir feliz, você observa surpreendido que o seu coração soa numa alegria que recorda o abraço e a afinidade da alma. E pergunta-se: Porquê? Talvez porque alguém que fez do seu ego uma máscara excelente, nos brindou com o seu aroma e a saliente profundidade do seu olhar.

Quando vivemos de dentro para fora, quando a dor nos esvazia de prepotência e já dissolvemos as nossas couraças mais rígidas, quando sentimos a inocência e a ternura, sabemos que a lucidez inunda o nosso interior de ondas de algo mais que humanas. Na realidade e no profundo, sabemos que é o próprio Universo que nos reconhece e presenteia.

Todo este milagre da comunicação não depende da conversa, nem de observar se a dita pessoa lhe apetecia saber da nossa vida, nem se fala bem acerca de tudo e de nada. Trata-se apenas de algo que está para lá da pele, para lá dos cérebros puros e quase para lá da alma. Acontece que, simplesmente, a Graça nos visita e que o divino e fugaz quer ser reconhecido no núcleo da nossa pupila e no bater do nosso interior.

E depois do adeus da despedida, enquanto se sente o agridoce e o sutil regozijo, levantamos o olhar e pronunciamos silenciosamente: Obrigado! E de novo, algo muito profundo se abre dentro, disposto a confiar e viver com uma visão mais ampla.

"Obrigado" dizemos, depois de fechar a porta, às vezes o anjo da guarda visita-me com forma humana.

## GRATIDÃO

**76** *A oração ao Universo deveria ser a chave do dia e a tranca da noite.*
T. Fuller

Os nossos avós, antes de dormirem, rezavam três *Avé Marias*. E, ao que parece, não só estavam convencidos do poder redentor destas fórmulas, como também se sentiam tranquilos por saberem que fechavam o dia com as suas devotas crenças. Algo que assegurava a proteção num mais além, que mais cedo ou mais tarde, enfrentariam.

Desde então, passaram-se já muitas coisas. A ciência e a revolução tecnológica colonizaram territórios mentais que antes pertenciam a religiões e igrejas. A conquista da razão varreu velhas crenças míticas e, atualmente, o televisor despede, cada noite, o constrangido espectador de concursos e novelas. O mito de um deus-pai foi retirado da cena. Sem dúvida, o ser humano não é mais feliz do que aqueles "avôzinhos" que entoavam a sua alma, recordando todas as noites o sentido supremo da existência. Perante este panorama racional irreversível, perguntamo-nos: Que oração pode fazer um prosaico cidadão que deseje integrar-se com a sua paz interna?

O habitante do século XXI tem tendência, a praticar todas as manhãs uns minutos de *respiração consciente* enquanto se reconhece a si mesmo como testemunho na existência. São momentos nos quais recorda *quem é e para que vive*. Enquanto realiza isto, orienta o seu propósito para o dia que começa e ativa a a*tenção sustentada* na sua consciência. Quando chega a noite, a *Tecnologia da Transformação* oferece-lhe um exercício de incríveis resultados. Trata-se de recapitular mentalmente, ou por escrito, o dia vivido como se fosse um filme. Quando, durante a revisão se chega a um episódio em que se observa uma atitude e comportamento inapropriado, "corta-se", a parte da película "não ótima". A seguir, a nossa mente "filma" através da imaginação, um episódio substituto, mas neste caso, recriando um novo e mais sábio comportamento. O *mapa mental* resultante, não só contém uma nova opção neurológica como, também, permite que quando a vida enfrentar uma situação repetida, saia sem esforço a opção da nova conduta desenhada. O novo episódio coloca-se na fita do filme e segue-se adiante "como se não se tivesse passado nada".

O exercício mencionado ativa de tal forma a consciência que, à medida que se pratica uma e outra vez, se comprova como durante o dia há instantes nos quais, de repente, nos sentimos "observados com efeitos retroativos", pelo futuro testemunho da noite, o que faz com o que a nossa vida aumente em qualidade de atenção. Em cada noite que apostamos no desdobrar da lucidez, não só nos convertemos em *criadores* do nosso ego e destino, como também mantemos um fio de crescimento e otimização pessoal que dá sentido às nossas vidas. Depois de deixar correr a película, vale a pena agradecer o dia vivido com as suas luzes e sombras. Agradecer o fato de sermos mais conscientes e também porque apesar das tempestades, percebemos que tudo é perfeito tal qual se apresenta.

Ao realizar este exame, surpreendemo-nos pela quantidade de matizes, tanto luminosas como sombrias, que nos aconteceram num só dia. Poderá haver melhor oração do que dedicar uns minutos a desenvolver a *qualidade* da nossa pessoa? Pouco a pouco, o que antes, durante o dia, sucedia de forma efêmera e se volatilizava como "água entre as mãos", agora vive-se com maior plenitude e consciência. Em cada manhã e em cada noite, neste século vertiginoso, vale a pena criar o hábito de respirar conscientes, dar graças e recordar *quem* somos e o *para quê* da nossa existência.

## IRMANDADE

**77** *Quando eu vivo o meu centro é quando descubro o centro dos outros.*
Antonio Blay

Alguém pergunta: "Você vive centrado?". Perante esta questão você interroga-se: "O que é isso de centrado? De que centro se trata? Será alguma conexão interna pela qual tudo flui e encaixa, sem ser forçado? Será um centro que está em todas as partes? Talvez o fato de *viver centrado*, signifique que se aprendeu a instalar silêncios profundos, sem exigências?".

Alguns chamaram-lhe essência, outros reconhecem-no como alma e consciência. Dizem que todos temos e somos Isso, e que umas vezes aparece e outras se oculta, mas que nunca perdemos a sua oculta influência. Parece-se com o sol, que mesmo quando há nuvens, está por detrás e irradia. Quando, repentinamente, perdemos o *pontito* e nos sentimos descentrados, como varrer a neblina e voltar a viver a partir da força serena? Quando a tempestade acalma, o que fazer para dissolver as nuvens da mente e recuperar a Graça e o sorriso completo? Talvez, em situações semelhantes, nos baste respirar, observar e esperar.

Sabemos que, ao respirar profunda e conscientemente se soltam tensões internas. Então, constatamos que assim como as ondas do mar possuem toda a força do oceano, também cada *respiração consciente* contém toda a força da Vida. Enquanto respira atentamente, observe e permita que as suas sensações e pensamentos vão e venham. Você é Testemunho equânime da corrente mental que nunca permanece igual. Sempre muda. Ideias que vão e vêm, enquanto o Eu *espectador atento* permanece em neutralidade imperturbável.

Quando vivemos centrados, ressoamos com o sol radiante, com o Ser que orbita em redor de outros centros maiores de luz e força. Na realidade, tudo gira e se move num Universo que testemunha, como oceano de energia-consciência, numa constante dança. Tudo soa no grande sonho: as subidas e descidas de um ego que navega no vulgar reino da *impermanência*. Enquanto isso acontece, o Ser em consciência desperta é imóvel no centro da roda.

Na vida das pessoas há, por vezes, *noites escuras da alma*. São episódios nos quais se perde o centro e nos deixamos levar pela força centrífuga do grande pião. De repente, sentimos que não podemos dissolver as nuvens do conflito e que não encontramos as palavras adequadas. Que fazer? Talvez retirar-se... dar um espaço na des-implicação... e esperar a manhã. Durante a noite a mente terá trabalhado, metabolizando emoções e ordenando programas. Uma vez mais, a magia da vida levar-nos-á ao centro e, uma vez mais despertaremos sabendo que *tudo passa* e já não importa. Hoje é outro dia. Hoje a vida convida-nos a receber a chegada sutil do novo, sabendo que as encruzilhadas são oportunidades para permitir que velhos padrões se desprendam e aflorem renovados projetos, enquanto a consciência desperta e se integra.

Quando recuperamos o *centro*, observamos e sentimos todos os outros como irmãos que caminham para a grande meta. A partir do *centro* fluímos com todos os seres vivos, sabendo que tudo acontece a partir do mesmo núcleo da alma. Sente-se gratidão e dá-se graças ao Universo por se morrer e renascer tantas vezes numa só vida. Por voltar a começar e descobrir, mil e uma vezes, quem na realidade somos e em que jogo estamos metidos até às entranhas. O centro? O Profundo. Em todas as partes e às vezes tão íntimo e sutil. Oceano do todo, observação silenciosa.

## IRMANDADE

**78** *Procurei a minha alma – a minha alma não pude ver.*
*Procurei o meu Deus – o meu Deus esquivou-se.*
*Procurei o meu irmão – e encontrei os três.*
Anônimo

Há momentos em que a vida nos enfrenta à doença, à dor e à desgraça. Nesses momentos temos tendência a sentir que tudo se move e desequilibra. É um tempo em que procuramos Algo que está para lá da vida funcional e prosaica e que nos traga alívio e novas respostas. Nestas circunstâncias, muitas pessoas recordam que, no passado e antes de entrarem no giro cotidiano da roda, experimentaram registros de inocência e lucidez. E talvez então nos ocorra sentir falta da calidez da alma, sobretudo nos momentos sensíveis em que observamos como assoma na nossa consciência a mediocridade e a tristeza. É um tempo em que nos interessamos por níveis sensíveis que, pelo que parece, só surgem nos místicos e nos poetas. No fundo, existe a esperança de aproveitar a nostalgia recém apresentada para ver uma réstia de luz e incorporar essa essência na vida diária. Então, apenas queremos sentir e aliviar a secura que acompanha o deserto de algumas etapas que a vida enfrenta.

Se não se conseguir escutar nenhuma resposta, volta-se, pouco a pouco, aos hábitos diários e a ideia desse sutil contato depressa se dispersa e esquece. Parecerá que a *chamada profunda* não conseguiu chegar ao nível que desejávamos. Talvez, porque se pensa que qualquer coisa que soe a espiritual é uma ideia fabricada pelo temor da própria mente ou talvez porque Isso, embora exista não responde na forma que se esperava. Nestas alturas pensa-se que Deus talvez não tenha a sua morada no céu mas seja *o coração profundo de todas as coisas*. Depois disto, decidimos aplicar-nos com plena atenção ao *momento presente* como forma de limpar o canal de conexão com a própria alma. Pouco a pouco, a ação nobre e justa faz encaixar todas as peças que anteriormente pareciam dispersas. Finalmente sente-se que Isso que se procurava é *você próprio* e está relacionado com o *dar-se conta*.

Passado um tempo, a profundidade começa a revelar-se e a própria mente procura a serenidade num silêncio que antes não aguentava e que agora vive como um estado ótimo de consciência. Você observa que, a partir da recente cumplicidade interna, Isso existe em baixo e em cima, atrás e à frente de todas as coisas.

Chega um dia em que sentimos irmandade com todos os rostos com que nos cruzamos. Um sentimento menos embaciado pelo egoísmo, a pressa e a sombra. E como se fosse um pequeno caule que aflora na terra, surge o *espírito de serviço* que, anteriormente soava escondido nesse espaço interior que lembra as *capas mais profundas da cebola*. É então que se capta a alma como abertura que subjaz nas pupilas, muitas vezes alheias da sua própria grandeza.

Começámos procurando o céu. Mais tarde aprofundou-se o olhar ao coração das células e abrimo-nos a momentos de silêncio que apostavam na profundidade serena. Depois, o *Rosto interno* já vislumbrado, revela-se nos seres que cruzam o olhar com o nosso.

## IRMANDADE

**79** *Eu valho dois e tu vales dois.*
*Juntos não valemos quatro, mas sim oito.*
Marilyn Ferguson

O *Homo Sapiens*, desde o início dos tempos teve muito claro que, para sobreviver e se desenvolver tinha que exercer a sua capacidade de associação. Sabia que este requisito era fundamental para conseguir objetivos maiores do que conseguiria individualmente. Com o passar do tempo, os grupos de pessoas com afinidades confirmaram que os efeitos derivados da associação fazem *algo mais* do que somar as possibilidades que cada um dos seus componentes aporta ao grupo. Posteriormente, através do conceito de *sinergia*, a ciência prova o *efeito multiplicador* das forças em jogo, e afirma: *"Eu valho dois e tu vales dois. Juntos não valemos quatro, mas sim oito"*. Outra forma de dizer que uma colmeia é mais inteligente do que as suas dez mil abelhas.

A interdependência de todas as coisas e a *Rede da Vida* que subjaz entre neurônios, átomos e estrelas confirma este incrível efeito multiplicador, que acontece no campo das *relações organizadas* com um determinado objetivo. Um fenômeno que tem a ver com essas misteriosas palavras do Evangelho e que nem sempre foi entendido: *"Quando dois ou mais falardes de Mim, eu estarei entre vós"*. Esta sentença faz referência à maior *carga energética* de conjunção espiritual que se pode alcançar quando duas ou mais pessoas unem as suas intenções conscientes e partilham ritos e exercícios de treino com o profundo de si próprias.

Quando, por exemplo, um *meditador* realiza a sua prática em grupo, sente uma maior facilidade de conexão com as partes mais íntimas do seu Ser, do que quando realiza a sua prática de forma isolada. Um efeito multiplicador que se viu recentemente confirmado pela teoria científica dos *campos morfogenéticos, desenvolvida por Rupert Sheldrake*. Apoiando-se nestas investigações sobre os mencionados campos de energia, pode-se afirmar que quanto maior é o número de pessoas que realiza uma determinada atividade, como por exemplo mergulho ou informática, mais surpreendentemente "fácil" se torna a realização das mesmas para os que, seguidamente, as iniciam.

A influência "invisível" dos ditos campos morfogenéticos afirmou-se nos anos noventa, com um grupo de praticantes da chamada *Meditação Transcendental*. A experiência foi levada a cabo em diversas cidades do mundo, com grupos de quinhentos a mil praticantes, que diariamente e durante um ano se comprometeram a *meditar em grupo*, ao mesmo tempo que se realizava um rigoroso e complexo controle dos índices de conflitualidade, num âmbito geográfico de cinco quilômetros em redor do lugar onde se realizavam estes eventos.

Tratava-se de medir a influência sutil que uma *massa crítica de meditadores* podia exercer sobre o comportamento dos seres humanos dos arredores que, alheios à experiência, viram diminuir de forma notável, os suicídios, as detenções, os maus tratos, as denúncias, as devoluções de cheques e outros múltiplos fatores de conflitos sociais. A relação existente entre o evento de meditação do grupo e o resultado das estatísticas resultou curiosamente convincente, sendo também experimentado por reconhecidas universidades europeias e americanas.

De fato, a relação solidária dos seres humanos é não só um dinamizador da eficácia para alcançar objetivos, como também potencia, de maneira extraordinária, o equilíbrio afetivo e a capacidade de aprender, inerente a todo o processo de expansão da consciência.

## HUMOR

**80** *Nunca tentes ensinar um porco a cantar.*
*Perderás o teu tempo e aborrecerás o porco.*
Provérbio russo

Efetivamente, os porcos não podem nem querem cantar, aspecto que recorda que o mundo é perfeito tal qual é, com as suas fezes e as suas rosas. Se nos esforçamos em conseguir que a nossa mãe ou o nosso amigo de infância se interessem pelo resplendor do silêncio profundo que nós descobrimos, desgastaremos a nossa chama e degradaremos a categoria dos que a acendem. Quando nos sentimos comovidos por um modelo ou uma informação, talvez sintamos desejos de *clonar* essa impressão nos seres mais próximos que, sem dúvida, podem não estar em condições de "aceitar" essa abertura porque, talvez, percorram outro caminho ou seja ainda demasiado cedo.

Se na nossa vida conseguimos levantar um pouco a cortina de névoa, se depois de termos procurado descobrimos a parte do Mistério que se nos revela, se acedemos à expansão do nosso olhar e nascemos como pessoas sensíveis à alma, é compreensível que desejemos que os nossos seres queridos abram a mesma porta e desfrutem da mesma chama. Um desejo legítimo que nem sempre é possível satisfazer. Nos assuntos da alma, há que esperar que a fruta esteja madura. Mais tarde, *quando o discípulo está preparado, o mestre aparece*. Um mestre que, na realidade, é escolhido pelo discípulo que intui quando a sua própria mente está em condições de digerir os ensinamentos.

Se um dia desejamos ver o rosto primordial da Beleza e sentimos no coração a grandeza da alma, devemos guardá-lo no íntimo do nosso Ser e partilhá-lo quando todos os sinais o indicarem. Depois, quando amadurecemos, o fanático dá lugar ao sereno humanista e o predicador converte-se no grande amigo que caminha junto ao aluno, no ritmo que este precisa. Se você procura alguém com quem partilhar e mostrar o que descobriu, não duvide que este chegará, mas não se adiante e não ofereça *pérolas a porcos*. Se chegar o dia em que alguém queira as suas pérolas, sabê-lo-á de mil e uma formas.

Na realidade, não é superior àquele que já levantou a cortina do seu olhar interno. Em matéria de seres humanos, ninguém é superior a ninguém, simplesmente há seres mais adiantados na expansão da consciência. Trata-se de entidades com mais tempo de presença no tabuleiro do Grande Jogo? Essa maturidade não só proporciona uma visão mais ampla, como também um incremento da sensibilidade e o respeito que merecem todas as formas de vida. O maior nível de abertura, maior discrição e maior sentido de oportunidade a mostrar o inefável e ensinar a acender a chama. O primeiro que percorre esse caminho converte-se em mestre e, mais tarde, depois de ter aprendido a observar, irradia a sua lucidez com discernimento e inteligência. O mestre não pretende impressionar nenhum auditório, apenas oferece o seu manancial na medida em que o discípulo pode entender e assimilar, sem que este processo leve implícita a divinização da sua pessoa e o preço da submissão, muitas vezes manipuladora, de muitos comunicadores.

Se você capta a melodia das estrelas e *expande a sua consciência*, entende a linguagem do coração humano. Não tente ensinar um porco a cantar. Ofereça-lhe bolotas e aprecie o seu presunto. Se sente desejos de partilhar o que descobriu e lhe arde por dentro, respire profundamente e observe como o seu exemplo cotidiano falará mais eloquentemente do que as suas palavras.

## HUMOR

***81*** *Se desejas felicidade durante uma hora, bebe uns copos.*
*Se desejas felicidade durante um ano, apaixona-te.*
*Se desejas felicidade durante toda a vida torna-te jardineiro.*
Provérbio chinês


"Beber uns copos", em princípio, proporciona expansão e, em muitos casos, dor de cabeça. Sem dúvida, as ruas das nossas cidades estão cheias de "drogarias" que os dispensam, talvez porque gostamos de utilizar pequenos "chutes" para mudar a *frequência mental* e dinamizar os circuitos mais estagnados da nossa vida. O estímulo que o álcool proporciona é fugaz e, muitas vezes, tende a eclipsar as verdadeiras motivações da existência. *Escapar para a frente*, enquanto se segue gastando as reservas é uma postura arriscada que merece um sério *aprendizado da medida*.

"*Uma grama cura, grama e meia mata*", dizia o grande alquimista Paracelso. A arte da *medida justa* que cada pessoa e cada ocasião merecem, é a melhor garantia de equilíbrio. Não exagerar nem por defeito, nem por excesso e saber, em cada momento, qual é essa *pitagórica proporção* que nos convém, supõe a arte de viver. É por isso que, quando se procura paz e bem-estar, qualquer forma de exagero significa não só fracasso como também ignorância.

O enamoramento, diferente do amor, é uma inflação hormonal menos tóxica que os copos, mas também pode criar vício. Há pessoas que o vivem como uma bomba de endorfinas que a natureza desencadeia para poderem integrar-se num novo rumo. Em certas ocasiões, se os seus efeitos duram mais tempo, serve para aproveitar essa revolução e construir família que assegure a sobrevivência. Outras vivem-no como uma oportunidade de enfeitar o *sexo-comunicação* com sentimentos de cumplicidade generosa. Outras pessoas abrem, ainda mais, o leque de níveis e sentem o enamoramento a partir de dentro, possibilitando-se uma relação que desperta a consciência e facilita um programa de *assalto à alma*. Em qualquer dos casos, o enamoramento oferece a possibilidade de converter a inflação dos sentidos numa abertura de alta voltagem à profundidade interna. Um processo mágico com sabor a destino.

Diz a antiga sabedoria chinesa que há um tempo certo na vida para se tornar jardineiro. Por exemplo, quando vivemos durante muitos anos numa grande cidade com uma exagerada dose do quantitativo e virtual. É esse o momento em que estamos maduros para escutar a suave e determinada chamada que a natureza nos faz para nos oferecer qualidade e sossego. Quando isto acontece, não devemos resistir ao iminente abraço da vida que esta expansão, à natureza, implica. Um retorno que facilita a arte da contemplação que, sem dúvida, é uma das maiores qualidades da essência. Para trás fica o exílio lateralizado de uma vida exclusivamente prosaica e mental, alimentada por um produtivismo sem sentimento nem coração.

O jardineiro pode ser uma vocação tardia para aqueles que, ao voltarem à natureza, não perdem a cabeça, nem regridem para formas de vida *pré-conscientes*. Esta volta não significa a separação da cultura nem o abandono dos ensinamentos que nos deram a individualidade e a liberdade das grandes cidades. O retorno está para lá do pêndulo que transcorre "da cidade ao campo e do campo à cidade". O jardineiro maduro realizou a *integração* entre tecnologia e natureza, no seio de uma *Consciência Integral*. Então, não só cultivamos o jardim do espaço exterior, como também as flores e os frutos da paz e sabedoria do nosso próprio coração.

## HUMOR

### 82 Amadurecemos no dia em que nos rimos francamente de nós próprios.
Albert Einstein

Passamos metade da vida levando a sério o nosso papel no mundo, e outra metade a aligeirar o peso que tivemos que carregar para seguir adiante. Metade da vida pondo um rosto grave para que nos levem a sério e outra metade, a rir-nos um pouco de nós próprios enquanto partilhamos a "confusão" da dupla moral e das corrupções silenciosas. Um espaço lúdico e patético em que todos "estão a par", incluindo a própria pessoa.

Amadurecer é um objetivo que promete serenidade e diminuição do sofrimento existencial. De fato, o processo de amadurecimento implica uma permanente redução da *importância pessoal* e da importância que, por sua vez, as coisas parecem ter. Conforme crescemos e nos desenvolvemos, vive-se a *cara e a coroa* da mesma moeda em quase todas as situações da vida. Esta tomada de consciência, rapidamente, cria a libertação desse medo sutil que inspirava a solene dramatização do *caminho de ida*.

Reconhecer que cometemos todos os pecados que um dia condenámos, dissolve a circunspecção com que se adornam os assustados púberes que ainda creem no que opinam. O sentido de humor merece um louvor que, como marca de flexibilidade, "põe em dúvida" as verdades que espartilham este mundo de ambição uniformizada e clones de êxito oficial.

O que podemos fazer para nos rirmos um pouco mais de nós próprios? Primeiro, não censurar as nossas partes que "não estão à medida" e, a seguir, proclamar as nossas debilidades e carências no momento em que surgem na porta da nossa consciência. Uma vez reconhecidas, convém deixar o caminho da culpa e da exigência, e adotar o que diz: "Riamo-nos rápido da nossa limitação e falta de jeito, antes que nos esqueçamos e desapareça".

Se mesmo assim, a você ainda lhe custa, ria-se da sua seriedade, talvez dos seus quilos a mais e da sua importância pessoal. Ria-se do medo do fracasso, do temor do engano e do fantasma da solidão. Ria-se do seu intestino, de ser comilão e dos seus vícios. Ria-se da sua insegurança, das suas lágrimas no cinema, da sua vontade de encontrar o par perfeito. Ria-se da sua vergonha, do ridículo que um dia fez e dos seus exageros patológicos. Ria-se da sua incerteza e da sua ansiedade escondida. Ria-se do seu corpo, das suas doenças e da sutil decadência. Ria-se do seu orgulho, das suas invejas e da sua impaciência. Ria-se dos seus desejos espirituais, das suas fantasias e das suas variadas ânsias. Ria-se das suas dores, das suas lágrimas e dos seus medos de começar uma e outra vez.

Ria-se da sua insolência, das suas falhas e da pontual estreiteza da sua consciência. Ria-se das suas quedas, da sua cólera e das suas carências. Ria-se do fluxo do seu dinheiro, das suas paixões e das suas emoções extremas. Ria-se dos momentos opacos, dos seus ciclos baixos e das *noites escuras da alma*. Ria-se do seu incômodo perante as críticas, do seu perfeccionismo e da densidade da sua cólera. Ria-se da doença e do medo a uma *morte sem volta*. Ria-se de não ter feito o que queria, de não se ter enamorado mais pela vida e de ter perdido o profundo sabor da *Presença*.

Ria-se dos momentos miseráveis nos quais sente que perdeu o rosto da sua alma.

## INDEPENDÊNCIA

*83 Encontre um ser que una a lucidez e a ternura e caminhe com ele.*
Platão

Graça e Medida. Qualidades notáveis. Algo que podemos encontrar noutra pessoa se antes as descobrimos no nosso interior. "Aparecerá essa pessoa mágica?", perguntamo-nos quando começamos a sentir o cheiro de um desejo de amor. Trata-se de um sonho muito comum que, embora pareça aludir à pessoa ideal, na realidade faz referência a um *estado de consciência* que se deseja experimentar e partilhar. E no caso de se conseguir, a quem acontece tão extraordinário encontro? À mente profunda dos seres que viajam pelo infinito? Aos corpos físicos carregados de hormônios? Talvez a uma *alma gêmea?*

Qualquer paradigma que fale da necessidade de uma pessoa única no Universo para completar o nosso *puzzle*, faz referência a uma identidade dividida. Quer dizer, a uma pessoa que se sente incompleta sem a ligação dessa alma, supostamente marcada pelo destino. Aqueles seres humanos que procuram encontrar-se para *"se complementarem"*, na realidade constroem as suas relações a partir de um padrão de dependência. Um padrão pelo qual parece que *necessitamos* de alguém porque, talvez, como humanos estamos por baixo de um desenho mutilado. E isso de "necessitar" não é propriamente uma opção de amor nem um privilégio, mas sim algo que mais se assemelha a escravidão e prisão.

Quem inventou essa exclusividade romântica da *alma gêmea?* Terá sido o mundo do *mito* com nuances e influências que lembram os *contos de fadas?* Perante tais questões, talvez possamos optar por pensar que não somos a metade de nada nem de ninguém, mas que cada um é Totalidade em si mesmo. Podemos pensar que temos a opção de viajar individualmente, ou podemos fazê-lo com outra ou outras Totalidades inteiras. Cara-metade? Melhor optar por se nomear uma *cara inteira* que vá de "viagem pela vida" com outra ou outras *caras inteiras*. O caminho transita da dependência à independência e da necessidade à liberdade. O amor que finalmente exaltamos, não é um sentimento, mas sim uma decisão que se opta, praticamente, em cada dia.

Talvez o amar seja um estado de Graça que revela o profundo, um estado que acende o coração e ilumina a alma. Perante essa realidade, perguntamo-nos: "Porque é que esse milagre acontece a uns e, sem dúvida, parece escapar a outros? É o *mistério* o que surge e oferece, sem que nos pareça que tenhamos feito nada de extraordinário para alcançar tal felicidade? Tratar-se-á de uma *loteria inesperada?*". De fato, porque é que a luz vem e vai? E porque é que está de visita em vez de se instalar como um dissolvente da nossa grande amnésia?

Uns afirmam que se deve a vidas anteriores, outros nem sequer lhe dão nome de anjo, mas medem-na no laboratório e chamam-lhe "hormônio". Na realidade, é o céu e a terra que dançam e se integram. Alguém disse: *"Aquele que não crê em milagres, não é realista"*. Efetivamente, o milagre chama-se amor. Amor que um dia chega como uma pomba à nossa janela. Uma ave branca anunciando que a Graça nos roçou a alma e que o amanhecer já se levanta.

Para reconhecer o Espírito, convém passar pelo encontro com a Medida e a Graça. Uma vez reunidos os opostos num centro Maior, e com as costas bem direitas, abraçamos as estrelas. Mais tarde... as serpentes dançam na sua ascensão tântrica e iluminam a coroa. E se você pergunta: "O que é que se passa?", lhe dirão que é o beijo da chama e a *brisa da alma*.

## INDEPENDÊNCIA

**84** *A partir do momento em que se segue alguém deixa de se seguir a verdade.*
Krishnamurti

Quando aquele indiano iniciou a palestra, reinava um grande silêncio no concorrido fórum. Os mais destacados eruditos e teólogos da Sociedade Teosófica estavam presentes em tão importante data. Nada mais nada menos que a abertura de uma nova Era, em que seriam inspirados por aquela promessa de nome Krishnamurti! Um ser que começava a sua vida pública no seio da sociedade que o havia descoberto nas distantes terras da Índia. Todos esperavam uma confirmação das ideias esotéricas e grandiloquentes da sociedade. Todos esperavam ser exaltados nos seus egos espirituais por aquele jovem equânime que, infelizmente para eles, não se venderia.

O jovem Krishnamurti deixou-os a todos, primeiro boquiabertos, e depois indignados. Aquele místico indiano confirmava que as crenças religiosas se desenvolviam num nível do pensamento e que o pensamento era apenas memória. Afirmava, também, que a memória era algo passado, material morto; na realidade uma "fotocópia", da Verdade instantânea. Afirmou, também, que o Espírito era o *presente eterno*. Um estado de consciência aberto ao *sempre novo*. Um nível de *dar-se conta* que transcendia a razão, os códigos e as fossilizadas formas mentais de velhas ideias.

Aquele jovem falava da existência de um nível *mais além do pensamento*, algo que o transcendia e incluía sem o negar. Tratava-se da chamada "Consciência". O seu discurso era tão libertador e certeiro que muitos ocidentais, seguidores de mitos espirituais e grupos de ritualismo religioso, começaram a transitar da biblioteca esotérica para a experiência de si próprios através da *consciência atenta*. Muitos intelectuais de "igreja e dogma nas suas crenças", identificados com a afirmação de Descartes: *"Eu penso, logo existo"*, projetaram-se no futuro pronunciando: *"Dou-me conta, logo existo"*. O Ocidente deixava, naquele momento, de seguir códigos fanáticos repletos de "milagreiras" e manipulações ocultas. Adeus às linhas estreitas do conhecimento excludente do "só o meu é certo". O Ocidente começava a transcender o racionalismo e a consequente intolerância.

Krishnamurti falava da "consciência" como algo inerente ao Espírito, o qual, até então era apenas assunto de altas e elevadas ideias. Já não faziam falta a fé nem as crenças cegas. De repente, o Espírito era uma *experiência de observação* e não um códice de ritos e códigos de obediência cega. O importante começava a ser o *dar-se conta*. Um dar-se conta como ação neutra e liberta de ideias estreitas. A partir da nova unidade de consciência nascia a diversidade tolerante. As crenças, por diversas que fossem, já não ofendiam os céus nem se perseguiria por elas. Qualquer um seria livre interiormente para manejar as ideias-forma que quisesse. A nova Verdade já não era um conjunto de palavras sagradas, mas sim uma íntima comunhão com a vida e uma expansão da consciência.

No Ocidente já não seriam necessários ministros sacerdotais como intermediários das alturas. Já não haveria culpados por não seguirem o monocultivo das Igrejas. Agora, o assunto era "dar-se conta" e viver o momento presente com a consciência bem atenta e desperta. As escolas, as religiões, os grandes modelos, os altares e as bibliotecas eram *templos da mente*, mas pouco tinham que ver com o nível *transracional* do Testemunho-consciência. Nascia uma nova liberdade para os seres humanos escravizados por juramentos a hierofantes e "arcebispos com pedras preciosas". Agora tratava-se de *observar a mente* a partir de um eu mais alto e profundo, de um estado de consciência mais neutro, equânime e, partindo daí... perceber a alma do mundo, o milagre da existência.

## INDEPENDÊNCIA

**85** *Eu faço o meu e tu fazes o teu. Não estou neste mundo para preencher as tuas expectativas e tu não estás neste mundo para preencher as minhas. Tu és tu e eu sou eu. E se, por acaso nos encontramos, é lindo, se não, não se pode remediar.*
Fritz Perls

Uma das alterações mais espetaculares que as pessoas do mundo atual estão realizando encontra-se na esfera das relações. A evolução parece estar empenhada em fazer-nos ascender do nível primário de dependência ao nível desenvolvido de independência, e com isso, libertar-nos de uma das fontes de sofrimento mais comuns que o ser humano, com frequência, padece e enfrenta. Algo que se corrobora ao observar os múltiplos casais e ex casais envoltos em ódio e violência.

A dependência é um *padrão de relação* que, geralmente, se herda pelo contato com o modelo parental da nossa infância. Um padrão que nos recorda que *"duas pombas presas pelas patas somam quatro asas, mas não podem voar"*. É uma realidade baseada em ideias e pensamentos, tais como *"não posso viver sem você"*, acreditando que é "uma sorte" ter outra pessoa na condição de escravidão e necessidade. Alguém acredita que esta atadura existe porque a outra pessoa "nos quer muito"?. Um tipo de relação destas, que se exterioriza disfarçada de amor, precisa de constantes mentiras e manipulações, já que, de outra forma, se reativariam as *feridas emocionais* e as suas consequentes brigas e aversão que existem por detrás de todas as relações de dependência.

Quando uma relação se baseia na constante satisfação das expectativas que têm um sobre o outro, pode afirmar-se que esse "amor" se baseia mais nas carências do que no desejo de partilhar. São papéis que nascem com base em padrões de dependência e que, se não são bem observados, tendem a arrastar-se pela vida fora. Trata-se de papéis que, frequentemente, tendem a fazer coincidir a mãe-esposa e o pai-esposo com todas as consequências de experienciar o apego que anula a autonomia do cúmplice, do amigo e do companheiro com o qual crescer e partilhar ao longo da vida.

Toda a expectativa, tarde ou cedo, gerará um estado de frustração com as consequentes zangas e reprovações que um ser dependente tem para oferecer no seu "catálogo de manipulações". O controle sobre a outra pessoa torna-se patológico e a relação emocional, em vez de se desfrutar, tende a padecer-se. A pessoa dependente não vive a sua própria vida, mas sim a "vida do outro". São dois seres que não somam nem trazem nada ao núcleo do casal, apenas subtraem possibilidades de aprender e integrar horizontes. Muitos casais atuais, cujos membros foram educados em ambientes familiares de mentalidade dependente, atravessam esta difícil transformação até ao nível da independência. Se este processo crítico acaba em separação, acontecerá que a passada experiência de dor e dificuldade propiciará o desejo de empreender outra relação, aprendendo a não repetir papéis e apegos que, anteriormente, anularam a sua autonomia e limitaram a liberdade de ser ele próprio.

Na realidade, as pessoas dependentes não sabem o que é o amor, sabem o que é necessitar-se, comprazer-se, controlar-se, reprovar-se, manipular-se. Algo tão tóxico quanto adolescente. Pelo contrário, a independência, longe de parecer algo relacionado com o desamor e o egoísmo é um padrão mental que não se contamina com as legítimas necessidades individuais, permitindo que cada membro crie um espaço de relação, primeiro consigo próprio e, a partir daí, com o seu par.

## INDEPENDÊNCIA

**86** *O crescimento de um casal não se baseia em duas caras metades que "necessitam" uma da outra, mas sim em caras inteiras que se relacionam a partir da sua singularidade plena.*
Ramayat

Existem pessoas que, em nome do amor, vivem na dependência de outras sentindo que, porque as amam, "necessitam" delas. Por exemplo, uma mãe que "não consegue" dormir enquanto não falar com a filha ao telefone todas as noites, um cônjuge que parece não "conseguir viver", sentindo-se inútil quando o outro não está em casa, ou um amigo que precisa falar a toda a hora com o outro, sem se abrir a outras amizades. Uma coisa é sentir cumplicidade e pertença e outra, muito diferente, é a que protagonizam pessoas que, longe de "se quererem muito", como aparentemente parece, se dividem entre apegos de amor e ódio com traços de imaturidade e padrões de dependência.

O paradigma da *cara-metade* pelo qual se autoproclama como "metade do outro" de quem se *necessita* para ser feliz, não deixa de ser um eco de contos de fadas que reflete incompletude e *necessidade* que alguém nos complemente para desenvolver a vida com ânimo e força. *"O que eu não tenho, tem ela e o que ela não tem, tenho eu."* Não seria melhor desenvolver aquelas partes da personalidade que parecem faltar nesta divisão? Por exemplo, se um irmão se mostra organizado, estudioso, racional, disciplinado e, "casualmente", o outro se mostra imaginativo, criativo, sentimental, afetivo, quer dizer, com personalidades opostas, não significa que cada um não possua qualidades "do outro lado", apenas não tiveram ainda oportunidade de ser desenvolvidas. Sem dúvida, quando alcançamos a independência vivemos o casamento a partir de duas *caras inteiras*. Um modelo de relação que expressa liberdade e respeito e que transcende a *manipulação* que deriva do padrão de dependência.

As uniões criadas partindo do velho modelo de *metades*, quer seja de sócios, amigos ou cônjuges, fazem-no num papel diferenciador e complementário. Geralmente, a parte masculina ocupava-se do mundo exterior e a parte feminina do interior da casa. Um ocupava-se da parte técnica e outro da parte afetiva, com a consequente lista de oposições atribuídas a cada hemisfério cerebral. Sem dúvida, na atualidade, o novo modelo mental tende ao *androginato psíquico*, no qual ambos os papéis são exercidos pelos dois membros da equipe, numa dança de alternâncias e afinidades.

O androginato psíquico é uma capacidade e um desenvolvimento, que não nega a polaridade masculina e feminina com que um par interatua. O androginato é um *estado mental* que integra tanto a razão e o afeto como a lógica e a intuição. Em definitivo, trata-se de um modelo em que cada qual reconhece e exerce a parte masculina e feminina numa interação integrada.

A independência é mais do que uma característica psicológica, é um *nível de consciência* que parte de amar e expressar a ampla gama de potencialidades humanas. O novo modelo mental de homens e mulheres não só é capaz de se relacionar e integrar as polaridades, tais como firmeza-flexibilidade, rigor-benevolência, exterior-interior, racionalidade-afetividade, masculino-feminino etc., como também de substituir o fator necessidade do outro pela escolha sustentada e voluntária de partilhar o amor que se sente e o crescimento integral de que este deriva. Os novos habitantes deste planeta não só escolhem a pessoa com quem se querem relacionar, como também o *padrão de relação* em que desejam viver. Uma opção mais evoluída que abre possibilidades de respeito e individualidade para cada membro do casal.

## INSPIRAÇÃO

**87** *Cada passo que um buscador dá, seja qual for a direção, é um passo para Deus.*
Anônimo

Alguém poderá dizer que não está à procura da felicidade em nome dos seus mil e um desejos? Talvez, o objetivo se chame ganhar dinheiro, encontrar o trabalho que gosta e criar uma família. Mas, por detrás das aparências, o que cada um procura constantemente, é um estado mental de paz e plenitude que lhe permita navegar pela existência.

Por detrás daquilo que aspiramos alcançar e por mais nomes que se dê ao que desejamos, o que na realidade buscamos é o estado mental feliz que é suposto sentirmos quando conseguirmos a dita coisa. A felicidade é um desejo que, com o passar do tempo, passa de uma coisa a outra. E assim como para uma criança a felicidade é uma tonelada de caramelos, para um adulto, a felicidade pode consistir em atingir os seus objetivos e o afeto familiar e social.

Para um ser mais avançado, as coisas são mais simples e relativas, já que o que se chama felicidade não pressupõe *ter* isto ou aquilo, mas sim viver com uma mente lúcida e a consciência desperta.

Sabemos que a vida se dirige para alguma parte, embora o faça como uma estranha espiral que ascende e volteia. E assim como a semente avança e se desenvolve até criar o bosque, *nós próprios* ampliamo-nos e revelamos a infinita essência. O final do caminho implica o reconhecimento de que somos Totalidade, a partir da qual surgem "mil e um" *braços dimensionais* que se movem e dançam. E, tal como um holograma, por mais que sejam as partes em que nos dividimos, cada uma delas continuará a ser *todo-o-desenho* em essência.

Por detrás do que intuímos como felicidade, está o que para cada um significa a palavra Deus. Uma realidade meta-histórica, cujo significado não foi ainda totalmente separado das religiões e das Igrejas. Muitas pessoas transcenderam o mito que subjaz nas crenças religiosas e, com isso, também sequestraram o conceito de Deus concebido por cada uma delas. Sem dúvida, o Espírito sobrevive no profundo da consciência não já como aquela entidade *super-humana*, mas como *estado de Totalidade e Infinitude* que tudo abarca. Neste sentido, em cada passo que damos na procura das mil e uma formas de sermos felizes, damo-nos conta ou não, que nos dirigimos à reintegração com a essência.

Muitos pequenos passos, plenos de anseios, formam a vida que flui desde o *sonho pré-consciente* da espécie até ao total despertar. O buscador descobre que a felicidade é encontrar um estado de Luz-amor que, sem o saber, procurava. Na realidade, o que durante milênios chamamos "Deus" é um *estado de consciência*.

*"Todos os raios da roda levam ao centro"*, dizia Lao Tsé há quatro mil anos. Cada passo que damos nos múltiplos caminhos significa um avanço para a maturidade pessoal e a autoconsciência. E embora a vida, às vezes pareça que vai para trás e estagna, na verdade não retrocede, segue para a paz do Universo que sempre se expande a avança. O aluno será mais sábio do que o professor e os filhos darão um passo mais além do que os pais. Todos os caminhos levam à *supraconsciência*, um estado que, se não se tem a Graça de alcançar em vida, será a morte a que, como trânsito final, possibilitará a completude que *dissolve o eu* na reintegração maior da "volta para casa".

## INSPIRAÇÃO

**88** *Irmã amendoeira, fala-me! Fala-me de Deus!*
*E a amendoeira cobriu-se de flores.*
Kazanzakis

Ao longo da vida do ser humano, há momentos nos quais se busca Deus. É uma necessidade que surge desde que o homem existe. Um impulso que há milênios aparece quer seja porque sentimos um grande medo e recorremos ao que de maior o nosso pequeno eu consegue imaginar, ou porque não vemos uma saída lógica para os problemas que nos ameaçam. São momentos nos quais, uma parte de nós, inocente e sábia, põe em jogo uma chamada ao Infinito, uma chamada que, mesmo duvidando da sua eficácia, parece não estar a mais em nenhuma galáxia.

Por vezes, elevamos o olhar ao céu porque simplesmente sentimos felicidade e pensamos que esta plenitude não pode ficar anônima. Noutras ocasiões, a procura surge porque uma mente inquieta precisa encontrar respostas às grandes questões da existência. Tanto umas como outras, apontam para isso que cada um sente quando pensa em Deus, *Isso* que, em todos os tempos e culturas, foi *projetado* segundo cada nível de consciência.

"Deus existe?", é a dúvida inicial que nos formulámos nas primeiras conquistas da razão e da ciência. A parte lógica da nossa mente precisa medir em laboratório todo o possível por intangível que seja. E se não está clara a sua evidência, protegemo-nos negando a sua existência. Podemos medir a compaixão, a bondade ou a alegria? Pretender responder racionalmente a questões que pertencem a outra esfera, seria como perguntar a uma vaca se sabe como funciona uma máquina. Os humanos possuem uma mente racional muito útil para controlar as leis da matéria. Sem dúvida, perante planos mais sutis, esta não passa e bloqueia. Enquanto a razão não se transcender e o eu não se instalar para lá do pensamento, a Presença não se revela.

Na realidade, não se conhece Deus, *sente-se*. Deus não se mede nem se demonstra racionalmente. Simplesmente É-se nele e talvez, de repente, quando menos esperamos, se reconheça e encontre. Deus é mais do que uma figura humana ampliada, é a Totalidade que abarca tanto a luz como a sombra. E essa percepção do infinito, tão inefável como eterna, é uma experiência que transcende a mente temporal. Algo que recria o Desperto e cuja Graça qualquer um pode receber. Mais tarde, sabemos já quem é e qual a sua verdadeira natureza.

Deus é a transformação da semente em árvore, é o amor que tudo trespassa. Deus esconde-se no olho de um gamo, na força de uma convicção magna. Deus soa nas teclas de um pianista, no coração do poeta e na entrega incondicional de todas as mães da Terra. Deus está em volta de um aborrecimento, do dinheiro e do diabo. Deus é, também, o anjo que anuncia o fim da dor e guia os que viajam ao outro lado. Deus está na ternura das crianças, no abraço dos amantes e na devoção dos que rezam. Deus está em volta do prazer e da dor, das emoções e das ideias, tanto na paz como na guerra. Deus É Realidade para além do pensamento. Uns e outros nomeiam-no como Totalidade, *vazio Resplandecente*, Luz, Infinitude, Amor-Consciência.

Todos o procuramos e todos intuímos que somos ISSO, um *estado de consciência* parecido ao reencontro que merecemos pela grande aventura da existência. Sabemos que ISSO está para além das formas e nomeia-se como onipresença. Algo que recorda vagamente a plenitude perdida nalguma ligação da grande cadeia da História. Deus? Você mesmo. Tudo e nada. Aqui-agora.

## INSPIRAÇÃO

*89 Lembra-te: tu, na realidade, não és a conversa que ouves dentro da tua cabeça; és o Ser que ouve essa conversa.*
Bill Harvey

Ken Wilber indica um exercício para despertar o Testemunho Consciente, que se formula assim:

*Tenho um corpo, mas não sou o meu corpo. Posso ver e sentir e o que se pode ver e sentir não é o Ser autêntico que vê. O meu corpo pode estar cansado e excitado, doente ou são, sentir-se ligeiro ou pesado e isso não tem nada a ver com o meu eu interior. Tenho um corpo e não sou o meu corpo.*

*Tenho desejos, mas não sou os meus desejos. Posso conhecer os meus desejos e o que se pode conhecer não é o autêntico Conhecedor. Os desejos vão e vêm, pairam na minha consciência e não afetam o meu eu interior. Tenho desejos e não sou os meus desejos. Tenho emoções, mas não sou as minhas emoções e o que se pode perceber e sentir não é o autêntico Perceptor. As emoções passam através de mim, mas não afetam o meu eu interior. Tenho emoções e não sou as minhas emoções.*

*Tenho pensamentos, mas não sou os meus pensamentos. Posso conhecer e intuir os meus pensamentos e o que pode ser conhecido não é o autêntico Conhecedor. Os pensamentos vêm a mim e logo me abandonam, e não afetam o meu eu interior. Tenho pensamentos, mas não sou os meus pensamentos. Sou o que fica, um puro centro de percepção consciente. Um testemunho imóvel de todos esses pensamentos, emoções, sentimentos e desejos.*

As escolas de crescimento interior afirmam que se uma pessoa, todas as manhãs ao acordar e durante 40 dias, persevera na formulação deste texto, experimentará mudanças extraordinárias na consciência da própria identidade – poucos dias depois de começar a praticar, observará que é capaz de manter um lúcido estado de sossego em situações que anteriormente vivia como tensas e agitadas. E conforme se vão recitando as palavras, tornando consciente o seu significado, descobrirá que as suas emoções de aversão e de fascínio, se equilibram e afinam.

## INSPIRAÇÃO

**90** *A mente também pode ser uma zona erógena.*
Ramayat

O local onde realmente se gera o erotismo não é entre as pernas, mas sim entre as orelhas. A chave que o nosso psico corpo utiliza para conectar com o aspecto Vida, atua no momento em que os corpos e as almas se reconhecem e se encontram. O erotismo está mais além e mais aquém da fogueira genital e surge como consequência de uma comunhão vital que não precisa da revolução dos hormônios.

Eros é energia de vida e Thanatos é energia de morte. Enquanto um se ativa como corrente sensível que move neurônios criativos, o outro desativa ligações fisiológicas, ao mesmo tempo que abre uma porta eterna. O erotismo sugere, impulsiona e motiva a renovação das formas, enquanto possibilita horizontes para reinventar a própria vida e *celebrar* essa experiência com outras pessoas.

O corpo-mente é o lugar onde se abraçam as luzes *descendentes* do céu e os desejos a*scendentes* da terra. Um espaço que enlaça os amantes e testemunha a grande alquimia que acontece entre as duas correntes de força. O corpo-mente mobiliza a energia magnética que atrai peles, lábios e conecta pupilas despertas. Mais tarde, enquanto Eros ativa as glândulas ígneas do sacro e as serpentes desenrolam a sua dança espiral até à coroa, os amantes abrem a cortina da consciência, sorriem nas suas células e vibram em oitavas mais amplas e serenas. É aqui que a *atenção sustentada* facilita o intercâmbio de corpos e auras, enquanto a energia cria pontes entre o sacro e a coroa.

É o corpo-mente que dá sentido e qualidade ao milagre da comunhão espiritual, um espaço que conecta corpo, alma e espírito no abraço mágico de duas estrelas individuais e completas. Mais tarde, as carícias conscientes libertam a ternura, daquele amante já maduro, para o salto da consciência. Quando os amantes entrelaçam a sua generosidade e inteligência e se *dão conta* de cada gesto, de cada impulso e de cada olhar, nascem ondas de erotismo como bandas de cores que relacionam os níveis sutis de cada chacra.

Este encontro com Eros, que impulsiona a comunhão dos seres que se abraçam, parece atenuar a dolorosa separação que a alma experimenta enquanto vive enclausurada no espaço-tempo da pessoa. O encontro erótico não é mais do que um pálido reflexo da *verdadeira reunião* que a alma vive quando morre o corpo-mente e a energia de Thanatos se revela. Curioso paradoxo! Por um lado Eros aproxima a vida, mas, paradoxalmente, cria mais distância com a Unidade perdida. Enquanto a mente e os seus desejos são erotismo, a transcendência "thanática" da mesma, dissolve fronteiras que possibilitam o *nirvana* e a totalidade cósmica da consciência.

É erótica a promessa sutil de um olhar consciente? É erótica a qualidade simbólica de uma mente amorosa? É erótica a profundidade que soa numa alma desperta? É erótica uma mente aberta, compassiva e mágica? É erótica a lucidez criadora de um ser amado que vive num *permanente agora*? Generosidade, inteligência e sensibilidade, valores cultiváveis que, sem necessidade de silicones, formam a *beleza interna*. Algo que, talvez, não tenha muito a ver com medidas, com corpos clonados, ou com adereços da última moda. São valores que dão sentido e fundamentam o atrativo perene de um corpo com alma.

## INTEGRIDADE

**91** *Se desejas melhorar as tuas ações melhora os teus pensamentos.*
Silvananda

Dizemos o que pensamos porque o mecanismo da palavra tem, como requisito prévio, o seu pensamento correspondente embora este seja tão fugaz como, frequentemente, inconsciente. Se você acredita que diz o contrário do que pensa é porque, na realidade, aquilo que acaba por dizer é o que, em algum nível da sua mente, você pensa. Acontece da mesma forma com aquilo que "fazemos", já que a nossa mente estabelece conexões diretas entre os processos mentais e os comportamentos.

Os nossos pensamentos anunciam-nos o que é, e o que vai ser a nossa vida. O caráter e, em última instância, o nosso destino, estão fortemente condicionados pela qualidade das ideias que circulam pela corrente mental e, finalmente, pela bondade do *programa* que foi instalado através de três fatores chave: o código genético, o meio ambiente e as próprias experiências.

Vejam que não é difícil ser-se consciente da postura do corpo, quer dizer, saber qual a postura física que nós, em cada momento, adotamos. Por exemplo, se temos as pernas cruzadas, em que posição temos as mãos, em que lugares do corpo sentimos pequenas tensões e até, qual o grau de inclinação que tem a cabeça. Pelo contrário, nem todos têm o treino suficiente para serem conscientes dos seus próprios pensamentos e das suas atitudes mais íntimas. Sem dúvida, se quer mudar de conduta, convirá, em primeiro lugar, tornar-se consciente do processo mental que a precede.

Como erradicar pensamentos que não desejamos?

Simplesmente, prestando atenção à corrente mental, observando o nascimento do pensamento e as ramificações associativas que ele implica. Tenha-se em conta que a mãe de todos os estados de ânimo é o pensamento. Por detrás de uma emoção de amargura ou de esperança circulou alguma ideia que propiciou esse estado emocional. Da mesma forma, por detrás da violência e da palavra ofensiva existe um cérebro que processou ameaças.

Se uma pessoa, que quer modificar este tipo de respostas comportamentais, começa por *dar-se conta* da chegada de pensamentos indesejáveis, estará em condições de optar quer seja pela recriação de uma ideia melhor ou pela erradicação da velha ideia tóxica. O indivíduo que se tornou consciente dos seus próprios pensamentos não desejados, pode capacitar-se para *desviar a atenção* dos mesmos e semear ideias positivas e calmas. Ao fim de algum tempo, os seus comportamentos terão o selo dos novos pensamentos que, por sua vez, gerarão outros hábitos; estes conformarão um novo caráter e tudo isso proporcionará a construção de outro destino.

Para poder mudar um programa mental é essencial ser consciente, quer dizer, *dar-se conta* daquilo que quer modificar. A chave é Atenção: atenção ao pensamento, atenção à palavra, atenção à ação. O campo de treino desta atenção está nos pequenos momentos da vida cotidiana. Quando experimentarmos perturbação, atenção! Isso significa mantermo-nos alerta para observar que processo mental desencadeou a perda da calma. Se aprendermos a examinar o dia já vivido, realizaremos, sem esforço, mudanças para comportamentos desejados.

## INTEGRIDADE

**92** *Se fazes bem pequenas coisas, grandes coisas te procurarão e te impulsionarão para que as realizes.*
Provérbio sufi

Quando autogeramos motivação suficiente para fazermos bem as pequenas coisas do dia a dia, estamos *conspirando* pela paz e pelo êxito. Trata-se de uma capacidade que não tem preço. Para tornar possível uma competência mental desta natureza, devemos colocar atenção e consciência nos movimentos e matizes de tudo o que fazemos desde que nos levantamos de manhã. Não valerá a pena tornarmo-nos plenamente conscientes de todos os pensamentos, palavras e ações que surjam em nós? Quando nos tornamos conscientes da nossa própria vida em termos de *momento presente*, algo muito grande acontece. A consciência sustentada e a melhoria que deriva da mesma, conformam uma energia de crescimento que, como uma *bola de neve*, abre possibilidades a atividades cada vez maiores em quantidade e qualidade, para o interesse coletivo.

O que determina que uma ação seja qualificada como uma pequena coisa perante outra a que chamamos grande? A que afeta um maior número de pessoas? A que nos exige maior esforço ou será a que põe em jogo a qualidade total dos recursos criativos que atualizam as nossas potencialidades internas?

Para o Universo tudo tem a sua importância. A ciência moderna afirma que até o esvoaçar de uma borboleta pode influenciar o clima de uma cidade inteira. Neste sentido, pode acontecer que um sorriso evite acidentes em cadeia e a demora de um encontro mude o destino do planeta. Todas as coisas têm a sua importância, desde lavar os pratos com movimentos precisos e conscientes, até assinar um documento com o qual terminamos o nosso trabalho e vendemos a casa. O que vale não é o *que* se faz, mas *como* se faz. A consciência atenta coloca o mesmo amor a consolar uma criança como a consolar o presidente de uma grande empresa. Tudo está encadeado numa rede de inter-relações e cada nova ação tem o aroma da própria trajetória.

Convém cuidarmos das nossas palavras, embora estas se dirijam a pessoas aparentemente sem importância. Caminhemos conscientes de cada passo e coloquemos as costas bem direitas. Entretanto, observemos o jogo da nossa própria mente como se todo esse ruído não fosse conosco. Todo o movimento é importante e tudo o que se torna consciente, na realidade, vale a pena.

Depois de ter a mente treinada para fazer bem as coisas, por pequenas ou grandes que pareçam, virão até nós responsabilidades maiores, talvez porque já não nos afetam os riscos e as ameaças que, para o velho modelo, estas implicam. A nossa alma estará, então, preparada para servir a vida e, com esta, todos os homens e mulheres da Terra. Já não se teme o fracasso e o ego acabou com as suas exigências. O caminho já permite ser percorrido com consciência equânime e com as emoções bem serenas. O treino pode ter parecido longo, mas os frutos da consciência atenta chegam. O ser recria-se tanto ao estrelar um ovo como ao deter uma guerra.

Você bem sabe que até a queda da pétala de uma rosa afeta galáxias inteiras.

Atenção total em cada passo, em cada coisa.

## INTEGRIDADE

*93 O elogio envergonha-me porque me satisfaz em segredo.*
Rabindranath Tagor

Quando alguém quer enfeitiçar o nosso ego, elogia-nos de mil e uma formas. Espreita-nos com a sua lisonja e aproveita todas as oportunidades para nos recordar como somos atrativos e como é brilhante a nossa inteligência. O elogio é um filtro mágico de obscuro poder que, mediante a repetição oportuna, tenta debilitar aquela vítima que o permite e não o corta a tempo. Conforme o elogio "dá no cravo" o ego vai acreditando. É então que a bajulação começa a "soar" tão verdadeira e inofensiva que se corre o risco de pensar que o "elogiador" é o que melhor capta a nossa energia.

Quando um ego com baixa autoestima tropeça com um ilusionista que utiliza o dardo do elogio, vive algo parecido ao que se sente quando se bebe água fresca em pleno deserto. Acontece que o sedento pensa que, finalmente, existe alguém capaz de "captar" a sua oculta soleira. Pouco a pouco, conforme o elogio repete a sua cantilena, o ego recém aumentado teme defraudar a quem tão "belamente" o vê. Aqui começa o caminho da dependência, onde só comprazemos por temor, começando sutilmente a não contrariar.

Todos sabemos distinguir o "reconhecimento" do "elogio". Enquanto o reconhecimento é sóbrio e nasce da gratidão e da independência, o elogio é um adorno que prende e manipula. E assim como o primeiro nos chega à alma e regozija respostas e comentários, o elogio, pelo contrário, chega ao ego e ilusiona a futura vítima que, a partir desse momento se sente sutilmente "presa" pelo desejo de continuidade dessa "emocionante" opinião alheia.

O que cada um considera da sua própria pessoa, é a medida em que será considerado pelos outros. Se não nos sentimos com um ego digno de respeito e estima, com toda a certeza os outros não o respeitarão. Mas também sabemos que a prepotência e a vaidade espreitam enquanto não se tiver conseguido amadurecer o ego nas *noites obscuras da alma*.

Desconfiemos do que nos elogia e neutralizemos, quanto antes, esta atitude. Se enfrentarmos o jogo e não o alimentarmos, seremos livres para "baixar o nível" e expressarmos tanto os lúcidos acertos como as falhas e as sombras. Em todo o caso, fiquemos atentos à intenção sutil dos comentários que fazemos acerca de nós mesmos e, passado um tempo, quem sabe se em vez de elogios começamos a sentir que nos distinguimos e que nos apreciam desde a alma.

Se necessitamos de reconhecimento, saibamos que as nossas melhores ações não são anônimas. O nosso mérito está escrito em "letras de luz eterna" sobre o fundo do nosso olhar. O amor e a generosidade que colocarmos nos nossos atos, será sempre reconhecido por todas as galáxias. A aura humana leva impressos os nossos segredos, assim como o aroma sutil do ser que o emana. O elogio dirige-se ao ego, enquanto que o reconhecimento nasce da justiça de quem o valoriza. Dizia Krishnamurti que quando alguém o elogiava, baixava os olhos e repetia interiormente: *"Não permito que o meu ego acredite nisto"*. Krishnamurti afirmava que tais palavras o protegiam de um caminho que desvia da equanimidade e priva de uma distância serena ao que *observa*. Se nos elogiam, comprovemos o termômetro da nossa autoestima. Se este estiver baixo, há o perigo de acreditarmos apenas numa das faces da moeda.

*INTEGRIDADE*

*94 Ama a ação pela ação, independentemente do resultado e proveito que possas obter com ela.*
Provérbio budista

Uma grande chave para o nosso bem-estar consiste em viver o presente e enfocar toda a nossa atenção na ação que temos entre mãos. Como diz o provérbio Zen: *"Quando se come, come-se e quando se caminha, caminha-se"*. Trata-se de dedicar *energia-atenção* ao momento presente, sem desatenções e antecipações que dispersam. Que cada ação realizada, quer seja trabalhar com o computador ou preparar um chá, convoque plenamente a *si mesmo*. Quando regamos as plantas ou fazemos uma mudança, em cada gesto há muitos elementos em jogo: ao agachar-se, ao transportar, ao verter a água ou simplesmente ao abrir e fechar uma porta. Cada movimento é *um fim em si mesmo*, que, por sua vez, convém realizar com todo requinte que nasce da plena consciência.

O rio que flui para o mar avança, palmo a palmo, encontrando o caminho que oferece *menor resistência*. E acontece que, cada pedra, cada buraco, cada ramo que encontra é, em si mesmo, uma vivência plena. Cada metro e cada passo do caminho abrem a consciência ao instante presente e ao ensinamento que este implica. A ansiedade nascida da antecipação deixa a mente aberta a pensamentos vírus. São pensamentos inquietantes: *Porque se atrasou? Um acidente, uma desgraça...? Que futuro nos espera? Que farei quando morrer?* Ideias que não só vendam os olhos internos com fotocópias de velhos problemas, como também ao sofrer antes do necessário, na realidade, sofre-se mais do que o necessário. Convém treinar o enfoque da atenção no *aqui-agora*, de forma a que se neutralize o jogo de recordações e antecipações e se permita viver plenamente, cada passo do caminho. Neste sentido, a famosa *cerimônia do chá* ou o exercício de *atirar com arco* e muitas outras práticas Zen, treinam o indivíduo para realizar cada movimento com total precisão e consciência num impecável *aqui-agora*. Os múltiplos passos de cada prática mencionada obedecem a regras muito rigorosas que exigem *atenção total* aos mínimos detalhes de cada sequência.

Praticar esta disciplina supõe um treino que tem mais a ver com o controle emocional e o enfoque da atenção do que com um ritual belo e exótico, como vulgarmente se pensa. Na realidade, a qualidade de uma ação está determinada pela *atitude* que lhe damos. Todos sabemos que uma comida elaborada com carinho e serenidade tem outro "toque", que não tem quando se faz com crispação e pressa. Talvez até a comida se carregue e impregne com a energia sutil que incluímos numa elaboração bem cuidada. Da mesma forma, se carrega de história e de futuro cada passo da viagem que realizamos ao subir a montanha. Quando vivemos cada metro que percorremos como um fim em si mesmo, sossegamos a mente e dissolvemos a separação da nossa alma. A arte da paz consiste em aprender a viver os momentos do *não fazer*, respirando a ansiedade que produz a visão do próprio espaço interior, quando este vive apertado em adiamentos, sem ter as contas emocionais "em dia". Aprender a contemplar os pensamentos que "vão e vêm" desde o Testemunho equânime, supõe controlar a ebulição de ideias que vagueiam por uma mente habitualmente dispersa. O fato de aprender a viver no *não fazer* enquanto se *respira conscientemente* e se drenam pensamentos e emoções contidas, é uma forma de recarregar a nossa bateria existencial de uma energia proveniente dos níveis mais profundos da consciência.

*INTUIÇÃO*

**95** *Não és uma criatura humana numa aventura espiritual, mas sim uma criatura espiritual numa aventura humana.*
Deepack Chopra

Quem, na realidade, somos? Viemos do Universo inabarcável? Temos uma dupla natureza de espírito e matéria? O que pintamos no meio dos anjos e das bestas?

Os sábios precedentes diziam que, na realidade, *somos* Espírito. Perante isto perguntamo-nos: "Que é isso do Espírito? Podemos imaginar uma Realidade tão intangível e tão distante do pagamento da próxima prestação?" Sem dúvida, se penetrarmos no silêncio, se averiguarmos e olharmos para dentro, não tardaremos a sentir as nostálgicas reverberações de uma plenitude prometida e perdida. Talvez intuamos o bater do coração do Universo que inspira e guia as periferias.

Pitágoras disse-nos: *"O Espírito é uma circunferência cujo centro está em todas as partes."* De qualquer forma, e para além das definições académicas, a ideia do Espírito mitiga ligeiramente o sentimento de *separação* que bate em todas as pessoas. Talvez o Espírito seja essa *super energia* de Luz e Totalidade que nos une e dá coesão.

O que disseram do Espírito os seres cujas vidas demonstraram suficiente lucidez e sanidade? Uns e outros afirmam que o chamado Espírito, que parece encontrar-se no céu, não está longe, mas é a própria *essência* de nós mesmos. Insistem em afirmar que somos Totalidade e *Infinitude sem fronteiras*. Um tecido global e sem limites que assinala a Luz da nossa própria consciência. Por isso, procurar o Espírito é uma atitude tão cega como pode ser a daquele que parece *"procurar um boi quando, na realidade, caminha nas suas costas"*. Podemos acreditar que nós próprios sejamos Isso a que atribuímos tanta grandeza? Não soará a "pequeno consolo" perante a contradição e misérias da natureza humana?

Quando olhamos e sentimos dentro, reencontramos a alma que perdemos em alguma das voltas. Entretanto, vivemos o desencanto de um vazio que se agudiza nos momentos de perda e de tristeza. Acreditámos alguma vez que apenas éramos o córtex de uma espécie animal capaz de chegar com um telescópio às estrelas? Na realidade, somos Espírito em plena *aventura da consciência*. Almas peregrinas em estado de amnésia que vagueiam entre as luzes e as sombras de um plano evolutivo submetido à *lei da impermanência*. Ao que parece, a nossa Morada é o Universo infinito e, talvez, com a nossa morte física, *voltemos para casa*.

O caminho da vida é uma viagem que perfecciona e pula as arestas da alma. Uma espiral do *Grande Jogo* que, começando na diversidade, finaliza na *unidade essencial* de todas as coisas. Um jogo no qual, tarde ou cedo, todos ganham. As suas regras? Os mais adiantados, quando chegam, dão a volta e caminham junto aos que começam. O jogo acaba quando todos *regressam*. Para trás ficarão os dias obscuros em que as nossas almas se expressavam imaturas e incompletas. Afortunadamente, nunca aconteceu nada, os erros e as carências estavam previstos no decurso das jogadas. Somos muito mais do que as nossas partes, por sombrias ou lúcidas que estas sejam. Mais além dos fragmentos e identificações, pode-se reconhecer o Espírito na nossa própria essência. *Somos aventura por entre as pregas da amnésia*. Mais tarde, quando nos encontrarmos mais próximos da meta, observaremos como a alma apenas pode dizer: Obrigado.

## INTUIÇÃO

**96** *Os sucessos que estão para vir anunciam-se através dos seus ecos.*
Campbell

Quem não pressentiu, alguma vez, que se aproximava um período de mudanças importantes? Quem não teve já a sensação de que se aproxima algo chave para a sua vida? Algo que parece ter a ver com as suas íntimas utopias? Será que o Mistério se dispõe a acender o coração? Percebe-se a chegada de uma grande oportunidade? Será que a mente se abre a um novo salto? Será que o *grande amanhecer* vai chegar e acabar o tempo do *velho ciclo*?

A intuição é essa misteriosa faculdade do ser humano pela qual se acede ao conhecimento de forma "revelada" e direta. Uma faculdade que nos converte em *deuses* capazes de adiantar acontecimentos e sentir a vida da alma. E assim como a razão é a grande ferramenta analítica que nos permite deduzir leis físicas, a intuição, pelo contrário, manifesta-se de forma sutil impregnando a mente de um nível mais profundo e de uma *intenção evolutiva* que os acontecimentos aportam.

Para captar a linguagem intuitiva do *eu profundo* é necessária uma atitude mental serena e de atenção bem desperta. O ser humano, à medida que evolui no Testemunho e aprende a observar a sua mente, dá-se conta da diferença que existe entre o tecido emocional de desejos e temores e o que é um *flash* da intuição que, proveniente do profundo, acende a chama.

Parece que a intuição acompanha o eco do plano no qual não há tempo nem distância. Um relâmpago que nasce naquele espaço em que todas as coisas são o presente e sabem com plena certeza. Resta-nos a intuição como fio conector com a Luz que somos. Um fio *transpessoal* que nos fala do *mundo que virá* e da vida superior de homens e mulheres que já percorreram o caminho das sombras. Uma *volta para casa* que, merecidamente, chega.

Alguma vez você sentiu que no seu caminho passava um anjo ou que, num determinado momento estava sob a proteção sutil de uma

Presença? Já sentiu, em alguma manhã ao despertar, que o que sonhou não era apenas mais um sonho? Que permanece com uma pessoa porque existe *uma ligação* não racional entre as suas almas? Sentiu alguma vez a certeza de que já era tempo de fazer a viagem que sempre sentiu como fronteira? E que as coisas "enredadas" voltavam ao lugar sozinhas?

Aqueles sucessos por vir que têm a ver com a expansão do *dar-se conta* anunciam-se através de ecos no coração da mente. Parece que a alma perdida, querendo retomar o caminho, bate à porta através de "casualidades" e estranhas coincidências.

Abra o seu coração e permita que o seu ser volte a adocicar a vida. Agora é mais consciente e pode recriar-se na qualidade dos dons e na paz e compreensão que emana da sua essência. Não é casual que agora perceba um ponto de nostalgia no esvoaçar sutil da borboleta que se aproxima e o chama.

Lembre-se: Isso está à sua procura. Mantenha-se atento e reconheça os momentos em que intui que está muito perto do ponto em que Isso o encontra. Perante tão insólito abraço e *aventura da consciência*, não será motivo de dar graças?

## INTUIÇÃO

## 97 Deus não existe. É.
Doménico Douadi

Nesta sociedade pragmática de ideias que "funcionam" e na qual, todavia, correm brisas religiosas, há jovens de cultura tecnológica que se perguntam: "Para que serve Deus? De que serve pensar que Deus existe? Em que melhora a nossa vida o fato de incorporarmos essa crença? Para que necessitamos de "nos complicar" com a ideia de algo superior? Não bastam já as leis, vamos ainda incluir na cena essa realidade tão ambígua quanto abstrata? Porque é que muita gente pensa em Deus apenas quando sofre e não vê saída para os seus problemas? A figura de Deus representará um culto para os débeis?". Se não temêssemos a morte, teria nascido a ideia de Deus na mente humana?

Pensamos que na origem destas perguntas, a palavra Deus está associada à projeção de uma *macro figura patriarcal dos céus*, revestida e magnificada com os dons que cada cultura seja capaz de conceber. E quem sabe se a tal figura de Deus não existe apenas na mente de cada crente, coisa que, embora seja importante e mereça respeito, é tão certa como o pode ser qualquer fantasia. Sem dúvida, se conseguimos recriar a palavra Deus e atualizar o seu significado como um Algo menos antropomórfico, quer dizer, sem cabeça, braços nem pernas, e começamos a sentir intuitivamente esta meta-realidade, talvez abramos a porta do sentimento de transcendência para um *Princípio de Ordem Superior*.

Se dizemos: *"O Espírito é anterior a este mundo, mas não é distinto dele, da mesma maneira que o Oceano é anterior às ondas, mas não existe como algo separado delas"*, é possível que algumas pessoas o interpretem como algo que não tem nada a ver com o nosso eu de cada dia. São pessoas que ao suportarem o peso de problemas básicos tendem a considerar isto como um *ondear mental* sobre a "lentidão das ondas". E, mesmo que assim fosse, conseguimos resolver alguma coisa pensando numa ideia ambígua do Espírito de que a maioria é inconsciente?

O Espírito é uma realidade que nos *transcende* como seres biológicos desenvolvidos. E isto permite-nos aceder a uma *identidade* que está para além do corpo físico "puro e duro" cuja existência não depende de várias dialéticas, mas sim de uma *experiência transracional* plenamente consensualizada por todos os povos que fazem parte da história deste planeta. Mesmo assim, talvez alguém muito pragmático e com uma mente plana, possa perguntar-se: "E para que serve o Espírito?".

A pergunta *para que serve* formula-se numa parte da mente estritamente utilitarista, e o ser humano é muito mais do que um universo de utilidades. Se não, o que são as grandes elevações da alma que nos acontecem ao contemplar a Beleza? E os sentimentos de maravilha e arrebatamento que surgem perante sinfonias de geometria e grandeza? E o júbilo de amor que surge num abraço primordial? E a infinita ternura que nasce ao contemplar a inocência? E os milhões de pequenos milagres e sincronias que cada dia tecem o caminho do viver? E a paz profunda que aflora nos instantes mágicos em que tiramos a cabeça da "caixa"? Talvez indiquem que, por detrás da cena, há *algo mais* do que uns minutos de descanso, enquanto a película anunciada segue.

Todos estes eventos, e muitos mais, supõem uma experiência íntima de *comunhão* com o Todo, revelando-nos que, ao que parece, não somos apenas um córtex mais ou menos complexo e desenvolvido, mas também uma Totalidade inefável nascida do Mistério que, acompanhada de lágrimas de júbilo ou de serena neutralidade, há milênios chamamos Espírito.

# INTUIÇÃO

*98 Aquilo que dentro de nós quer saber e progredir não é a mente, mas algo que está por detrás dela e que dela se serve.*
Sri Aurobindo

Quando uma pessoa deseja aprender e progredir, que força a impulsiona para esse desejo? Tratar-se-á da mesma energia que empurra o caule da jovem planta a expressar-se em flores e frutos? E se o que a dita pessoa deseja não é nem mais nem menos do que uma mente sossegada e sábia? O que é que move esse desejo e que estranha força impulsiona a desejar uma realidade tão abstrata quanto elevada? Pode o *coração humano* ser explicado com as simples leis da evolução das espécies? A nossa consciência, ao que parece, única no planeta Terra, será apenas a consequência de uma loteria genética ou semelhante milagre deve-se a um hipotético mistério que move as almas? Existirá na raça humana um *Impulso Secreto* para a Luz? Uma força sutil que, atuando por detrás da cena, nos conduz ao longo de um formidável desenvolvimento, para a comunhão com o Espírito como forma de "chegada"?

E, de qualquer forma, esse *Impulso Evolutivo* que, milênio após milênio, nos lança para o desenvolvimento da lucidez e profundidade, será o mesmo que o dos golfinhos ou das gaivotas? Somos algo mais do que um organismo biológico complexo, capaz de criar músicas insólitas e amar a beleza interna? Se assim for, que milagre aconteceu aos humanos? É credível aquela história que algumas religiões contam acerca da "descida" de uma chispa divina ou foi um enxerto extraterrestre que acendeu a chama? E se vivemos num *planeta para amnésicos* o que serve de plataforma para recuperar a memória?

Há poucas coisas tão unânimes, ao longo dos séculos e das eras milenárias, como as múltiplas vozes que nos falam do Espírito aludindo à nossa *identidade* suprema. Milhões de povos e culturas, ao longo da História, afirmaram que temos uma dupla natureza. Por um lado, dispomos de um corpo capaz de agarrar, sentir e pensar; sem dúvida este estupendo organismo, renovado de geração em geração, por si só parece incapaz de se transcender e expressar as funções da sua dimensão espiritual completa. Junto ao corpo, que faz de veículo e terminal de outra *megaforça*, coexiste uma *supranatureza de Luz e Amor* que faculta os mais desenvolvidos a experimentar a Totalidade e infinitude, convertendo as suas vidas de mamíferos em beatitude eterna.

O que impulsiona este centauro humano de século XXI, metade Deus, metade animal, a ampliar-se imparavelmente como forma de fazer o caminho de volta para Casa? Curiosa força *supramental* que se revela quando crescemos, quando nos *damos conta*, quando ajudamos, quando nos pomos no lugar do outro, quando compreendemos o jogo, quando somos nós mesmos, quando celebramos a vida, quando criamos felicidade, quando abrimos o coração da mente, quando clamamos ao Universo, o nosso desejo de Recordação... Toda esta carga ígnea que subjaz em tais pressupostos, será a mesma energia da terra que faz *ascender* a seiva pelo tronco da árvore convertendo a bolota em carvalho? Ou trata-se de um plano evolutivo de origem cósmica que *desce* à glândula pineal de alguns hominídeos do planeta Terra?

A resposta surge em todos os que deixam entrar a ciência no seu coração e não renunciam à cadeia de *flashes* da sua intuição. Toda pergunta tem a sua resposta, como toda cara tem a sua coroa. Será o *milagre da Graça* o que, depois de ser convocado, responderá aos que se recriam no caminho de compreender. Na realidade, trata-se de uma verdade que se revela no laboratório do silêncio e na nobre ação da alma.

*LIBERDADE*

**99** *A escravidão é a identificação daquele que vê com os instrumentos da visão.*
Patanjali

Se você consegue ver como flutuam e evoluem as nuvens no céu, isso deve-se a que você não é essas nuvens, mas a Testemunha que as contempla. Então, quem é você? Se é capaz de se dar conta das sensações do corpo, isso deve-se a que você não é as ditas sensações, mas a Testemunha que as percebe e contempla. Então, quem é você? Se é capaz de observar os sentimentos e pensamentos que aparecem na sua mente, isso deve-se a que você não é esses sentimentos mas a Testemunha que o contempla. Então, quem é você?

*O olho não se vê a si mesmo* e tudo aquilo que possamos "ver" não será sujeito, mas sim objeto. *O que vê não é o visto.* Sem dúvida, pode dizer-se que na vida cotidiana vivemos *identificados* com o nosso corpo e a nossa mente. O problema que parece suceder-nos é que o sujeito que vê, quer dizer, o que sentimos como identidade Eu, se acredita serem os pensamentos. Ou seja que a própria identidade *sujeito por excelência* é, de repente, confundido com o objeto visto, embora este seja tão sutil como o são os sentimentos mais íntimos. Sabemos que quando somos parte de uma discussão perdemos a equanimidade, da mesma forma, sabemos que quando confundimos o Eu com a mente pensante acabamos por sofrer os mesmos vaivéns que os dos próprios pensamentos.

Dê um passo atrás e experimente uma interessante situação. Imagine que os seus olhos internos estão situados na nuca. A partir deste ponto, seria capaz de ver os seus olhos físicos olharem o que está fora? Dê um passo até ao Testemunho capaz de observar os seus globos oculares por trás e descanse nele. O olhar e o pensamento e tudo o que você seja capaz de ver, não é você, mas sim o que você tem. Quando por exemplo dizemos "a minha mão", porque dizemos "minha" mão? Talvez porque inconscientemente sabemos que não somos na realidade a mão, mas sim que *temos* uma mão. A "minha" perna, os "meus" sentimentos, a "minha" mente, "minha..." são objetos *do* Eu, não são *o* Eu.

Ao libertar-se da identificação com os objetos da visão, experimentará liberdade e desapego. Ao dar-se conta de que você não é os seus desejos, nem a sua cólera, nem as suas inquietudes..., porque tudo isso pode "ver-se", você sentirá uma liberdade de sabor neutral. Mas, o que significa ser neutral? Será que significa não ter interesses pessoais no objeto em causa? Não será sentir des-implicação? Será porque ao estar des-identificado, não está afetado?

O objetivo, tanto do *yogui* liberto como do lama iluminado, ou do sacerdote redimido e de tantos outros buscadores da liberdade essencial, consiste, primeiro, em *diferenciar*, e, posteriormente, em *integrar*. Depois de começar diferenciando, finaliza-se a procura no momento em que o de dentro e o de fora deixam de ser dois. Quando sujeito e objeto são *não-dois*, quando o observador e o observado se tornam um Só Sabor, transcendeu-se a mente racional e dualista do Eu-Tu e existe-se apenas como contemplação s*upraconsciente*. Então, simplesmente, tudo É.

Cada manhã, ao despertar e antes de pisar o chão do mundo, observe como começa a *ter* as primeiras sensações, os primeiros sentimentos e pensamentos..., quer dizer, *objetos* na sua consciência. É nesse preciso instante que se torna muito fácil perguntar-se: "Quem sou eu?" e, em seguida, não se prender ao que viu, mas permanecer lucidamente instalado no Espectador.

## LIBERDADE

***100*** *O caminho da liberdade consiste em desviar a ênfase da pessoa superficial e variável para o Testemunho interior e sempre presente.*
Nisargadatta

Podemos apoiar-nos no que muda constantemente? Podemos confiar naquilo que está submetido a uma mudança permanente? A que nos podemos agarrar quando a corrente do rio nos arrasta? Supõe-se que apenas nos poderá suster algo que permaneça imutável.

O mar move-se agitado nas superfícies, mas na maior profundidade, o movimento é cada vez mais ténue e imperceptível. Na consciência do ser humano acontece o mesmo: quanto mais agitados estamos, mais superficial é o nível em que nos encontramos. Por exemplo, quanto mais diferenças vemos nos outros, nos seus traços físicos, psicológicos e culturais, mais na superfície se encontra a área do eu que distingue e diferencia. Pelo contrário, no momento em que entramos nas *capas mais profundas da cebola*, os traços diferenciados deixam de ter tanto "peso" na consciência e, sem dúvida, os elementos comuns tornam-se mais visíveis. Algo que pode acontecer quando, por exemplo, olhando o outro, vemos simplesmente uma alma humana deste planeta. Nesse estado de consciência mais profundo, vislumbra-se a *unidade na diversidade*.

A experiência de observação que o nosso testemunho interno tem ao *dar-se conta* do fluxo cambiante da vida, é a mesma em todos os seres humanos. Na realidade, o que muda não é o que vê, mas o que é visto. Os objetos vistos, quer dizer, tudo o que somos capazes de ver e contemplar, aparecem e desaparecem no ecrã da consciência, mas não constituem o inamovível e absoluto da nossa existência. Se vivemos identificados na pessoa superficial e mutável, subiremos e baixaremos pelas ondas dos seus ritmos e correntes. A única coisa que pode servir-nos de referência e refúgio é o que não muda, quer dizer, o Absoluto. E Isso está à nossa disposição, simplesmente tornando-nos conscientes dessa *mão imutável* que sustém o pêndulo mental e que, na realidade, é a nossa verdadeira identidade.

Quando se vai ao cinema somos espectadores de um filme cujas imagens estão em constante mudança. O seguimento atento dessas imagens faz-nos sentir emoções rapidíssimas de agrado e desagrado. Comprovamos que, depois de sair do cinema, aquelas imagens efêmeras já se esfumaram. Olhamos a rua, os rostos dos que passam e cada estímulo visual segue produzindo outras emoções e outras ideias. Na realidade, a película mental continua dentro e fora do cinema, quer seja na solidão ou na companhia de outras pessoas.

Qual é o elemento que não mudou em todas as cenas, tanto as de dentro do cinema como as de fora? O que é que permaneceu sempre igual? O que é que podemos considerar como absoluto dentro desta corrente de relatividades e mudanças que acontecem na nossa mente?

Sem dúvida, o Eu-Observação, o Testemunho de todas essas experiências e de todas as películas. O Eu não muda porque não é ele quem pensa, apenas *observa* como a sua mente pensa. O Testemunho que não sente, apenas observa o que o seu corpo sente, o que não se implica nem confunde com o "visto". Um elemento neutral, a Consciência, o Eu Sou que não cria conteúdos, apenas *contempla* a criação dos conteúdos. Uma realidade que indica o próximo passo evolutivo da Humanidade: a identificação com o Olho que vê, o Sujeito por excelência. Neste sentido, à histórica pergunta: "Quem sou eu?", alguns lúcidos respondem: "Um Oceano de percepção consciente".

## LIBERDADE

***101*** *A Liberdade não é mais do que outra palavra para dizer que não há nada a perder.*
Erik From

Aquele samurai sustentava uma forte contenda, no alto da ponte de pedra, com a espada frente ao inimigo. Os seus golpes certeiros, fruto de uma longa disciplina, não tardaram muito em desarmar o seu oponente, lançando a sua arma para longe. O samurai, então, levantou a sua afiada espada para dar o golpe final quando, de repente, o vencido adversário, num último e desesperado ataque de raiva, cuspiu maldizendo a sua mãe e ultrajando a honra de uma estirpe sagrada. As palavras daquele desgraçado feriram o ego do samurai, que despertou sentimentos insólitos de ódio e vingança. O golpe para acabar com ele, seria agora mais forte e mais brutal. Separaria a sua cabeça de um só golpe e, de seguida, acalmaria o seu orgulho e ego feridos.

De repente, um relâmpago de lucidez permitiu que o samurai se observasse, viu-se a si mesmo tenso e cheio de ódio, deu-se conta de que havia sido vencido pelo insulto e que tinha faltado à Regra treinada durante tantos anos. Envergonhado pela perda da sua atenção, baixou a arma, olhou o horizonte e respirou fundo enquanto a sua mente a ferver acalmava. Pouco depois, tendo recuperado a neutralidade e a calma, aproximou-se do desconcertado inimigo e deu-lhe um golpe preciso que, no mesmo instante, acabou com a sua vida, sem satisfação, vazio de toda a cólera. Um golpe com que apenas cumpria a sua missão como guerreiro, de forma equânime e desapegada. Durante uns instantes tinha conhecido a escravidão do orgulho ferido, mas o seu trabalho de atenção e consciência permitiram que, de novo, recobrasse a liberdade perdida, a identidade real do seu Ser, mais além da pessoa.

Na verdade, não temos mais do que este instante. O passado já não existe e o futuro é uma ideia ilusória. O que podemos perder? De fato todo o sofrimento está na mente, nos apegos que escravizam, nos condicionamentos limitadores e nas dependências emocionais com as pessoas e as coisas. Cada dia é uma vida em que o nosso ego "morre" em cada noite, quando a nossa consciência se apaga. Quando entramos no sonho e acaba o controle e a advertência, alguém pode despertar-nos e dizer: "Dormiste durante dez anos. Te alimentamos com soro. És um caso raro." "Dez anos!", exclamaríamos assombrados. Não sendo conscientes, dá igual dez dias ou dez milênios. Quando aparece a consciência todo o Universo começa de novo. O mundo põe-se em marcha. Nasce o tempo, as possessões, os afetos, os deveres e os prazeres do dia. Na realidade, o único que dá existência ao que possuímos é viver conscientes e despertos.

Cada noite, ao entrar no sonho, devemos libertar-nos de tudo. Dizer adeus ao ego, às feridas e ilusões, agradecer o vivido para entrar em paz na consciência oceânica do Todo. Talvez, se alguém está *desperto*, lhe aconteça que, enquanto dorme, pode *observar os seus sonhos*. Trata-se de uma mente que, enquanto sonha, se inteira do que está sonhando. Se isso nos suceder algum dia, aproveitemos a lucidez que permite criar o guião e mudar à vontade o argumento dos próprios sonhos. Trata-se de um jogo? O jogo de viver na mente que cria cenários insólitos sem esforço?

Liberdade é saber que aquilo que nos acontece é tão relativo que temos opções de vivê-lo tal e como decidirmos imaginá-lo. Liberdade é observar que a mente tem duas classes de sonhos: os de noite e os de dia. O verdadeiro despertar, quer dizer, o que de verdade liberta, consiste em *dar-se conta* de que a vida é uma espécie de Grande Sonho. Uma película? Talvez... e nós sem o sabermos.

Se você quer Liberdade..., solte e desperte. Se quer Despertar..., separe-se e observe.

## LIBERDADE

## 102 A verdade fá-los-á livres.
Bíblia

Exagero aqui, adaptação habilidosa além, "medo no ar" de que nos critiquem e repudiem, temor a defraudar o que supomos que os outros esperam de nós. Muitas pessoas vivem debaixo de cadeias daquela parte de si mesmas que necessitam de aprovação e sentem-se ameaçadas pelo *que os outros dirão*. A liberdade não é um processo simples, e alcança-se mais depressa se nos atrevermos a dizer: *Não*. Uma atitude mediante a qual se comprova que quanto mais dizemos claramente *Não*, mais qualidade e valor tem o nosso *Sim*.

"Sejam sóbrios" dizia o lúcido, recordando que a verdade é filha da sobriedade. Um princípio que não só faz referência à quantidade de comida ou de coisas compradas, mas também assinala um estado de consciência desperta e centrada. A sobriedade fala da *medida justa* e do recolhimento que conecta com o núcleo da nossa morada interna. Se cultivamos a sobriedade, sem repressão nem autonegação, sentiremos um cálido fluido, uma vitalidade sutil da alma liberta. Na realidade, a partir da sobriedade é mais fácil ser verdade.

A liberdade é um estado de consciência que implica um progressivo descondicionamento mental. As crianças são livres porque não percebem que sendo elas próprias, deixarão de ser queridas. A afirmação: "Sejam como as crianças e entrareis no reino dos céus", deixa claro que não se trata exatamente de ser crianças, mas de ser como as crianças. Já conhecemos o desenho do *processo iniciático* no qual, para ativar o nosso crescimento, temos de passar pela perda da inocência. E é precisamente nesse momento, que começamos um solitário exílio e cruzamos o umbral do labiríntico mundo das experiências mundanas. Em crianças éramos verdade, mas inconscientes dessa verdade, não sabíamos que a éramos. Mais tarde, tivemos que aprender a viver na *selva dos egos*. Aconteceu então que, seguindo as regras do Grande Jogo, nascemos para a mentira como proteção, quase necessária, perante o medo e a carência. Mas chega um momento em que sentimos ressonâncias da "volta para casa" e, de novo, desejamos aflorar a criança eterna que se dá ao luxo de viver na verdade e na consciência. Um estado que já esquecemos e uma premissa que nos liberta. Trata-se de recuperar uma inocência, mas agora enriquecida pela consciência do que se *dá conta*.

Uma vez centrados na plena coerência interna, recobramos a simplicidade cotidiana, as palavras justas, os gestos de uma espontaneidade consciente e a fluidez dos que não exigem e, sem dúvida, colaboram. E acontece que aquilo que expressamos *de dentro*, casualmente, é sábio, não fere o mundo e, além disso, seca o suor aos que, exilados do ser interno, não descansam.

A liberdade autêntica tem mais a ver com soltar a tirania do ego do que com não ter obrigações e poder fazer o que nos dá na gana. A libertação de si próprio não implica negá-lo, nem castigá-lo pelas suas maldades quase necessárias, mas transcendê-lo a um nível mais amplo. Quando o ego está integrado, alinha-se de forma natural com os interesses globais a um novo plano de existência. Algo que se chama maturidade e que, como os bons vinhos, ganha com o tempo e melhora a cada colheita.

Somos verdade quando sentimos nitidez nos propósitos e distinguimos muito bem, a partir de que parte de nós mesmos atuamos e falamos. Essa é a verdade que liberta, a que não se engana a si própria e expressa ao mundo o que realmente escolhemos e queremos.

*LUCIDEZ*

**103** – *És, portanto, um anjo?*
– *Não* – *respondeu.*
– *Serás um santo?*
– *Não* – *respondeu.*
– *Então, o que és?*
*Buda respondeu:*
– *Estou desperto.*
Sabedoria universal

O que faz tão apreciável a condição do chamado *desperto?* Será que estar desperto significa que se saiu de algum pesadelo em que os demais mortais parecem encontrar-se? Despertar do sonho é mais uma forma de nomear a meta suprema dos seres humanos que, prisioneiros dos conceitos e condicionantes do seu *eu superficial*, deambulam pela hipnose do *Sistema*. Um despertar que os lúcidos consideraram como requisito de libertação infinita. Como podemos pensar que a vigília que experimentamos cada manhã ao despertar do nosso *sonho da noite* continua formando parte de outro *sonho maior* que inclui o próprio dia? Como podemos pensar que a nossa identificação mental, com "regras e modelos", seja como viver nessa *caverna de Platão* com o seu mundo irreal de sombras? O que é que entendemos por sonho? Será a sucessão de experiências que ocorrem dentro da nossa cabeça? E se têm razão os *Vedas* e isto que vivemos cotidianamente é o irreal? Como será então o Real? O que dizem os *despertos* disso? Dizem que, assim como um peixe que nunca saiu da água não sabe que está na água, o ser humano que deambula adormecido e nunca experimentou um instante de despertar também não sabe que está adormecido. E assim como o peixe ignora que está na água porque está *identificado com ela*, da mesma forma o eu essencial está *identificado* com a atividade mental da sua pessoa. Quer dizer, que para conhecer a mente, há que "sair" da própria mente e observar-se a partir de algum lugar diferente, mais elevado e des--implicado. E dado que *o olho não se vê a si mesmo*, se queremos ver o olho, há que transcendê-lo e observá-lo a partir de algo que não seja o dito olho. Assim pois, para conhecer uma mente que confunde a Realidade com o que ela *projeta*, deve-se transcendê-la e observá-la a partir de um *promontório* mais elevado. Um eu-Observador que não é a mente, mas O que *vê* a mente. Dizem também que a mente é a grande "fabricante" do que chamamos realidade e a intérprete da percepção. De fato, tal realidade forma-se no hipotálamo mediante um processo de encenação que este codifica com os impulsos elétricos que os sentidos captam do "lá fora". Uma encenação que não tem necessariamente que acontecer quando os nossos sentidos captam objetos do exterior, também se produz enquanto o nosso corpo dorme, com todas as suas consequências reativas de pânico, suor, gozo, prazer, sorriso, ritmo cardíaco..., que dão *realidade ao adormecido*. Os despertos dizem, também, que mediante um processo de trabalho e Graça, conseguiram sair da *caverna* e despertar para a realidade, algo que não é um *reflexo* da mesma, tal e como acontecia na *caverna*, mas um plano absoluto de *supraconsciência*. Um estado infinitamente melhor que a realidade plural em que deambulamos todos nós, os adormecidos. Às vezes acontece, no mundo de sonho que vivemos, que de repente aparece no nosso ecrã um estranho "fluido despertador", afirmando: "Você está num sonho". Uma possibilidade que, além do mais, aponta como saber olhar o programa de identificação. E se perante esta aparição, nós vibramos e continuamos a indagar, começam a acontecer coisas. Perante tal perseverança, "o dinamitador" aparece de novo e põe cargas de *des-hipnose*, que dizem: "*Atenção sustentada; aqui e agora; observa a tua mente; não és a tua mente e a personalidade que ela fabrica, nem o teu corpo, és Isso: Infinitude, Totalidade, Oceano de Consciência*".

# LUCIDEZ

## *104* *A pessoa mais desenvolvida é aquela que pode colocar-se no lugar do maior número de pessoas.*
Ken Wilber

As crianças veem as coisas a partir da sua reduzida perspectiva. Algo que se constata quando, por exemplo, um monitor mostra a uma delas uma folha de papel com uma cara vermelha e outra azul. A criança observa as duas cores diferentes, dando a volta à folha e embora pareça que a sua mente infantil assimilou todas as suas possibilidades, não é exatamente assim. Quando momentos mais tarde, o monitor lhe mostra a folha com a cara vermelha de forma a que, na posição da criança, não se veja a cara azul, e a seguir lhe pergunta: De que cor é a cara que eu estou mostrando? A criança, naturalmente responde: "Vermelha." Mas se o monitor que, obviamente, está vendo a cara azul pergunta: "E de que cor vejo eu a folha?" A criança ao não conseguir colocar-se no seu lugar responde: "Vermelha".

O fato de ser capaz de ver a vida *a partir de outros olhos*, tem implícito um desenvolvimento mental que capacita para a abstração do que os sentidos externos percebem e assim poder deduzir outras perspectivas. Um processo que a nossa mente realiza recordando, velozmente, as nossas visões anteriores e calculando o resultado de forma lógica. No caso da folha de cores mencionada é muito fácil perceber que enquanto o monitor vê a azul, a criança vê a vermelha.

Mas, tem a nossa mente essa capacidade para captar diretamente algum outro ponto de vista que, previamente, nem sequer tinha sido imaginado? Um indígena que nunca tenha saído da selva será capaz de sentir e perceber imagens de um habitante da cidade de Nova Yorque? Poderia Júlio Verne captar os futuros submarinos e naves voadoras que, para um pessoa do nosso século, seria como perceber formas vitais de outras galáxias?

Talvez alguém pense na existência de *campos morfogenéticos* que possam ser sintonizados de forma casual pela mente do mencionado indígena. Talvez também possam captar-se *formas arquetípicas do inconsciente coletivo* que transcendam o próprio programa. Podemos ainda pensar que a mente humana é análoga a um aparelho de rádio que apenas sintoniza uma onda quando, sem dúvida, as restantes embora não se percebam com os sentidos, circulam por todo o lado.

E assim como a empatia é uma competência da inteligência emocional através da qual percebemos o que outro ser humano sente, a intuição é uma competência da *inteligência da alma* que ultrapassa todos os processos lógicos. Através da intuição, podemos tornar-nos conhecedores não só de outro coração humano, como também do *para lá do tempo e do espaço* como realidades desconhecidas.

Toda viagem para a percepção extrassensorial é um *turismo de profundidade*. Uma *aventura da consciência* que, conforme crescemos e nos desenvolvemos, nos permite viajar ao interior dos seres humanos e criar empatia com os seus mais íntimos programas. Uma realidade intrapsíquica que não se limita às suas circunstâncias objetivas, mas que também faculta para perceber os estádios profundos do Ser.

A partir do infantil *egocentrismo* no qual o ego é o centro, a consciência chega ao *sociocentrismo*, no qual a sociedade passa a ser o centro. Mais tarde, a ampliação conduz ao *mundicentrismo* e daí ao *holocentrismo*, que aponta a *holos-totalidade* como centro. Na realidade, tal ampliação representa a viagem sem volta mais importante da vida. Existirá melhor turismo do que expandir a consciência?

## LUCIDEZ

**105** *Vendo claramente a confusão, libertamo-nos da confusão.*
Nisargadatta

A confusão que os seres humanos sofrem ao longo da vida tem vários níveis de intensidade. Desde a irritação básica e o seu possível transbordamento emocional que bloqueia o objetivo, até à impossibilidade patológica de controlar os conteúdos profundos da sua *sombra*. São momentos nos quais, cegos de impulsividade do ego, não nos precatamos do exagero do nosso comportamento e atuamos com um despropósito tal que, com frequência, causa danos desproporcionais.

Para controlar a possível inundação das velhas violências armazenadas no nosso inconsciente, convém não só trabalhar a reprogramação do comportamento, mediante uma auto-observação sustentada, mas também apostar no desenvolvimento da sensatez e da sanidade.

*O louco que percebe que está louco, não está louco.* A confusão mental sobrevive porque não é "vista" pelo olho do *Testemunho*, quer dizer, pelo desenvolvimento da parte mais *neutra e consciente* da própria mente. Quando a própria confusão se torna consciente e nós estamos já em condições de a observar, o estado mental não é mais o de confusão, embora os seus sintomas continuem a aconselhar prudência e distanciamento. A impulsividade emocional que cega a razão e causa sofrimento necessita de reflexão e tomada de consciência. Nestes casos, pode ser aconselhável uma *psicoterapia* como processo que treina o indivíduo a testemunhar, com todos os detalhes, os seus mecanismos de conduta. Trata-se de ativar uma *monitorização* dos pensamentos e comportamentos que incrementam a cura por excelência: *o dar-se conta*.

Recorde-se que, perante um erro, costumamos pensar: "*Se me tivesse apercebido...*". Para desenvolver esta capacidade é aconselhável fazê-lo acompanhado de um terapeuta.

O conflito nasce quando duas ou mais partes internas não são capazes de conviver e resolver a ação. Por exemplo, quando a cabeça diz uma coisa e o sentimento outra. Quando isto acontece, devemos *nos des-identificar* das ditas partes focando a visão e permitindo, entre as duas, uma nova convivência. *A observação sustentada* destas tendências opostas permitirá o encontro de ambas a partir de um *terceiro ponto*, mais parecido com a mão que sustém a balança do que com qualquer dos pratos da mesma. A observação exercida a partir deste *terceiro nível* implica a recuperação de uma distância que permite a convivência entre opostos internos, sem necessidade de forçar as partes vencedoras ou proceder a qualquer exclusão. O objetivo sanador está em olhar globalmente e tornar-se consciente do tipo de pensamentos que passam pela cabeça.

Recorde-se o princípio de Heisenberg, prêmio Nobel da Física Quântica, que afirma: *"Toda partícula observada é uma partícula transformada"*. Quer dizer, a pura observação ou o simples *dar-se conta* de um objeto, como por exemplo um processo mental conflituoso, *transforma* os seus padrões de pensamento de forma automática. Quando dedicamos atenção às raízes e significados que perturbam a nossa paz produz-se, por sua vez, uma transformação de cariz evolutivo. Uma modificação que nos aproximará, de forma paulatina, a ignorar e reforçar aquelas partes internas que, em cada caso, são necessárias à harmonia do conjunto. A *atenção sustentada* é tão curativa como clarificadora. Sem dúvida, uma competência que, em última instância, conduz à *libertação do sofrimento*. Outra forma de nomear a Lucidez.

## LUCIDEZ

**106** *O que conhece os outros é sábio.*
*O que se conhece a si mesmo está iluminado.*
Lao Tsé

O famoso Oráculo de Delfos oferece aos seus visitantes uma inscrição que, literalmente, diz assim: *"Conhece-te a ti mesmo".* Uma máxima que aponta a direção e a lucidez e que goza do mais unânime consenso entre todas as culturas do planeta. Ao que parece, para a condição humana, as chaves da *saída do Labirinto*, longe de se encontrarem nos textos mais eruditos das academias, encontram-se por detrás da porta de algo tão intangível e subjetivo como o pode ser o próprio cenário da consciência. Um estado *nuclear*, que não só promete a cessação do sofrimento, como também possibilita uma paz e plenitude perfeitas.

A lucidez do que se conhece a si mesmo não é mais uma especialidade que nos possibilta manipular melhor o mundo, mas assinala um processo de *descondicionamento mental* para viver o que acontece sem perturbação nem parcialidade cega. A lucidez do que se conhece a si mesmo implica um manancial de competências emocionais e mentais que, longe de se expressarem em níveis que adormecem a inteligência mundana, despertam a capacidade de observação e permitem experimentar os múltiplos reflexos da vida, por mais variados e contraditórios que estes sejam.

A lucidez do que se conhece a si mesmo, depois de se ter desmascarado mil e uma vezes, propicia um *viver o presente* com plena consciência dos processos que o nosso 'psicocorpo' elabora. Algo do gênero comer, quando se come, caminhar quando se caminha, chorar quando se chora e abraçar quando se abraça. Um estado sem exclusões nem focos de sombra que, de outra forma, tendem a desestabilizar a pessoa e o ambiente emocional que a rodeia. Recorde-se que o que deve importar é não tanto o que se vive, mas *como* se vive. Cada indivíduo, em função da sua capacidade e evolução, interpreta os acontecimentos externos de maneira diferente. O que merece a nossa atenção no caminho da excelência não é o que acontece, mas o que *significa*. Para uns o que acontece será motivo de angústia e para outros será um ensinamento para a alma.

Conforme se consigam clarear as nuvens que parcializam a nossa consciência e conforme se faz luz nas profundezas da mente, não se apagará de uma só vez *a outra margem do rio*, nem se eliminará a coroa de todas as moedas, por mais áureas que estas sejam. Sem dúvida o que acontecerá é que estaremos facultados para que a visão dual e contraditória, inerente à mente que pensa, se torne tão lúcida quanto anedótica. Na consciência não existe a obscuridade e a luz, mas apenas a luz, algo que não contém oposição, mas um processo de existir contínuo no fluxo do *eterno agora*.

A oposição é uma categoria da mente humana, não um elemento da Realidade. A chave da Unidade está *naquele que vê* e não no que é visto. E onde de fato convém clarear as nuvens da vida é no olho que percebe que mais de mil objetos percebidos são projeções ilusórias. Sem dúvida, um trabalho que nos conduz ao interior, ao conhecimento pleno de *si mesmo* que, longe de permanecer no eu superficial, o transcende e penetra nos territórios da essência.

Diz-se que o que conhece os outros é sábio. Sem dúvida, para perceber o coração do outro é preciso penetrar primeiro no seu. Não podemos reconhecer reflexos da alma alheia que não tenham sido previamente reconhecidos na nossa. Quando se recupera esta lucidez, de repente, os chamados problemas já não importam.

## LUCIDEZ

**107** *Buda e Cristo, embora sejam figuras que apareceram no passado são, na realidade, figuras do futuro.*
Ken Wilber

Há apenas dois mil anos apareceram duas figuras no planeta. As suas vidas influenciaram as centenas de milhares de pessoas que seguiram os seus ensinamentos que, sem dúvida, são algo mais do que revolucionários políticos ou grandes médicos. Na realidade, Cristo e Buda – um no Ocidente e outro no Oriente – são personagens do futuro que, no seu tempo, abriram a porta à humanidade para um complexo sistema de fórmulas e princípios para transcender a consciência ordinária e alcançar o histórico desejo de uma paz profunda e duradoura. São fórmulas diferenciadas que, como rios que fluem a partir de montanhas diferentes, chegam a um ponto oceânico comum que as torna análogas.

Cristo centra toda a sua doutrina no Amor e permite-se o luxo de dizer que toda sua mensagem se reduz a conseguir *amar o próximo como a si mesmo*. Nesta frase do Evangelho da misericórdia, Jesus Cristo, faz nascer para um *salto evolutivo* que se materializará quando as suas palavras se tornarem realidade. Um salto pelo qual a espécie humana passa do *Homo Sapiens* ao *Homo Amans*.

Buda aparece na Índia, apenas quinhentos anos antes de Cristo e após um processo de intenso trabalho interior até à Iluminação, concretiza a sua intenção de acabar com o sofrimento que o ser humano padece. A sua doutrina afirma que este vive imerso no sonho do ego temporal e nos seus correspondentes medos e desejos. Para sair desta identificação com a pessoa, Buda propõe um programa de expansão sustentada da consciência, através do qual se acederá ao Despertar. Um estado de *nirvana* que, em si mesmo, transcende a mente temporal. Um salto do *Homo Sapiens* ao *Homo Lucens*.

Jesus Cristo representa o Amor do coração, de fato será o "Coração de Jesus" a imagem mais luminosa que dEle se transmite. E é casualmente no Ocidente, berço da razão e da ciência, onde a sua mensagem de superação do egocentrismo pelo *amor ao outro* é mais difundida. Buda representa a Luz da consciência que transcende a ilusão da mente. Afirma que somos *realidade suprema* e, para realizar essa libertação, deveremos trabalhar na superação das falsas identificações e treinar a atenção. A sua doutrina contemplativa e interiorista difunde-se no Oriente planetário.

Ambos os personagens são mitificados na Era Patriarcal da humanidade. Foram dois mil anos de evolução nos quais, a consciência coletiva precisava encontrar *pais supremos*, encarnados em figuras mágicas e poderosas às quais venerar. Em volta de ambas as doutrinas elaboraram-se fórmulas de despertar que, naquele tempo, abriram uma porta surpreendente, tanto a miseráveis e desamparados, que jamais sonhariam merecer alguma graça da alma, como aos que se sentiam condenados pela ameaça da doença, da velhice e da ignorância. Ambos os grupos, por vias distintas, acederam a outro modelo mental mais libertador.

Com o passar do tempo, cabeça e coração, coração e cabeça, abriram um processo de integração como chave de passagem ao Real que os seres humanos, mais ou menos conscientemente estão percorrendo. E se, há centenas de anos se podia matar para defender a *forma* na qual cada parte envolveu os seus ensinamentos, na atualidade sabemos que todos os *raios da roda levam ao centro*, um estado *supraconsciente* a que nos dirigimos velozes num processo universal de transformação e expansiva Infinitude. O aparecimento destas *grandes figuras* legou-nos um sistema de indícios, eficaz para sair do Labirinto e aceder ao amor consciente, mediante o despertar da grande Ilusão.

## PAZ

## 108 *O sorriso é o yoga da boca.*
Thich Nhat Than

Qual é o segredo da enigmática *Gioconda?* Tratar-se-á da imagem eterna de um sorriso?

Praticar o sorriso na medida justa pressupõe dispor de um passaporte no rosto para ultrapassar as fronteiras que separam o *eu superficial* das moradas internas. Em cada momento do dia em que prestamos atenção ao ricto da boca e criamos um ligeiro sorriso, o que fazemos na realidade é abrir uma janela às brisas internas. Sorrir quando temos vontade é natural, mas praticar o *yoga do sorriso*, como estado de *atenção sustentada*, supõe um valioso treino que refina os caminhos de acesso à alma.

Manter o sorriso ativa reflexos neurológicos que colocam o nosso sentimento no rango vibratório da gratidão e confiança. Quando queremos sorrir, decidimos o estado de ânimo em que optamos posicionar-nos e automaticamente, influenciamos a química das glândulas. Mais tarde, o que começou por um gesto é seguido de palavras e pensamentos que se adequam à *mandala da cara*.

O que diz um rosto que sorri? Quando observamos um rosto que sorri, talvez percebamos que esse indivíduo não teme nem sente desconfiança. Um ser que sorri direto parece sentir emoções pacíficas e expressar alegria no seu olhar. O *yoga do sorriso* assinala o sorriso sustentado. Um estado de consciência que *sintoniza* a vida do ego com a vida da alma. Quando sorrimos mostramos o eu *centrado* e convertemo--nos num foco de irradiação que a tudo acaricia e respeita.

Praticar o sorriso sustentado é algo que está para lá da postura da boca. Trata-se de um estado do coração que não precisa de espectadores nem destinatários. Sem dúvida, quando fixamos os nossos olhos nos de outra pessoa e a abraçamos com o olhar, provoca-se um sorriso justo. Um gesto que refina a ponte entre ambos os seres, abrindo as portas da empatia e criando emoções sinceras. O sorriso praticado desde a opção voluntária que emerge sem reação alguma, é uma competência da inteligência emocional da espécie humana. Optar por sorrir significa que nos posicionamos entre os que abrem as portas do dar e celebram o fluir da vida.

Quando se pratica o sorriso interno, tudo se vai colocando no seu lugar, como as peças de um puzzle que encontram o seu lugar, e o global revela-se. Há pessoas que se esqueceram de sorrir sem motivo. Vale a pena influenciar a nossa mente com um simples gesto da face? Sorrir pode, por si só, mudar o estado emocional encouraçado em que por vezes nos encontramos? Respire fundo e inicie o sorriso. Perceba o que sente ao modificar, voluntariamente, a expressão da sua face. Verá que é uma mudança muscular muito sutil. Quase não se nota, mas comprove como, a partir do sorriso consciente, tudo aquilo que sai de si contém uma maior qualidade humana.

O sorriso não é "lamechice" com o mundo, mas sim uma forma de se relacionar consigo mesmo. Você não sorri para que o aceitem ou queiram. O sorriso sustentado pratica-se como relação e disciplina de consciência com o eu, com os outros ou sozinho. E assim como as costas direitas, em si mesmas, implicam atenção e firmeza, o sorriso sustentado abre o coração e desperta-nos.

# PAZ

*109* – Amigo sábio, sentias momentos de tristeza e desânimo antes de alcançares a iluminação?
– Sim, com frequência.
– E agora, depois de alcançares a iluminação, continuas a viver momentos de tristeza e desânimo?
– Sim, mas agora não me importam.
Tradição budista

É muito frequente ter-se uma ideia errada do que significa crescer interiormente e iluminar a nossa vida de paz. Costuma pensar-se que aquela pessoa que cultivou a sua dimensão espiritual e penetrou nos meandros da alma, é um ser que já não sentirá dor de dentes e a sua mente não experimentará contradição ou dúvida. Talvez este tipo de pensamento derive dos antigos mitos e lendas nos quais, as figuras dos heróis e deuses alcançavam um modelo de paraíso que apenas podia ser explicado com metáforas evasivas.

À medida que a espécie humana foi criando um maior número de lúcidos que, como avançados no futuro, expandiram a sua consciência e revelaram o Espírito, comprovou-se que a ideia de *transcender o ego* não significa tanto eliminá-lo como dar-se conta de que ele não é uma identidade exclusiva. Contrariamente ao que afirmavam muitos movimentos "espiritualistas", quem se desembaraça do ego não se converte em sábio, mas sim num psicótico. Não se trata de se transformar num vegetal indiferente às lágrimas e aos risos, mas sim numa *Testemunha Consciente* das contradições que vivemos e da grande diversidade de tendências que experimentamos.

O Espírito não nega o corpo, as emoções, a mente, apenas as inclui. E quando vemos que, nas "traseiras" dos iluminados existem traços contraditórios em relação à saúde, ao dinheiro ou ao sexo, tendemos a sentir-nos decepcionados porque, talvez consideremos o crescimento evolutivo como algo que quer escapar da vida. O sábio aprendeu a não sofrer, precisamente porque *interpreta* sem perturbação e, além disso, vive *identificado* com a sua mente alternante. O iluminado é um ser que desfruta da vida. Alguém acredita que Moisés, Cristo ou Buda eram pessoas pusilânimes e enjoativas que nunca carregaram nas costas uma dor de dentes?

Quando desenvolvemos a *consciência de espectador* a partir da qual observamos a nossa própria mente e os seus meandros, convertemo-nos em testemunhas do que acontece, seja de que espécie for. A dor e as consequentes pressões que o nosso 'psicocorpo' experimenta nas curvas da vida, longe de serem *resistidas* – e por isso criadoras de sofrimento – são aceites a partir desse espaço silencioso e lúcido que *é a consciência expandida*. A partir deste desenvolvimento, aquilo que anteriormente era doloroso deixa de ser uma carga dura. Acontece que a vida foi abraçada com a sua plena diversidade e o mundo continua a lançar-nos os seus frios invernos e as suas primaveras calorentas. Você, então, observa tudo aquilo que acontece no seu corpo e mente como *veículos* da grande travessia.

Já não se trata de pretender eliminar as tempestades, mas de saber navegar durante as mesmas, observando os medos e ajustando as velas. Na visão global, tudo o que acontece tem sentido e não se lhe opõe resistência. Na realidade, demo-nos conta de que não podemos mudar o mundo. As coisas simplesmente acontecem. O que nos importa e perturba continua a dar-nos lições que apontam a nossa necessidade de desapego e de visão expandida.

*PAZ*

*110 Em vez de procurar a paz que não tem, encontre aquela que nunca perdeu.*
Nisargadatta

Fazemos exercício suficiente? Alimentamo-nos de forma saudável? Cuidamos das relações afetivas? Cultivamos a nossa mente? Renovamos objetivos no final de cada ciclo? Em que medida contribuímos para o bem-estar da comunidade? Dedicamos um espaço de tempo diário ao silêncio?

Se temos em conta os aspectos básicos mencionados, estamos em condições de refletir sobre os escalões superiores que apontam para a grande questão que o ser humano tem formulado ao longo da História. A busca de uma *identidade maior* que surge quando satisfazemos os requisitos básicos de saúde, dinheiro e amor que a nossa identidade 'psicofísica' necessita.

O fato de se identificar exclusivamente com o *eu pessoa* implica viver na impermanência. Pelo contrário, quando o eu se instala na *Testemunha que observa*, é possível fluir num estado de paz e "des--implicação" emocional que, na realidade nunca deixámos de *ser*. O Grande jogo de libertar-se da reduzida identificação com o *eu superficial* que figura no RG, passa por *sair da amnésia* e recuperar uma neutra identidade essencial.

Acontece que, logo que nascemos para a vida, esquecemos quem realmente somos e, devido às regras, "encapsulamo-nos" num 'psicocorpo' que tomamos por Real. Aqui começa o caminho do *exílio*, uma viagem pela vida com a sensação de um "eu separado" que, para muitas pessoas, pode durar até à morte. Um momento final, no qual o *rio volta ao mar* e, de novo, a consciência recupera a Totalidade perdida. Sem dúvida, alguns seres conseguem sair da *amnésia* sem metperder o corpo físico, alcançando um nível de paz e lucidez que assinala o fim da grande dicotomia.

Como fazer para conseguir essa libertação? Talvez, em primeiro lugar, convenha entender o paradigma holístico pelo qual se afirma *que tudo está em tudo* e que somos *Totalidade*, embora pensemos que somos apenas *parte*. Um exemplo desta ideia pode representá-lo o chefe de seção de uma empresa que acredita que *é apenas* chefe da dita seção e atua como tal, esquecendo que, na realidade, ele também é "empresa". Um pressuposto em que o dito profissional se tornou amnésico da sua dimensão superior ou *meta-identidade* como ser corporativo. Neste caso, o problema não está em acreditar-se ou não se acreditar chefe de seção, mas sim em acreditar-se *exclusivamente* chefe de seção esquecendo a sua "outra identidade" mais ampla. A dificuldade que enfrentam muitos seres humanos para reconhecer a tal identidade maior é que a *ampliação da consciência* implica, por sua vez, uma grande abertura das próprias crenças e nem todos estão dispostos às mudanças e perturbações que este processo implica.

A verdadeira natureza do Ser é Luz, e a Luz é consciência. A física postula que a luz ocupa *todos* os espaços em *tempo zero*. Para a Luz tudo é presente, quer dizer, *está em todos os espaços ao mesmo tempo*. Trata-se de uma qualidade também nomeada como *onipresença*, da qual também participa a *mente profunda* do ser humano. Na realidade somos essa Luz que, como *Oceano de Consciência*, representa uma paz que sempre fomos e que nunca perdemos. A ansiedade vive nas águas superficiais que se agitam com facilidade enquanto as profundidades permanecem tranquilas. O caminho para recuperar a paz essencial é um caminho que vai da periferia ao *Profundo*. Sem dúvida, um espaço em que a interiorização e o silêncio revelam o Ser transcendente que *somos*. Isso que nunca nasceu nem nunca morrerá.

## PERDÃO

***111*** *Um homem suplicou ao seu mestre que lhe perdoasse os seus pecados. Este disse-lhe que bastava procurar que a sua mente não o inquietasse.*
Ramana Maharishi

Se lhe dissessem que vai morrer hoje, ia sentir-se mordido pela culpabilidade escondida de alguma ação cometida? Em caso afirmativo, convirá que se inteire bem de que você não é culpado. Existe uma grande diferença entre ser responsável e ser culpado. Somos totalmente inocentes desde que nascemos até que morremos. O que acontece é que realizamos ações que não são aprovadas por uma parte de nós. Os nossos códigos éticos e princípios precisam de coerência, mas as nossas ações são resultantes de um complexo programa de condicionamentos e circunstâncias. A dor da auto reprovação e a consciência que reconhece a nossa perversão são suficientemente transformadoras de condutas futuras. Somos muito mais do que as nossas múltiplas partes em jogo.

O único inferno que existe está aqui, na mente sob o efeito transformador de uma consciência que se dá conta do erro e da negligência. Vivemos numa certa contradição e nem sempre as nossas ações têm a aprovação de todas as nossas partes. Temos cometido muitos erros, cuja parcialidade e incompetência talvez não gostemos de repetir. Mas é melhor que outorguemos ao erro uma faceta didática em vez de condenatória. Na realidade, o que temos feito na vida é apenas o que em cada momento soubemos e pudemos fazer. O que fomos capazes de fazer com a *engrenagem mental* que dispúnhamos naquele momento. O simples fato de sermos conscientes e de respeitar todos os seres já é um ato libertador. Não existe erro, apenas aprendizado.

Não se deixe levar pela "mentira" do arrependimento. Se as suas ações, por mais malvadas que tenham sido, lhe serviram para aprender e experimentar o sabor da "gafe", bem-vindas foram. Não se deixe levar pelo velho programa mental do castigo celeste. Você é Luz e, se conhece a escuridão merece uma medalha por ter "sentido o amargo" que esta implica. Você merece paz e bem-estar pelo simples fato de existir e ser consciente. Quem sabe, em algum tempo, você tenha vivido o seu *inferno* particular. Talvez se tenham tratado de experiências que lhe permitiram compreender outros infernos alheios que anteriormente condenava. O fato de *reconhecer a sua sombra* e experimentar a sua própria desaprovação enquanto aceita, não só permite compreender o que antes depreciava, mas agora, já consciente do seu contraditório ego, flui no mundo com mais maturidade e calma.

Se você atuou como atuou teve as suas razões. O seu 'psicocorpo' é um complexo *programa mental* que, em cada momento, tomou as opções que precisava. É possível que agora você seja mais consciente e, se voltasse a viver a mesma situação, atuasse de outra forma. Pois bem, tal pensamento de propósito futuro é um *antivírus da culpa*. Aceitemos o inaceitável e encontraremos um ponto no qual todos os fatos *tiveram sentido*. Tudo serviu para chegar até aqui e sermos como atualmente somos. São as regras do jogo dos que abrem progressivamente a consciência.

Os modelos ideais de comportamento servem durante um tempo mas, pouco a pouco, todos os ídolos caem. É então que se acede a um fluxo de *si próprio*. O anjo e o diabo integrados no *kit* da nossa consciência do ego. O importante é *dar-se conta*. Em qualquer caso, derrame-se o perdão eterno e o amor incondicional no chamado "pecador" que compreende e se dá conta.

## PERDÃO

*112 Se pudéssemos ler a história secreta dos nossos inimigos encontraríamos, na vida de cada um, penas e sofrimentos suficientes para desarmar qualquer hostilidade.*
Anônimo

Quando o nosso ego se sente ferido pela violência alheia tenta impedir que abrandemos o nosso desejo de vingança. São momentos nos quais centramos a atenção apenas na dor e na frustração que a ofensa nos causou. É um tempo no qual o ego clama compensação e justiça sobre o planeta. Mas se esta primeira reação de ódio continua e não trabalhamos para resolver este assomo de aversão, corre-se o risco de ficarmos paralisados num sentimento que, com o passar do tempo, se converte em rancor que amarga a alma. Um sentimento que não beneficia nada nem ninguém, mas apenas prejudica quem o emite que, tarde ou cedo bloqueia e adoece.

O problema está na perda da *medida justa*. Acontece que o egocentrismo nos coloniza, armando de couraças a ferida do ego e bloqueando a entrada da compreensão e um olhar mais amplo e profundo aos atos.

Felizmente, a evolução humana conquistou uma capacidade única na vida planetária. Trata-se de poder colocar-se no lugar de qualquer ser e, depois de processar os seus comportamentos e motivações, compreender o jogo e despersonalizar a ofensa. Continua a "odiar" o cachorrinho que o assustou ou a serpente que lhe mordeu a perna? A serpente tem o seu *programa* e, como qualquer outro ser vivo, processa as suas percepções nesse cérebro básico que sobrevive, se defende e reage.

Quando conseguimos compreender a mente do outro, embora rejeitemos o fato e tenhamos variadas reações, *esvaziamos* o nosso coração do rancor contra o agressor e as suas ofensas.

O comportamento do nosso inimigo também está sujeito a processos mentais que ativam as suas defesas. As suas ações odiosas, com frequência, procedem de situações da infância e interpretações subjetivas de ameaça. Na vida dos seres humanos existem diferentes níveis de consciência. Desde os mais jovens e primários, que se desenvolvem numa série de medos e desejos, até aos mais lúcidos e evoluídos, que atuam, por Valores e insuspeitados processos de Amor e Graça.

Se você sente tensão e rancor, que não consegue soltar, contra alguém, lembre-se que o seu inimigo é um ser humano, com as debilidades e dores que todos temos na vida. Cada pessoa, por prepotente e segura que pareça, tem a sua parte de sofrimento, as suas contradições e debilidades, as suas noites de dor e as suas próprias tempestades internas. O seu inimigo também sofreu abandonos e também foi ofendido por outros. Algum dia sentiu-se ferido e não se curou para uma consciência mais lúcida e desperta. Talvez, o seu coração procure, entre tensões e névoas, uma paz que perdeu e não encontra. Um ser que, como a qualquer outro ser humano lhe calhou aprender na sua própria carne as consequências dolorosas das suas ofensas.

A vida é mais justa do que parece e, mais cedo ou mais tarde, todos aprendemos a discernir que nós, em algum nível e em alguma medida, *colhemos o que semeámos*. Permita-se compaixão pela criatura que não dispõe do presente de uma consciência atenta e desperta. Embora não aprove a sua conduta, compreenda os seus processos e reconheça as grandezas e misérias da sua alma.

## PERDÃO

*113 Acusar os outros por nossos próprios infortúnios é um sinal de falta de educação. Acusar-se a si próprio demonstra que a educação começou. Não acusar a si mesmo nem aos outros, demonstra que a educação está completa.*
Epícteto

O que recebemos dos outros é, em grande medida, consequência do que damos. Sem dúvida, quando não aceitamos esta lei, tratamos de evadir-nos, culpabilizando os outros das nossas desgraças dizendo: "Como você é mau", "O que você me fez" ou "O mundo é injusto".

Na realidade, "a culpa" é um *programa vírus* que intoxica a pessoa que o sofre, fazendo-a sentir-se ameaçada e merecedora de castigo. É por isso que o dito programa de culpa é tratado como uma "batata quente" que passou rapidamente para a outra mão porque queima.

A educação integral de um ser humano consiste em possibilitar a transformação de atos automáticos e reativos em livres e voluntários. Trata-se de tornar conscientes tanto os processos mentais como as ações que, anteriormente, eram inconscientes. Pouco tempo depois de começar a realizar este treino, as pessoas deixam de ser boas ou más para serem consideradas, simplesmente, pessoas com programas mentais mais ou menos aptos.

Conforme a educação avança, conseguimos entender que temos uma certa responsabilidade no que nos acontece, talvez porque começamos a pensar que *"se não gostamos do que recebemos, convém prestar atenção ao que damos"*. Uma consideração que nos obriga a manter a *atenção sustentada* para novas atitudes que, por sua vez, parecem ser as causas principais de uma grande parte do que nos acontece.

Conforme evoluímos, acabamos por aceitar a nossa *sombra* e damo-nos conta que temos que viver com os nossos erros, as nossas limitações e com os aspectos que nos perturbam. São momentos nos quais suprimimos o *juízo condenatório*, porque já vivemos a partir de muitas posições o que relativiza possíveis culpas e condenações que a mente *projeta*. Trata-se de um passo evolutivo onde já não dedicamos atenção a formas de aversão nem a juízos críticos do outro, mas reorientamos a energia para as soluções necessárias.

Só culpamos os outros quando continuamos a culpar-nos a nós mesmos. Sem dúvida, quando perdoamos, sabendo que somos inocentes e que não existe culpa nem culpado algum no Universo, dissolve-se a raiva e saram-se as feridas internas. Aprendemos a compreender-nos e, por extensão, a compreender todo o programa mental que o ser humano exerce. Um grau de lucidez que não o impede de denunciar e recusar na sua vida os comportamentos que o incomodam. Já não se confunde quando afasta do seu ambiente pessoas cujas maneiras considera insuportáveis, talvez porque sabe que ninguém é culpado de "as ter".

A tolerância converteu-se numa questão de convivência entre programas mentais que não têm motivo para gerar condenações à *identidade global* dessa pessoa. Um coração que, paradoxalmente, assim *pensa*, libertou-se do rancor e da emoção reativa. E quando, por sua vez, os próprios processos mentais foram já *observados*, somos capazes de entender a *diversidade* de motivações que afloram em cada mente. Um momento em que já se pode afirmar que a educação está consumada.

*PROPÓSITO*

***114*** *Se semeias um pensamento colherás uma ação.*
*Se semeias uma ação colherás um hábito.*
*Se semeias um hábito colherás um caráter.*
*Se semeias um caráter colherás um destino.*
O Tibetano

O percurso para um novo destino começa por algo tão aparentemente efêmero como o pode ser um só pensamento. Para fazer mudanças na nossa vida, existe uma *Tecnologia da Transformação* que aponta o poder dos pequenos *pensamentos semente* até o objetivo escolhido. Trata-se de tomar consciência de que o fato de pensar e nomear *quê e como* queremos viver, e *quê e como* queremos ser, embora pareça pequeno e utópico, supõe os grandes alicerces do futuro. Tudo começa por aprender a pensar bem.

Para semearmos um pensamento novo no jardim da nossa mente, convém verbalizar atentamente os decretos correspondentes às mudanças que decidimos. Por exemplo, quando pronunciamos: *"Sou totalmente capaz de conseguir o que me proponho", "A vida oferece-me oportunidades constantes para me sentir bem"* ou *"Da mesma forma que todo veneno tem o seu antídoto, todo problema tem solução"*, a mente inconsciente abre caminhos neuronais que conformam crenças novas e mais amplas. Estes decretos supõem uma *conexão neurolinguística* que, com perseverança e repetição, *abre caminho* e permite, sem esforço, o fluido natural da energia para alcançar o objetivo.

As ideias levam à ação. Atuamos como pensamos. Se uma pessoa crê que não pode fazer algo, nem sequer o tentará. Se as suas crenças foram observadas e revistas, começará a pensar-se capacitada para atingir e não tardará em atuar na nova direção. Os novos pensamentos de capacitação desencadearão *novas ações coerentes* com essa intenção.

À medida que a ação se repete uma e outra vez, a mente tende a criar um hábito. Por exemplo, quando aprendemos a dirigir, colocamos toda a atenção nas novas "ideias" que, por sua vez, gerarão ação em todas as alavancas e pedais do carro. E acontece que, conforme se repetem esses processos mentais, conforma-se um hábito que facilita comportamentos sem esforço. O hábito de mover alavancas no carro permite atender aos incidentes da estrada ou manter uma interessante conversação. Pode então dizer-se que o *programa* se instalou.

À medida que se assimila um conjunto de novos hábitos, não tarda também em surgir um novo caráter ao fazer as coisas. Se uma pessoa aprende a pensar que cada problema que surge não só vem acompanhado de soluções como também proporciona crescimento e abertura de novos horizontes, irá se converter numa *pessoa estrela*.

As *pessoas estrela* expandem-se perante os problemas porque os pensam como um jogo semeado de oportunidades. As *pessoas estrela* são capazes de se entusiasmarem com a sua visão de todos os projetos que empreendem. Seres capazes de se motivarem até alcançarem uma *consciência integral*, na qual se encontra implícito o próprio sentido da vida. São homens e mulheres com um *modelo de pensamento inclusivo* que os convida a acreditarem que *a melhor vitória é aquela em que todos ganham*. Na realidade, todo o novo destino fixado nas suas vidas começou, apenas, por semear um pensamento.

## PROPÓSITO

*115 Investe naquilo que um naufrágio não te pode arrebatar.*
Anônimo

Podemos garantir que continuaremos a desfrutar dos bens que hoje possuímos? A orientação da atual sociedade de consumo gira, obsessiva, em torno do *ter*, mas continuamos a acreditar que "tendo mais" garantimos a paz e o bem-estar? Aquele bebê que um dia fomos vivia apenas para comer. Para a criança o mundo reduz-se ao alimento, quer dizer, à ação de succionar e adquirir. E embora pareça que nos tornámos grandes, continuamos influenciados pelas ofertas e embrulhos brilhantes numa compulsiva corrida de "acumula e consome".

Ter e Ser? Duas caras da mesma moeda. Se estamos orientados apenas para o *ter*, ou seja para ter dinheiro, ter coisas, ter pessoas, ter imagem, ter fama e poder..., a nossa vida não só se centrará numa aditiva necessidade de adquirir, como também qualquer perda que aconteça nos causará muitas frustrações e dores inesperadas. Se ampliamos a nossa vida ao Ser, desde o desenvolvimento da Inteligência e sabedoria, até à capacidade de sermos úteis aos demais e sermos mais saudáveis e conscientes, cada passo que damos pertence-nos e nada nem ninguém o poderá diminuir.

Se orientamos a nossa vida para a *aprendizagem integral*, quer dizer, para o crescimento pessoal e a expansão da consciência, estaremos investindo nos *Valores do Ser*. Um patrimônio que, longe de ser suscetível de perda ou desprezo, com os anos cresce e revaloriza-se. E assim como o mundo do *ter* nos leva à dimensão da *quantidade*, ou seja à contabilidade e afã de proveito pessoal, a orientação ao *ser* relaciona-nos com a qualidade das coisas, com o significado das mesmas e com a relação de utilidade que mantemos com elas.

O desenvolvimento pessoal é o investimento que nos torna mais valiosos. Trata-se de um bem intangível que, cada vez, se pode dissimular menos e que existe em todas as nossas partes. Podemos envelhecer ou perder os entes queridos, a saúde..., mas sem dúvida o nosso *investimento em sabedoria* será algo que ninguém, por mais que nos roube, nos poderá arrebatar. A observação interior, as ciências do Eu e a Meditação, abrem a primeira porta do *aprender a aprender*. Mais tarde, poderemos estar atentos a aspectos como cultivar a mente, viajar e observar outros costumes e abrirmo-nos à diversidade das amizades. Poderemos investir também em praticar esporte, *yoga* ou *tai chi*, desenvolver a arte de conversar, indagar e dedicar tempo a estar consigo mesmo. O seu *patrimônio ético* crescerá se aprender a expressar o sentimento e o afeto, a exercitar a criatividade e a cultivar o espírito. Em todo crescimento observará que existe um desejo de incrementar a sua capacidade de servir os outros. Um percurso interior que dá sentido à vida. Na realidade, estamos falando de algo que não se pode comprar com dinheiro nem ser arrebatado com um só golpe de poder e influência. Trata-se da arte e da capacidade de ser feliz.

Talvez, o que procuramos ao acumular riqueza partindo do "nunca é bastante" seja garantirmos um sentimento de segurança. Por vezes esquecemos que o dinheiro não é a única solução, já que *não é mais rico o que mais tem, mas o que menos necessita*. Talvez nos esqueçamos de tentar ser ricos em tempo livre e em relações sinceras. Ricos em saber rir e chorar com o coração aberto, que não é nada mais do que ricos em saúde física e mental. O *ter* sem o *ser* lembra uma ave que voa com uma asa menos desenvolvida do que a outra. Por mais que se esforce e mova as extremidades, dará voltas em círculo, sem avançar nem progredir. Acontecerá que, quando se *der conta* do seu esforço estéril, irá *equilibrar* as duas.

*PROPÓSITO*

*116 O pobre deseja riquezas.
O rico deseja o céu.
O sábio aspira a uma mente sossegada.*
Swami Rama

Diz-se que, na Índia, quando um pobre encontra um santo, o primeiro lugar para onde olha é para os seus bolsos. Esta afirmação lembra-nos que aquela pessoa que não satisfez as necessidades básicas, não vê a felicidade noutra coisa que não seja o ouro em quantidade suficiente para o libertar dos seus problemas. Pretender que um mendigo se interesse pelo desmatamento da Amazônia é falar uma linguagem que ele não entende nem lhe importa.

O chamado "pobre" não é só aquele que carece de bens e riquezas. Na realidade, a pobreza não está nos bolsos, mas sim entre as orelhas. Há pessoas com bens em seu nome e bons rendimentos que vivem num *programa mental de escassez* e de carência. A pobreza é uma a*titude* perante a vida que, com frequência, não tem relação direta com a quantidade de moedas. Trata-se de um modelo, muitas vezes, herdado de um progenitor com mentalidade estreita e de miséria.

Somos ricos quando experimentamos *consciência de abundância*. Um programa mental que, embora no início não esteja ligado com propriedades, mais cedo ou mais tarde, a vida acaba por confirmar. O que se "sente rico" e que flui sem tensões perante o pagamento das suas contas, com o tempo encontra forma de satisfazer as suas necessidades. A riqueza começa na mente e, mais tarde, acontece na matéria.

Quando já se é rico na mente e também nos rendimentos, confirma-se que o dinheiro resolve as necessidades e muitos desejos, mas não elimina os medos, as inquietações e o desejo de que o queiram. E então deseja o Céu, isso que não se pode comprar com euros. Um espaço de paz e saúde em que se supõe poder dormir muito bem, sem necessidade de medicamentos. *O verdadeiro rico não é o que mais tem, mas o que menos necessita.* Sem dúvida, a *não necessidade* é um salto mental que nos converte, sobretudo, em *ricos por dentro* e conhecedores da *beleza interna*. Trata-se de pessoas que aprenderam a ajustar prioridades e assinalar as coisas que, de verdade, a todos interessam.

O sábio já desmistificou o poder enfeitiçado do *último modelo* e o bem-estar prometido da imponente casa na praia. A sabedoria olha para dentro e o que se vê são e*stados de consciência*, tanto de agitação e ansiedade como de sossego e calma. Estados mentais que já não dependem de jarrões ingleses e tapetes persas. Na realidade, quando nos encontramos a ponto de adquirir algo que desejamos veementemente, sentimos uma imensa alegria. Mas se olharmos mais fundo, percebemos que o que desejamos mesmo, não é tanto a coisa em si mas o estado emocional que supomos nos proporcionará o desfrute da mesma. De fato, passado uns dias, já não se produz o mesmo efeito de complacência na nossa mente, pelo que, muitas vezes a abandonamos.

O sábio opta pelo sossego da sua mente e pela abertura da sua consciência sabendo, com certeza, que são esses os grandes pilares da verdadeira riqueza. As pessoas sábias, enquanto fazem circular a quantidade justa e adequada de dinheiro, cultivam o seu jardim interior e expandem o seu olhar ao Universo. As suas vidas têm sentido porque compreendem cada instante que passa. Há já muito tempo que aprenderam a focar a atenção onde a vida os chamou e onde faziam falta.

*PROPÓSITO*

*117 Uma vida plena é melhor do que uma vida longa.*
Nisargadatta

Do que podemos arrepender-nos ao morrer? Façamos o que fizermos, somos totalmente inocentes. A culpa é um *programa mental* que ignora a complexidade do comportamento humano. Os erros cometidos não só nos deram já suficientes céus e infernos na vida cotidiana, como também nos trouxeram transformação e experiência. Em cada ação, por errada ou certa que seja, há uma rede de interdependências tão ampla e complexa, que parece um despropósito aproximarmo-nos da morte com ameaças de castigos e sensações de culpa fluindo nas veias.

Porque é que muitas pessoas se agarram desesperadamente à vida física? Porque é que aceitam ser "entubadas" num hospital enquanto os seus, já cansados, acabam querendo ir jantar e dormir em suas casas? Na realidade, o aberrante não é morrer, mas sofrer. Um assunto que quanto mais conscientes somos mais é da nossa incumbência. Se não vivemos uma vida plena, talvez a única coisa de que nos arrependamos seja de não termos atendido algumas chamadas da alma. Nos últimos momentos da vida, ou seja, no trânsito de *volta para casa*, lembre-se que o importante é seguir a Luz, ali, onde ela apareça. Do resto se ocupará essa Inteligência Benévola que inspirou Mozart, Miguel Ângelo, Einstein, Jesus Cristo, e Buda e tantos outros *canais* de Lucidez e Beleza.

Há pessoas que sabem chegada a sua hora e se despedem deste mundo de forma voluntária, por exemplo, a velha avó *inuit*, quando se dá conta de que já não consegue curtir as peles encomendadas, diz à sua filha: *"Vou-me filha. A mim me comerá o urso. Depois o teu marido caçará o urso e eu, através dele, oferecer-vos-ei o meu corpo, algo de mim nutrirá o bebê através das tuas mamas. A minha morte apoiará a vida, Adeus! Filha, volto para casa"*. Existem culturas nas quais os seus membros não se apegam tanto ao corpo e vivem plenamente o grande ou pequeno percurso da vida que, naturalmente, lhes calhou. Seres que sabem soltar-se e despedir-se para seguir adiante na verdadeira aventura da consciência. Homens e mulheres que, quando intuem chegada a hora, *capitulam* detalhadamente as suas vidas e abrem o seu coração às estrelas.

Uma vida plena é uma vida de risos e lágrimas. A vida, desde o seu começo até ao seu fim, é um labirinto que mostra a riqueza inerente às diversas experiências. Quando morrer? Por que não fazê-lo cada noite, ao capitular o dia vivido com todas as suas luzes e sombras? O fato de nascer em cada manhã e assumir o novo troço da vida que assoma, supõe viver intensamente sabendo que cada pensamento e cada ação serão, logo à noite, observados. O objetivo diário que esta atitude implica não trará a cada momento do dia uma qualidade capaz de nos redimir da a*mnésia?*

A vida tem sentido quando sabemos que nos "molhamos" no grande jogo de *abrir a nossa própria crisálida* e no despertar do sonho daquele que dorme juntamente com outras pessoas. A vida tem sentido, sobretudo, quando nos sabíamos escravos e, desejando a liberdade, fomos úteis a outros partilhando chaves para a expansão das suas consciências. "Para que estou vivo?", perguntamo-nos de manhã. E dependendo do grau de névoa psíquica que chega com o dia, continuamos a perguntar: "Será para seguir despertando, enquanto partilho o mapa da saída da amnésia?" "Para que estou vivo?", voltamos a questionar-nos em cada amanhecer, enquanto respiramos com plena consciência. Instantes sagrados nos quais testemunhamos o ar que entra e sai dos pulmões enquanto se ativa a consciência. E se de repente nos damos conta de que nos despistámos de *nós próprios?* Nada mais resta do que voltar suavemente ao centro da *mandala*. Na realidade, não há morte quando se sabe que É, porque para além do *eu superficial* do corpo, somos Luz Onipresente que não nasceu nem morrerá amanhã.

## CURA

*118 Deus consertará os corações partidos se nós lhe entregarmos todos os pedaços.*
Teresa de Calcutá

Quando nos sentimos impotentes e deprimidos perante uma situação dolorosa, tendemos a levantar os olhos ao céu, procurando um poder maior, um Remédio Supremo que nos devolva a confiança. São momentos nos quais as razões já não servem e a lógica parece não poder resolver nada. É então que se apaga o ego, a mente esvazia-se e aflora a nossa *criança interior*, que não pensa nem analisa as circunstâncias com lógica. A nossa mente é ocupada pelo ser que essencialmente somos e que, simplesmente se abre à vida e procura um milagre de Amor e Magia.

A dor atua como um foguete que navega em espaços internos em busca do Deus – Amigo. Sabemos que quando a dor aperta, procuramos essa força benévola capaz de mover as galáxias e curar as feridas internas. Quando a dor da perda contrai o nosso peito e ninguém nos acompanha, só nos resta o Universo Infinito capaz de fazer milagres no mais profundo da nossa consciência. E acontece que, após a entrega do nosso coração às estrelas, não tardamos a entender e aceitar o sucedido enquanto superamos o duelo e acreditamos, de novo, na vida e na alma das pessoas.

Quando sofremos, a primeira coisa que se faz é pôr em marcha a inteligência e rastrear todo tipo de recursos que tornem possível a saída do problema. Sem dúvida, nem sempre é possível mudar o rumo das coisas e, então, quando não há mais remédio *aceita-se* completamente. Trata-se de um estado vazio de ilusões e desprendido de apegos a ideais acerca de um mundo de luz sem sombras. São momentos nos quais o muro se fende enquanto lágrimas temporais resvalam pela cara. Por vezes enfadamo-nos perante o infortúnio, sem sabermos que "estes assomos de raiva" são um antídoto para a tristeza e depressão que espreitam. Entretanto, intuímos que a evolução avança com base em *aberturas de consciência* que, muitas vezes, acontecem à custa da morte de velhas formas.

No meio da dor, soa a compaixão infinita que "por detrás da cena" atua como depósito de uma estranha e poderosa força. Sabemos que quando alguém dirige um olhar sincero *para dentro*, comove o coração do Universo que, através das suas leis, evoca incríveis respostas.

*"Chama e abrir-se-á", "Busca e encontrarás", "Pedi e vos será dado"* (Mateus 7.7). Palavras sagradas pronunciadas por aquele que amou todas as pessoas. Permita agora que o seu ser interno fale e deixe partir a razão cética. Talvez não sejam tempos de contabilizar a validade das ideias, mas apenas de permitir que se expresse o mais Profundo de nós mesmos, o valioso da nossa existência.

Ninguém lhe devolverá o seu ser querido, mas você encontrará a paz que a sua alma procura. Ninguém lhe poderá evitar o que já sucedeu, mas seguramente a vida lhe proporcionará crescimento e alegrias de uma qualidade que nunca imaginou antes da perda. O desenho do caminho, às vezes é estranho. Sem dúvida, há algo *muito grande* dentro e por detrás da cena. Um algo inefável que, às vezes, nos pede o preço momentâneo de uma morte interna. Mais tarde, e chegado o tempo da alvorada, sentimos que renascemos, mas agora mais maduros e tranquilos, mais conscientes e compassivos, mais centrados no que verdadeiramente importa. Um tempo de amor a que damos graças.

Às vezes dói muito..., mas sem dúvida, sabemos que serve para alguma coisa e, além disso, tudo passa.

## CURA

*119 Nenhum problema pode ser resolvido pelo mesmo nível e consciência que o criou.*
Albert Einstein

A humanidade atual enfrenta dois problemas que, por sua vez, se relacionam, respectivamente, com dois âmbitos da sua existência: um de âmbito externo, que assinala a deterioração do meio ambiental e outro de âmbito interno, que tem a ver com o perturbador e vertiginoso avanço tecnológico da sociedade. Tanto um como outro, derivam do processo de mudança e adaptação ao qual se vê submetida uma sociedade de incríveis máquinas voadoras, mas que segue sem ter a chave mestra para resolver a desolação que o ser humano experimenta. Todos sabemos que o atual modelo socioeconômico não alimenta os valores essenciais nem fortalece o sentido profundo da vida.

Perante este panorama, resistimos a pensar que "tempos passados foram melhores", talvez porque o olhar que se pode dedicar à trajetória do ser humano sobre a Terra indique uma formidável escalada. Quando observamos o trecho percorrido constata-se que cada grande ciclo foi melhor que o precedente não só na dimensão técnica, mas também na progressiva *expansão da consciência* que diferencia o primitivo Cro Magnon do ser humano racional e autoconsciente do século XXI.

Se o Universo, com toda a sua complexidade existente entre neutrinos e galáxias, é um ente submetido a uma *constante expansão*, não há dúvida que todos os seus componentes, incluindo nós, estamos submetidos à mesma lei de d*esenvolvimento permanente*. E embora, em muitos momentos, tenhamos sérias dúvidas de que o mundo vá melhorar, quando as coisas são observadas de outro nível de maior globalidade constata-se desenvolvimento apesar de, por vezes, resultar incompreensível para a visão do que padece da temporal estreiteza e obscurecimento de episódios regressivos.

Tanto as estrelas como os planetas, os impérios e as culturas e, em definitivo, o ser humano, estão submetidos às *leis do ciclo.* Nascem, crescem, atingem o seu esplendor, caem até "tocar no fundo" e emergem de novo. Quando se observa este fenômeno desde uma visão panorâmica, comprova-se que os grandes problemas que a humanidade enfrenta não se solucionam apenas com estratégias derivadas do progresso técnico, mas também a partir de uma mudança de paradigma, o *salto quântico* da espécie que, de forma abrupta, se instala num *nível superior de consciência* convertendo o que antes era um problema em algo anedótico.

O velho *Homo Sapiens* está a ponto de converter-se em *Homo Lucens* e em *Homo Amans*. Sem dúvida uma transformação que começa a ocorrer no cenário íntimo da consciência e se manifesta na mudança de padrões profundos para novas formas de amar, de sentir e de atuar. Os velhos modelos mentais desprendem-se velozmente ao mesmo tempo que a intuição e a *inteligência da alma* começam a soltar-se de forma rápida e silenciosa. O século XXI é testemunha da aparição de fatos insólitos que confirmam o aparecimento do *Andrôgino Psíquico*. Trata-se de homens e de mulheres de *consciência integral* que já resolveram a sua anterior contradição existencial e que atuam a partir de uma nova e mais profunda identidade.

A Humanidade caminha para um *despertar supraconsciente* que assinala a Unidade e o reencontro com a natureza profunda do Ser. Um *salto evolutivo* em que os anteriores problemas psicológicos e do meio ambiente serão transcendidos e resolvidos num nível de comunhão espiritual, que torna realidade a máxima: *"Tu não estás no Universo, o Universo está em ti"*.

## CURA

*120* *A dor é inevitável, mas o sofrimento pode ser superado.*
Néor

O rio da vida flui entre as margens da dor e do prazer. A dor faz parte da vida e serve de contraponto ao prazer, e da mesma forma que a respiração e o próprio bater do coração estão submetidos a ritmos de alternância, a dor e o prazer também oscilam nos ritmos da vida. Enquanto a atual condição humana não realizar o *salto evolutivo* para a *consciência neutral*, viveremos o jogo dos opostos que tece a vida no seu ritmo e polaridade.

*Investigações recentes, levadas a cabo pelo Dr. Olds em Paris, revelam que no cérebro dos mamíferos existe um local que ele denominou de "inferno cerebral", cuja estimulação ativa a dor mais angustiante que se possa experimentar. Sem dúvida, próxima desta zona existe outra área especializada cuja estimulação desencadeia um grande prazer e êxtase que, o mesmo doutor, denominou como "Paraíso cerebral". Felizmente a natureza foi generosa. O espaço físico do Paraíso ocupa sete vezes mais espaço que o Inferno. Fomos dotados de uma capacidade de gozar sete vezes maior que a de sofrer.*

Mas embora a dor tenha uma finalidade, se não se aceita e se trabalha eficazmente para a resolver, é experimentada como uma *cruz* que pode tentar a pessoa a sentir-se vítima. A vitimização é um vírus que estanca a alma e converte qualquer sensação de dor e frustração em verdadeiro sofrimento. Trata-se de uma atitude de resistência e paralisia que não enfrenta nem indaga. O sofrimento é não só dor não aceita, como também resignação que não resolve e bloqueia. Quando não aceitamos a dor, estamos resistindo a compreender a mensagem que ela nos revela.

Examinemos, por exemplo, um joelho que nos dói. Mais tarde e graças à chamada que a dor nos fez, inteiramo-nos da existência de uma ferida e por isso também aplicamos soluções imediatas. A dor cuida do nosso corpo avisando-nos daqueles pontos que merecem atenção e supervisão. Da mesma forma, quando a dor se disfarça de confusão e angústia, na realidade é o nosso mundo emocional que nos chama. Quando isto acontece, algo profundo quer avançar em nós e proporcionar profundidade a uma vida, em regra, de olhar pequeno e plano. Através da ansiedade e do desencanto, o nosso *Ser essencial* torna-se presente apontando-nos a necessidade de cultivar a alma e expandir a consciência.

Como disse Einstein: *"Nenhum problema pode ser resolvido no mesmo nível de consciência que o criou"*. Diferente da dor, o sofrimento é uma atitude mental. Um nível de consciência e interpretação das coisas que nos bloqueia. Para sair do sofrimento temos de nos dar conta da intencionalidade sutil que o *processo* nos traz e proceder a um trabalho interno que possibilite o crescimento, para um nível superior de consciência. Tudo começa por aceitar a nossa dor e indagar as saídas mais cabais e duradouras. Mais tarde, aceitamos que a dor ajuda a compreender as leis da vida e os princípios que dão forma à nossa maturidade interna.

Quando a dor passa, deixa-nos o coração mais sensível. Sentimos compaixão pelas pessoas que a trazem nos seus rostos. Gozamos de uma maior empatia e até estamos mais aptos para animar os que ainda vivem presos nas suas próprias desgraças. A dor pressiona-nos para procurarmos saídas que, por vezes, nos levam pela mão até às profundezas da alma. Na realidade, a dor torna-nos mais sensíveis, mais humildes, com o coração mais aberto e sem couraças.

## CURA

*121 As forças naturais que se encontram dentro de nós, são as que verdadeiramente curam as nossas doenças.*
Hipócrates

A força curativa da própria natureza humana é tão sábia e poderosa que supõe um fator *terapêutico* de enorme e misteriosa eficácia. Para a medicina tibetana, a esperança do paciente na sua própria recuperação é um fator tão fundamental como o pode ser a febre ou a tensão arterial. Trata-se de um elemento emocional cujo destacado papel curativo não passou despercebido nas antigas culturas. A *medicina ayurvédica* da Índia conta, entre os seus remédios mais eficazes, com a narração de *contos de sabedoria* que afirmam *sintonizar com a alma* do paciente, facilitando o seu retorno ao estado de saúde. Por sua vez, a medicina chinesa ensina técnicas de respiração para despertar as correntes naturais de autocura. Sem dúvida, uma *concepção holística* do corpo humano como *totalidade, e* que possui as chaves da saúde no seio do seu próprio ecossistema.

Durante milhões de anos, os médicos não foram apenas administradores de substâncias curativas, mas também verdadeiros inspiradores de um estado mental e emocional de vibração curadora. Palavras bondosas, tons de afeto e estima e, em definitivo, *sabedoria em ação*, tendem a mobilizar recursos insólitos de que a natureza corpo-mente dispõe. Talvez, muitas das chamadas doenças sejam um processo de transformação da energia que se manifesta através de estados críticos. A crisálida é uma "doença" da lagarta e da futura borboleta?

Talvez o importante não seja alargar a vida através de enxertos que jogam com o *robot* e as suas partes intercambiáveis. Talvez a vida se deva a um complexo conjunto de fatores nos quais o corpo e as suas falhas visíveis são apenas a "ponta do *iceberg*" de um amplo e colossal mega objetivo da existência. A morte não deve ser o problema, em todo o caso, o que realmente é importante é o sofrimento. Morrer é tão natural como viver e ninguém pode dizer-nos que morrer seja pior do que nascer. O que sim, convém aspirar é a ter uma morte tão plácida e serena como o possa ser um bom parto. Se o fato de nascer é um acontecimento luminoso, o fato de morrer, não pode ser igual porquê? Não valerá a pena celebrar a morte da mesma forma que celebramos a vida?

A medicina atual é cada vez mais consciente de fatores psicológicos tais como a vontade de viver e os significados que a mente do paciente processa enquanto duram as excecionais mudanças na vida, que a sua doença implica. A técnica terapêutica mais cartesiana e mecânica integra-se numa *medicina da alma* que contempla aspectos desconhecidos de recuperação que, à simples vista, se parecem mais com um milagre do que com um processo controlável e previsível da ciência.

O sentido profundo da vida, a presença do Espírito e a *visão transpessoal* da existência que temos neste 'psicocorpo' manifestam-se mediante uma corrente intuitiva à qual se acede no *silêncio da alma*. Trata-se de um estado mental que aflora enquanto dura a chamada doença. Quando o 'psicocorpo' dá sinais de alarme e nos chama para descansar e para a interiorização, algo maior acontece na consciência. Algo que assinala aspectos, até então desconhecidos, e cujo alcance servirá para melhorar a qualidade de vida e a relação profunda com o núcleo do Ser. A doença é a grande oportunidade de reflexão e contemplação, um estado de consciência que "se livra" do despiste do essencial, um despiste propiciado pela cotidiana procura de lucro e a neurose inerente a um ritmo de vida superficial e, muitas vezes, sem rasto de alma.

## SERENIDADE

*122* O Universo inteiro submete-se
a uma mente sossegada.
Chuang Tzu

Existirá maior vitória do que a presença do sossego como antivírus do conflito e da guerra? Existirá melhor remédio para neutralizar a violência do que cultivar sistematicamente a serenidade? O "estilo Gandhi" na Índia e a metafórica "outra face" de Jesus não se tornaram armas de uma incrível eficácia? Muitos animais selvagens recolhem as suas garras e lambem as feridas dos inocentes e, quantas vezes uma criança perdida na selva e posteriormente encontrada por uma feroz alcateia fez surgir nestes animais o instinto de adoção e o reconhecimento da irmandade?

Numa sociedade agressiva com os mercados, agressiva com as relações, agressiva com a medicina, agressiva com o tráfico; uma sociedade na qual quem grita mais alto está querendo dizer, por detrás dos seus gritos: "Estou assustado! Quero impor-me antes que me comam! Por favor gostem de mim!", é um cenário emocional comum nas 'mega cidades', onde a simples aparição de uma mente sossegada atua como um poderoso antídoto para baixar defesas e derrubar couraças. De fato, onde chega uma mente serena aparece um espaço mágico em que a alma pode aflorar.

Como fazer para pacificar a mente agitada? A resposta aponta para o cultivo da equanimidade como atitude neutralizadora da ambição e da competência ansiosa. Cultivar equanimidade implica o treino na *distensão* e prática da observação des-implicada. Trata-se de conseguir um estado mental de serenidade que tão bem conhecem os variados tipos de *yoga*.

Quando a nossa mente está sossegada flui-se de forma *inclusiva*, permitindo a cada parte a sua total expressão, sem qualquer ameaça ou culpa. Pelo contrário, a vitória da paixão com a sua exaltação e cegueira tem um sabor de exclusão para com algumas das partes, que cedem frente ao domínio de outras. Quando a paixão é *observada* nas suas raízes e se torna plenamente consciente, acaba por se transmutar em *celebração*. Sem dúvida, um estado que nada tem a ver com os traços neuróticos de automatismo e impulsividade, mas sim com a alegria e o respeito que merece a exaltação do *aspecto vida*.

*A respiração consciente* é a porta de acesso ao inconsciente e uma chave mágica que despeja a ansiedade da nossa mente. Pratiquemos a respiração mantendo a atenção no ar que enche e esvazia os pulmões, aquieta a corrente mental e desperta a consciência. A prática da *Meditação* é, entre muitas coisas, o ansiolítico por excelência.

Um dos vírus mais prejudiciais da civilização atual é a ansiedade e um dos antivírus mais eficazes é o cultivo sistemático da *atenção consciente*. É um estado mental que nos ensina, de forma progressiva, aspectos tais como saber encaixar as frustrações, aceitar responsabilidades, adiar a gratificação imediata, manter a visão global, recuperar o espírito de serviço, alcançar a plena independência emocional e alinhar os objetivos de cada ciclo com o propósito central da nossa vida. Um crescimento libertador que sossega a mente e nos abre a alma.

Quando se sofre de ansiedade, a mente está dando a entender que necessita de um treino e a manifestar a sua grande *sede do Profundo*. O sossego consciente é responsabilidade de cada um e supõe uma faculdade pela qual o Universo conspira, talvez porque é o requisito da lucidez a que a nossa alma está destinada.

## SERENIDADE

*123 Universo, dá-me serenidade para aceitar as coisas que não posso mudar, coragem para mudar as que posso e sabedoria para reconhecer a diferença.*
Oração dos Alcoólicos Anônimos

Se uma parte da nossa vida atual está tiranizada por algum tipo de dependência e não vislumbramos a forma de a resolver, recordemos que o Universo conta com depósitos de serenidade infinita para todas as mentes que necessitam e invocam. Se uma parte de você se sente escravizada por qualquer tipo de aditivo, deverá aprender a encaixar a consequente frustração mil e uma vezes, aceitando esta desdita passageira. E se acreditamos que "necessitamos" de uma relação ou substância que intoxica, ou de um determinado comportamento que nos deteriora, não duvidemos e confiemos que um *Princípio de Ordem Superior* proporcionará as condições para nos libertarmos dessa cadeia. Entretanto indaguemos, no ensinamento das luzes e sombras, o que tais dependências implicam. Pouco a pouco, comprovaremos que estamos cobrindo outras coisas com aquilo que nos prende.

Se perguntamos: "Porque é que arrasto esta corrente?", talvez se intua que não é ainda o tempo da resposta. Devemos confiar e seguir adiante com essa "cruz às costas", enquanto algo muda, dia a dia, no mais fundo da nossa consciência. Nada é estéril, nem sequer os comportamentos que criticamos e rejeitamos. O Universo expande-se a velocidades formidáveis. Nada anda para trás, nem sequer as águas profundas do *nosso rio*, embora por vezes pareça que não avançam. Rapidamente chega um dia em que o telefone toca, acontece um imprevisto, ou simplesmente nos batem à porta... Aconteceu algo extraordinário que altera a velha ordem. Trata-se de algo que, aparentemente inocente, revoluciona sutilmente todas as coisas. Perante estas circunstâncias, sentimos que chegou o momento. Sabemos que já tocámos fundo. Agora, na vida, apagam-se velhos desenhos enquanto algo novo nasce e se reorienta.

O mesmo acontece com o jovem Rio quando flui pela primeira vez. As suas águas descem das montanhas criando o caudal à sua passagem e procurando os percursos de *menor resistência*. Passado um tempo, quando o rio está já mais crescido, acontece que tropeça ou embate num forte muro de pedra. De repente sente que a sua marcha se detém e que o seu avanço e ilusões se perdem e estancam. Passam os dias, enquanto o Rio, aparentemente estancado, se esvazia de sonhos e de desejos aceitando o seu vulgar destino, a sua rotina e a frustração de sentir que na sua vida não se passa nada. Mas, sem que ele saiba, a força vital da corrente aumenta a cada minuto, até chegar ao cimo da muralha. De repente, amanhece num dia em que, sem qualquer esforço, tudo reflui para novas terras e experiências.

Os estancamentos são aparentes. A experiência de escravidão por substâncias, pessoas ou ações que nos magoam e destroem, com frequência também nos trazem outros benefícios ocultos de aprendizagem e consciência. Mais tarde a vida chama à Grande Mudança e implica-nos numa *revolução silenciosa*. O recém-nascido surge mais lúcido perante a nova vida que o acolhe e apoia. Sabemos que a conquista da sabedoria aponta um fluir sutil pelo *fio da navalha*. Aquele que se levanta é ainda maior do que aquele que não enfrentou a queda. Trata-se de despertar a coragem quando a situação o exige. Em qualquer caso, *somos totalmente inocentes* de experienciar "prisões" cuja razão e obscuro sentido ainda não se revelaram. Finalmente, o *Poder do Global*, através das suas linhas sinuosas, conduz ao discernimento e ao despertar da consciência.

## SERENIDADE

***124*** *O que quer viver o prazer sem dor e a ordem sem desordem, não entende as leis do céu e da terra.*
Chuang-Tsé

O desenho da natureza parece conter em si mesmo a ideia do *ciclo e da polaridade*. Montanhas e vales, verões e invernos, diástoles e sístoles. Marés e ciclos lunares, sol e estrelas em elipses. Vigília e sonho, biorritmos e pulsos magnéticos... O Universo parece responder à visão que a nossa mente dualista tem dele, como se se tratasse de um grande *pulsar de espirais e alternâncias.* Uma visão exterior que corresponde à percepção de prazer e dor que parecem encontrar-se num paraíso e num inferno da nossa geografia cerebral.

*Em 1954, os doutores Olds e Milner descobriram no cérebro um centro de prazer e outro de dor. Estes cientistas, realizando uma das suas experiências neurofisiológicas, implantaram um elétrodo no córtex cerebral de um rato, que se comportou de uma forma estranha e diferente. Longe de fugir de Olds, voltava obstinadamente ao local onde este tinha desencadeado o estímulo. Não havia dúvida de que se sentia bem, na realidade parecia encontrar-se num verdadeiro "paraíso". Olds localizou outros pontos cerebrais desta zona paradisíaca e observou que estes se encontravam próximo da base do cérebro e formavam uma curiosa cruz no hipotálamo. Mas, atenção! Em pouco tempo também descobriram um "inferno" cerebral no qual a estimulação elétrica provocava um terror enorme no animal, um terror cuja mímica expressava: "Isto nunca mais, a nenhum preço!". Mais tarde, localizou estes paraísos e infernos cerebrais em golfinhos, pássaros, cães, porcos, coelhos e outros animais. A natureza foi caridosa: no cérebro do rato, o citado paraíso é sete vezes mais extenso que o correspondente ao inferno. Parece que o desenho da vida está orientado, de forma definida, para o prazer de existir.*

Curiosa proporção de sete para um. Será que para disfrutarmos do céu, deveremos conhecer o inferno? Para perceber o alto deveremos perceber o baixo? Ou o amargo e o doce, o mole e o duro, o rígido e o flexível...? O desenho dualista da nossa mente contempla a experiência do contraste como parte do jogo da consciência. Sem dúvida, se observamos os nossos "vaivéns" e marés como um pêndulo que oscila no próprio cenário mental, também veremos que existe *um ponto alto e inamovível* de onde o pêndulo parte. Um "terceiro ponto", mais além dos lados, onde se *é o próprio observador* da dualidade alternante e perpétua.

Pode-se escapar do sofrimento? Essa pergunta obcecou o príncipe *Siddharta*, que após uns anos de treino intensivo, se tornou no Buda. A sua doutrina, que mais do que uma religião é um programa de descondicionamento mental, afirma que é possível cessar o sofrimento, sem que para isso tenha que desaparecer a dor física e emocional como aspecto natural das coisas. Para isso, propõe fixar a identidade na essência do *Ser* e des-identificar-se do que *não somos*. Em consequência a dor do corpo-mente não afetará diretamente o *sujeito-observação*, lúcido e luminoso. Que dizem as modernas ciências acerca disto? Para aprender a não sofrer, a psicologia oferece uma grande variedade de técnicas baseadas no treino da atenção e na interpretação ótima do que acontece. Na realidade, tanto umas como outras, se baseiam no treino da mente e na conquista da Excelência. Por sua vez, a Filosofia afirma que, para terminar com o sofrimento, a resposta encontra-se na transcendência da mente. Algo que Jesus Cristo apontou como a sublimação do egoísmo com o chamado "amor ao próximo" e Buda como a iluminação através da "expansão da consciência". Ambos os caminhos indicaram, ao longo dos séculos, que a saída do Labirinto implica uma expansão sustentada da consciência.

## TEMPERANÇA

**125** *A água do rio, por mais turva que esteja, tornar-se-á clara.*
Provérbio

A vida, por vezes, enquanto dá lições perturba o nosso controle e altera a nossa calma. São momentos em que nada está claro para nós e todo o nosso mundo se mostra confuso e duro. Muitas vezes "as vemos chegar", outras vezes é um imprevisto que nos "treina" enquanto se altera o ritmo natural das coisas. Trata-se de algo que nos frustra, que absorve a nossa atenção e que nos afunda em negatividade e névoa. E, entretanto, no fundo de nós mesmos, sabemos que desse inferno que temporalmente padecemos, ninguém tem culpa, que somos nós, a própria Vida que está misteriosamente em marcha. São momentos nos quais só nos resta seguir adiante, passar o episódio "na ponta dos pés" e seguir avançando *pelo fio da navalha*. Sabemos que dentro de algumas horas, no máximo amanhã, tudo será diferente e as águas por mais turvas que estejam, se tornarão claras.

Há pessoas que pensam que os outros devem ter uma estrela porque parece que nunca lhes acontece o que a elas as crispa e sufoca. Pensam que os outros têm mais sorte, mais dinheiro, mais amor, mais talentos e mais beleza. Sem dúvida, nesse momento, ignoram que ao longo de uma vida e fazendo um balanço interno de luzes e sombras, as coisas não estão tão desequilibradas, nem para umas pessoas nem para outras. Observamos que o coração dos príncipes, nas suas luxuosas mansões, não é necessariamente mais feliz que o daquele mendigo da rua. Não parece credível que os móveis antigos e as joias, ou até as mantas velhas e as calçadas tragam mais felicidade do que conseguir viver qualquer coisa a partir de uma *mente sossegada e serena*. As aparências enganam. O importante da vida, quer sejamos príncipes numas coisas e mendigos noutras, é viver a partir do nível observador que testemunha o correr do rio, enquanto sentimos o sábio fluir das pequenas coisas bem-feitas.

Quando virmos que à nossa vida chegou uma nova tempestade, tenhamos cuidado com as queixas que, além de estéreis, *debilitam* quem as faz. A sua chegada, em alguma dimensão do aprendizado, não é casual. Depois da agitação, os antigos hábitos questionam-se e abrem-se novas portas. A oportunidade de mudança, às vezes cobra momentos de perturbação e crise, mas sabemos, no mais profundo, que amanhã as águas voltarão a estar claras. A dor já passada não terá sido estéril, a vida não é uma vulgar roda, o tempo dirige-se a algum lugar. A cada instante o Universo expande-se mais velozmente, inclusive *para dentro*, até à profundidade libertadora. Cada problema ultrapassado tranquiliza, amadurece e des-implica o observador daquilo que observa. Depois da nova transparência das águas calmas, já não somos os mesmos, algo se transformou. Sabe-se que virão outros rostos e que se abrirão outras portas. Um passo a mais nos novos caminhos para a essência.

Depois de uma crise em que temos a alma em chagas, olhamos os outros de outra forma. Lemos os corações alheios sem que ninguém se dê conta. É então que comprovamos que somos capazes de perceber os seus mais íntimos temores, os seus desejos e o seu interior. Reconhecemos a dor e a contração sutil em qualquer rosto. Sentimos piedade pelo que chora. E perante este panorama que assinala humanidade e denuncia o peso que cada um leva nas suas costas, nasce uma compaixão que torna a vida generosa e quente.

Libertamos o sentimento.

Já somos diferentes das máquinas!

## TEMPERANÇA

### 126 *Faz silêncio ao teu redor se queres ouvir cantar a tua alma.*
Arthur Gaff

O verdadeiro silêncio tem mais a ver com o que se produz no interior da mente do que com o fato de manter a boca fechada. Um espaço profundo que surge depois de calar o ruído que produzem os diálogos e as divagações internas. A mente, tal como as águas, vive agitada nas superfícies e sossegada nas profundidades. Quando as nossas emoções se turvam, perde-se a transparência, torna-se opaca e bloqueia-se o raio de lucidez que atravessa por entre as ondas. Sem dúvida, quando a tempestade passa e as águas se acalmam, percebe-se o fundo com toda a sua quietude e claridade. O silêncio pacifica a mente, sossega os pensamentos e revela a profundidade da essência.

O cultivo do silêncio não só permite aflorar soluções inesperadas a problemas do caminho, como também amplia horizontes e facilita a ordem das coisas. Vivemos no seio de uma cultura com ruído. A gritaria de muitos bares parece expressar que qualquer forma de silêncio denota uma atmosfera de tristeza. Na realidade, o silêncio aquieta o murmúrio mental e permite a abertura da alma. De certo modo, o silêncio é uma forma de *palavra sagrada*, um estado mental no qual se *processam e metabolizam* as emoções e as ideias. O silêncio proporciona um vazio a partir do qual tudo é possível e, desde o qual, com frequência, surge a genialidade.

O silêncio é algo mais do que um luxo da alma. Na realidade é uma necessidade neurofisiológica que reorganiza complexos processos dos nossos neurônios. Quando, ao longo de várias horas, nos recriamos no silêncio, percebemos que durante aquele tempo em que não se passou nada, na verdade, passou-se tudo. O silêncio dissolve as contradições e permite observar as partes internas que nos diversificam e formam. É de um cenário mental no qual nos tornamos *observadores atentos*, capazes de seguir o fio dos pensamentos que passam. Depois do silêncio consciente e bem respirado, a mente pode voltar ao "galinheiro do mundo" e constatar que as situações que antes a incomodavam agora já quase não importam. O silêncio amplia o olhar interno ao mesmo tempo que consegue fazer soar os mecanismos da grande máquina.

O silêncio não é apenas a ausência de ruído nos tímpanos, é também um estado sossegado de consciência. Permanecermos calados nem sempre significa alcançar os benefícios do silêncio. Na realidade, o silêncio é uma *atitude atenta* que flui e observa. Um estado mental que conforme se torna mais profundo, registra ondas cerebrais mais lentas e pausadas. Muitas pessoas dormem quando este reina nos neurônios. Sem dúvida, se a *arte da contemplação* se treina, acontece precisamente o contrário. Acontece que quanto maior é o relaxamento e a lentidão das ondas cerebrais, maior é o grau de *atenção equânime* e consciência desperta.

O silêncio do contemplador é ativo, consciente e não é sonolento. É um silêncio que abre bem os olhos, que se respira a si mesmo enquanto observamos como as ideias vêm, e logo se afastam. Trata-se de um estado do Ser que se encontra nas capas mais fundas da mente, ali onde somos para além das palavras.

O silêncio é o ingresso da viagem ao profundo.

E, sem dúvida, a ponte para a Totalidade e a Essência.

## TEMPERANÇA

***127*** *Quando já não somos capazes de mudar uma situação, encontramo-nos perante o desafio de nos mudarmos a nós próprios.*
Victor Frank

Quem ainda acredita que pode mudar o mundo nos momentos em que este parece empenhado em seguir outra rota? Na realidade podemos influenciar mais ou menos situações e pessoas com o nosso afinco e inteligência, mas onde podemos operar com plena eficácia é modificando a nossa maneira de *ver e interpretar* os aspectos que nos perturbam e inquietam. E o mais curioso é que, após a inteligente aceitação dos fatos, não só equilibramos a nossa vida emocional, como o mundo também muda.

Quando aceitamos e adaptamos a nossa lente interna ao curso do "que há", que estranha lei modifica inclusive as atitudes e condutas alheias? Segundo as mais avançadas leis da física, a película que vemos no exterior não deixa de ser, em grande medida, uma *projeção* do programa que temos no nosso interior. Os acontecimentos decorrem em função das leis naturais, mas a interpretação que fazemos do que sucede é uma opção íntima e subjetiva, por isso suscetível de ser modificada. O que é que fez com que Victor Frank sobrevivesse à torturada vida no campo de concentração nazi? A resposta foi dada por ele quando assinalou o seu profundo *sentido da vida* e a capacidade de optar por uma ótima interpretação dos acontecimentos que a outros torturavam. Não havia saída, não podia mudar as normas daquele campo nazi, apenas podia mudar a sua mente e, com ela, o significado do que sucedia.

Com frequência, o fato de *aceitar e positivar* uma situação escolhendo a interpretação mais positiva, desencadeia uma insólita influência sobre a faceta externa que considerávamos inamovível e alheia. Quando nos *adaptamos* à situação, movem-se energias insolitamente favoráveis. Quando conseguimos relativizar as coisas que anteriormente nos perturbavam, adquirimos um maior grau de temperança. Sabemos que a nossa forma de olhar o mundo e de pensar nas pessoas influi, tarde ou cedo, no desenho e guião das nossas experiências. Sabemos também que muitas das emoções que experimentamos são consequência de um processo que se desenvolve na parte inconsciente da nossa mente. É por isso que vale a pena evitar culpar os outros e ter em conta que se não gostamos do que recebemos, devemos prestar atenção ao que emitimos.

Quando somos conscientes de que o nosso conjunto de *crenças* são as *criadas* no mundo emocional que habitamos, ficamos alerta às *opções de pensamento* que aparecem na corrente da consciência. Atenção às palavras que pronunciamos e aos padrões que subjazem nas nossas atitudes. A pessoa que compreendeu o enorme poder que a sua mente tem na configuração do mundo, já não controla tanto as circunstâncias externas, mas dirige o seu olhar para as próprias atitudes e pensamentos que as possibilitam.

Temos muito mais a ver com o que "nos acontece" do que aquilo que parece. Quanto mais conscientes formos dos nossos pensamentos e desejos, mais o destino estará nas nossas mãos. Trata-se de mudar o foco da visão elaborando opções mais positivas e *formulando o mundo* tal e como o desejamos viver. Sem dúvida, uma competência nascida da nossa maturidade cocriadora que aprendeu que o segredo que move o mundo está no coração da própria alma.

## TERNURA

### *128* Nas palavras reflete-se o talento e no olhar, a alma.
Simone de Beauvoir

Para você.

Quando falas e dizes coisas tão bonitas sobre a vida e tudo aquilo que te acontece, sinto admiração pela tua lucidez e pelas tuas formas mentais tão bem cultivadas. Quando me contas o que descobres com as tuas próprias antenas de ver o mundo e entender o que nele acontece, sinto o poder dos teus talentos que corre vigoroso pelos neurônios da minha alma.

Quando colocas letra na música e quando explicas tão bem o que se passa dentro de nós, sinto a grandeza de entender a vida e de abrir a mente a ideias expandidas e sensatas. Quando, nas tuas palavras, pões a luz que necessitam os meus sentimentos, às vezes confusos por contradições internas, sinto que és um presente que mostra as diferenças e separa o trigo do joio.

Quando te expressas sinceramente e inventas palavras novas, sinto o reconhecimento da tua mente e o teu sutil poder sobre as trevas. Quando me acaricias com as tuas palavras doces e sedosas, e me ofereces sussurros que me recordam a dimensão celeste da existência, dou graças por saberes dizer-me o que um dia sonhei e que agora, ao nascer, serena a minha alma.

As tuas palavras são seguras, bonitas e bem calculadas..., sem dúvida, quando me olhas em silêncio, quando pousas nos meus olhos o teu olhar..., tudo se detém atento, até as estrelas do céu parecem parar a sua marcha. Quando olhas as minhas pupilas e mantenho o teu olhar, abre-se um abismo infinito que me comove e arrasta. Quando contemplas uma flor recém-aberta ou a mão enrugada de uma anciã, sinto a tua grandeza, reconheço-te como amor e percebo que fizeste um grande caminho com a alma nua e descoberta. Quando contemplas o que sofre, quando focas o que goza, vejo algo mais em ti, vejo a tua sabedoria equânime, descubro o ser que voltou à luz atravessando as sombras.

Quando olhas o infinito e te abstrais nas brancas areias da praia, descubro a imensidão que ressoa no profundo da minha alma. Não é o teu talento o que agora me comove, não é a tua excelência o que agora me impressiona. Na realidade, é o rosto de todos os inocentes e a chamada da ternura suprema. Algo tão inefável como misterioso, que nasce do mais profundo da alma.

No teu silêncio está o poder de mover as estrelas do meu peito e do meu rosto. Quando olhas com tanta consciência o que a tua mente projeta, parece que despes de roupagens supérfluas todas as coisas que adornam para se protegerem. O teu olhar é o caminho energético que os seres do Universo percorrem para chegar ao Profundo e, já conscientes, voltam para casa.

Na realidade...., o teu olhar basta.

## TERNURA

**129** *O que o força estraga-o.*
*O que o agarra perde-o.*
Lao Tsé

Que mensagem nos quis transmitir a força de Golias contra a inspirada ação de David? Talvez, que o fato de forçar situações e pessoas seja incompatível com um final feliz. A vida ensina-nos, uma e outra vez, que o fato de aplicar mais força que a que se deve supõe dar uma volta ao objetivo pretendido, convertendo em prejuízo o que antes era bonança.

O ser humano que se *procura a si mesmo* como princípio e fim da sua aventura na terra, à medida que se aproxima dos níveis mais recônditos do seu ser, retira aquela força do músculo e dá lugar à suave inofensividade da alma. A garra que nasceu para agarrar e permitir a sobrevivência do corpo físico já não serve como ferramenta para abraçar a *leveza Supramental*. E se, em algum tempo, a vida exigia o desenvolvimento da força e o enfrentamento à natureza, depois de voltarmos para casa, é a ternura e a carícia do silêncio que remam com maior velocidade até o porto da alma.

O ato de fluir reflete esse suave resvalar das águas do rio pelo leito até o mar. *Fluir* é observar como acontece o futuro sem se despistar. *Fluir* é comprovar como, sem forçar a própria intervenção no desenlace dos acontecimentos, as coisas encaixam sozinhas numa ótima direção. Fluir significa sujeitar delicadamente o ego, com os seus medos e desejos, e abrir-se à sintonia de um *eu global* mais sábio que propicia aquela vitória em que todos ganham. Fluir significa apostar na Confiança, com maiúsculas, num *princípio de ordem superior* através do qual se movem as fichas da vida de forma sábia e misteriosa. Um fluxo que avança sem o medo que propicia o *não controle* de um agoniado ego que vive agarrado à falsa segurança da tensão e ansiedade antecipatória.

Fluir é deixar-se inundar pelo presente sabendo que o rio da vida corre por entre as margens da claridade e da confusão, enquanto o *eu próprio* observa ambas – um terceiro ponto mais além delas. Fluir significa que a tristeza não perturba e que a frustração não nos arrebata do sólido *promontório interior* de onde testemunhamos com o suave e benévolo sorriso da alma.

Fluir pela vida é situar-se no Testemunho primordial, neutral e equânime que, de forma desafetada e totalmente imperturbada, observa o jogo da dor e do prazer enquanto o 'psicocorpo' cresce, se desenvolve, envelhece e morre. Sem dúvida, a quem acontece todo este processo de viver num corpo é ao *Eu-Espectador* da *aventura da consciência*. A Testemunha que observa a mente sonhadora de realidades estimulantes e contraditórias.

Uns chamam-lhe Tao; outros, simplesmente, Alegria sem motivo. Mas também lhe chamam Bondade Primordial, Pura Consciência... apenas nomes que apontam a ISSO que *somos* em essência. Uma Identidade Suprema que não nasceu nem morrerá porque existia antes e depois do *Big Bang*, porque está fora do tempo e pertence ao plano do Ser a que chamamos infinito. Se o procuramos, talvez gastemos mal o tempo, porque nunca o perdemos. A humidade nunca perde a água. O sol está sempre ali, embora não o vejamos através das nuvens. Acontece que Isso que na realidade somos é o Todo, algo que o ego não pode conceber enquanto não for ampliado e transcendido em momentos ocasionais de Graça. Instantes carregados de Infinitude nos quais surge a verdadeira natureza da mente profunda, onde se derramam, entre lágrimas de júbilo, ondas de gratidão e ternura.

## TERNURA

***130*** *A virtude não consiste em fazer grandes coisas, mas em fazer bem as pequenas.*
Montaigne

A Vida de um ser humano tem etapas curiosas. Os mais jovens desejam mostrar o herói que têm dentro. Para isso, rompem modelos pré estabelecidos e encarnam o mito arquetípico que o seu coração bombeia. Numa etapa posterior, chega o desencanto racional e com ele, a queda de ideais e a consequente maturidade interna. Trata-se de um nível que implica aceitação das regras do jogo e um sutil desejo de refinar as pequenas coisas da ação cotidiana.

Dizem os mitos que aquela jovem heroína, no seu caminho para o País dos Despertos, atravessa o bosque sorteando perigos e enfeitiçando os deuses e os animais. Uma vez chegada ao lugar, rapidamente se dá conta que os lúcidos que ali moram expressam mais prudência que coragem, mais perseverança que arrebato, e os seus olhares profundos abrem caminhos sem necessidade da espada. Pelo seu lado, aquele herói, depois de abandonar a cidade e enfrentar o dragão da caverna, coroa o cimo da montanha. Ali encontra pessoas iniciadas na consciência do Ser que se nomeiam irmãos e anunciam que o recém-chegado está já preparado para aprender a *contemplar* a partir da essência.

Quando se expande a consciência, a pressão da vontade exterior dá lugar à primazia da observação interna. Agora, o antigo brio converte--se no refinado equilíbrio das próprias forças. Pouco a pouco nasce o discípulo do Espírito que, após sucessivas iniciações, solta e expande a capacidade de *dar-se conta*. A partir deste estado de progressiva mestria, observa que tudo encaixa sozinho e que os pensamentos e as palavras têm um grande alcance no mundo da matéria. E se antes o importante era o que fazer na vida, agora o que requer atenção é como fazer as coisas em cada dia. Se antes aquele guerreiro sonhava com grandes vitórias, agora mantém-se anônimo na abertura das crisálidas e na cura de feridas abertas. Se, anteriormente, enfrentava obstáculos opondo a sua grande força, agora flui como a água que acaricia as pedras.

A chamada – maturidade – é uma forma de iluminação que alcança o seu maior potencial na prática Zen. Um caminho que *esvazia* a consciência da intenção mental e das mais variadas dualidades. Um ponto de encontro entre o poder do pequeno, a inocência consciente e a espontaneidade perfeita. Quando nos convertemos no nosso próprio *arqueiro Zen* que prepara o arco com uma atenção precisa, funde-se certeiro não só na essência da flecha, mas também no núcleo do alvo. O arqueiro aprendeu a viver o presente e, ao fazê-lo, está pronto para servir uma *taça de chá* com requinte e graça, sem ruídos, sem tremores, com a disciplina da espontaneidade suprema. Cada pequeno movimento, embora treinado e repetido, é novo, sem memória, sem afã, apenas com a consciência desperta. Quando mais tarde se senta sobre um almofadão, com as pernas cruzadas, respira lenta e profundamente e mantém o olhar fixo num ponto. Depressa moverá as mãos com a mesma harmonia com que uma flor se abre ao orvalho da manhã.

Há um momento na vida, no qual já não se procura nos céus nem sequer nos grandes gestos. Simplesmente ocupamos o nosso lugar no mundo e convertemos o profano em sagrado enquanto colocamos em cada movimento atenção e consciência. É chegado o tempo de fazer aflorar a essência nas pequenas coisas bem feitas. Já se sabe...: o canto do pássaro, a brisa do entardecer, a distância que separa a casa do trabalho etc. Você procura o céu? Alguém disse que para conseguir alcançá-lo deve começar por aperfeiçoar a Terra.

## TRANSFORMAÇÃO

*131* *Aprendemos a usar o pensamento para transcender o corpo, mas ainda não sabemos servir-nos da consciência para transcender o pensamento.*
Ken Wilber

A evolução do ser humano na Terra implicou um fascinante e sustentável libertar de potencialidades. Conforme a História avançou, desenvolvemos inesperadas faculdades físicas e mentais e expandimos o nível de *autoconsciência*. Um caminho evolutivo que capacitou o ser humano a desenvolver o instinto de sobrevivência aprendendo a viver da recoleção e da caça. Tratou-se de um estado evolutivo, com escassa presença de discernimento e quase nenhum vestígio de razão e ciência. Com o passar dos milênios, o caminho avançou e o *impulso evolutivo* empurrou a humanidade fundida com a natureza a superar a *magia pré--consciente* e a orientar a energia para a futura conquista das costas eretas, a razão e a consciência.

Aquele ser humano pré-consciente, imerso nas correntes da natureza, como se se tratasse do bebê e da sua mãe, é empurrado a nascer numa nova esfera. Para isso, desenvolve a sua capacidade de a*prender a aprender* como ferramenta do caminho, até o fascinante mundo do *dar-se conta*. Com o passar do tempo inventa o arado e com ele transcende a enxada e a horta. Toda uma revolução tecnológica que permite a cada camponês dar de comer a cem pessoas. Um único homem com a máquina e o animal permite aos recém-*libertos* dedicar tempo a cartografar o céu, a prevenir perigos e a melhorar a vida sobre a Terra. Nascem as ciências, começam os impérios, os mitos e as religiões organizadas. Aparece um caminho mais amplo e complexo do homem sobre o planeta.

O impulso evolutivo continua a empurrar cada mente e cada raça. O pensamento já permite colocar-se no lugar do outro, um aspecto que faz nascer o autocontrole sobre os desejos primários da própria natureza. A paixão e a ira, a vingança e outras forças sub-humanas começam a *transmutar-se* nos novos processos mentais que requerem as leis morais de convivência. O pensamento cultiva-se e, com ele, desenvolve-se a cultura das ciências humanas. A mente refina-se e o ser humano começa a ser consciente de si mesmo e do amor que sente quando ouve a sua alma.

Os mais adiantados na expansão da consciência fazem-se ouvir num mundo sem distâncias. As ideias de progresso e os valores que afirmam são escutados pelas mentes mais preparadas para a paz e a irmandade perfeita. Trata-se de um tempo no qual o coração humano começa a intuir a existência de níveis profundos de Bondade, Verdade e Beleza. Pouco a pouco, a consciência converte-se no instrumento que integra a luz e a sombra da própria mente humana. Alguns mais lúcidos integram a sua contradição numa observação sem oposto que se faz presente de maneira sensível e serena. A interdependência de todas as coisas entre si já é compreendida, sem perturbar aquele que já observa a partir do Testemunho, da Observação Sustentada que tudo unifica e contempla.

*O impulso Atman* de reunião com a Totalidade segue adiante. Parece que o Alfa quer abraçar o Omega. Muitos homens e mulheres adiantados começam a *despertar* e deixam pegadas de amor e lucidez que insinuam a chegada de uma nova dimensão humana. Deus já deixou de ser um ente alheio, criador invisível e gigantesco habitante dos céus. Agora Isso é um estado de Totalidade e Infinitude. Algo tão próximo que se encontra escondido no coração da espécie humana. Nesta altura do caminho, e em vésperas de uma nova chegada, perguntamo-nos: "Quem sou eu?". E alguns respondem: "Nem aquele corpo de caçador, nem aquela mente de pensador. Sou *espectador do que acontece*".

# TRANSFORMAÇÃO

## 132 *O ato da observação altera o observador e o observado.*
Heinseberg

No campo da psicologia deu-se uma grande descoberta – o poder curativo da consciência. Uma capacidade que assinala a grande influência que o puro *dar-se conta* tem. Por exemplo, quando somos capazes de "observar" de forma sustentada todos aqueles processos de conduta que nos trazem problemas, produzimos transformações no padrão observado, que por sua vez implicam novas opões e melhores programas de ação futura.

Na realidade, trata-se de conseguir manter a atenção sobre aquelas ideias e mecanismos que nos originam tensão e dor, já que desta forma afloramos e resolvemos as velhas feridas "encobertas". Assim, criamos uma sábia e sanadora "distância". Uma medida que, como *terapia sutil*, permite novas possibilidades no sossego da alma. Os grandes místicos e curadores hindus confirmaram este princípio apontando que um *conflito "observado" é um conflito resolvido*. E, talvez, a partir da perspectiva científica de um Ocidente prosaico e racional, nos perguntemos: "Em que se baseia este axioma?".

Uma resposta a esta pergunta é-nos oferecida pela física quântica ao afirmar que o sujeito observador, mediante o ato da simples observação, a*ltera* o objeto observado. Quando, por exemplo, se "observa" uma partícula subatômica acontece que, automaticamente, esta se vê afetada na sua carga e na sua órbita pela influência da dita observação. Evidentemente, o único contato que existiu neste fato modificador foi o *campo de consciência* desencadeado com a ação de observar. E, na realidade, observar, em termos da própria pessoa, é apenas *dar-se conta*. Um fato que nada tem a ver com o pensamento e as suas conjeturas, mas sim com o ato instantâneo e neutral de testemunhar o que acontece.

Quando nos tornamos *espectadores conscientes* de nós próprios e conseguimos dar-nos conta das nossas próprias máscaras, quando indagamos nas nossas reações e no modo como a nossa mente interpreta as coisas, se nos damos conta da verdadeira raiz daquilo que nos dói e inquieta, se colocamos atenção nas justificações e 'auto-enganos' que a mente maneja, quando observamos os medos soterrados e os desejos que o coração guarda, estaremos transformando o *programa mental* que os sustenta. As condutas automáticas tornar-se-ão *voluntárias* e o que antes doía e frustrava, agora fluirá com calma.

E, se além de nos tornarmos conscientes dos processos mentais, nos tornamos conscientes de que somos seres livres, habitantes do Universo, capazes de escolher as opções que nos convenham e que, cada dia, captamos melhor os aspectos mais sutis das pessoas, estará nascendo à Testemunha a sua verdadeira identidade que tudo observa. Um estado de consciência análogo ao de um espectador que não se identifica com os cenários, tanto físicos como mentais, nos quais se desenvolve a sua obra. O Testemunho é a identidade Real do ser humano, uma abertura, um claro Vazio e neutral, absoluto e supramental que, como o céu azul vive imutável para lá das nuvens do pensamento que, em cada instante, mudam de forma.

Saber-se testemunha da nossa pequena identidade pessoal e reconhecer-se como observador da máscara que representamos, permite viver em todas as opções que a nossa *diversidade* demanda. Quando o inconsciente se torna consciente pelo poder mágico do *dar-se conta*, tudo tem mais sentido e desfruta-se da própria independência. A viagem mais importante da vida: *a grande aventura da consciência.*

## TRANSFORMAÇÃO

*133 O que é necessário melhorar não é o Universo mas a forma de o olhar.*
Lama Dirhavansa

Em alguma época das nossas vidas dissemos coisas tais como: *"A vida é injusta... Fui vítima da inveja dos meus próprios irmãos... Os meus colegas de trabalho eram insuportáveis".* Atitudes que, de forma sutil, culpabilizam o mundo dos próprios infortúnios, querendo ignorar que todos os seres humanos se sentam na mesa da existência com umas cartas na mão e um conjunto de regras.

Com o tempo aprendemos a considerar que *o mundo é como é* e qualquer juízo condenatório que não assuma a nossa responsabilidade e ignore a parcela de mistério do global, não deixa de assinalar uma posição incompleta e superficial. Quando pensamos que "os outros são injustos" não adianta de nada, já que não só reforçamos a incompetência do nosso programa mental como também prolongamos o problema. Você bem sabe que *Se não gosta do que recebe deve prestar atenção ao que emite.* Neste sentido, alguém definiu a loucura como o fato de pretender que as coisas sejam de outro modo, sem que, pelo menos, nós mesmos modifiquemos o nosso programa e atuemos de outra forma.

O mundo que se percebe "lá fora" ganha forma na nossa mente, e como bem sabemos, a realidade muda dependendo do estado de ânimo em que nos encontramos. As experiências de dor, frustração e desencanto só são úteis quando são acompanhadas de ação e ajustes de atitude, porque o que funciona não é mudar o mundo, mas mudarmos a reação que temos com ele. Algo que se consegue ajustando a interpretação e o posicionamento que a nossa mente faz do mesmo.

A nossa mente tem a faculdade de fazer crescer aquilo em que foca o olhar. Se focamos a atenção nas vantagens do que aconteceu, por mais doloroso que o acontecimento tenha sido, as vantagens aparecerão na nossa mente em virtude da lei do *foco que tudo aumenta*. Não pensemos que, desta forma, nos enganamos com uma visão positivista pré-fabricada que em nada se aproxima da "realidade". A chamada realidade forma-se no interior do cérebro e é mais maleável e subjetiva do que parece. A nossa forma de olhar o mundo depende do programa de interpretação que a nossa mente selecione e cultive. Os fatos são neutros. É a nossa interpretação dos mesmos que os converte em benditos ou malditos. Se nos tornamos competentes na utilização de um bom programa de interpretação e aprendemos a focar as vantagens integrais que o que aconteceu traz, experimentaremos não só uma maior concórdia, mas também uma sustentada expansão da consciência com todas as vantagens emocionais de alegria e poder que isso implica.

Se mudamos a visão negativa do mundo, não só viveremos outras experiências derivadas deste novo programa, como também nos surpreenderá comprovar como o mundo "de verdade" muda. Na realidade, o melhor favor que podemos fazer a este planeta e às pessoas que nos rodeiam é "pensá-las bem". Quer dizer, pensá-las capazes de aprender e transformar-se.

A visão que exercemos do mundo tem um poder criador, semelhante ao que experimentamos na nossa atividade onírica. Se mudamos o pensamento, também muda o cenário que sonhamos. Algo parecido acontece no estado de vigília desperta. O mundo depende de nós próprios, do que se opte por interpretar entre as infinitas possibilidades do olhar. Na realidade, a arte de viver é a arte de focar e interpretar.

## TRANSFORMAÇÃO

*134* *Não cesses, em momento algum, o esculpir da tua própria estátua.*
Plotino

Evoluir significa *crescer integralmente*, quer dizer, crescer em todos e cada um dos diversos traços do Ser. Muitos homens e mulheres estão desenvolvidos intelectualmente e, sem dúvida, sofrem de uma grande imaturidade emocional. "Imaturidade emocional?" Perguntam-se: e como se faz para amadurecer emocionalmente? A resposta não dá relevo à necessidade de fazer um curso nalguma exótica universidade dos Himalaias, mas sim a um trabalho pessoal de *observação sustentada* do próprio programa mental e da suas mais íntimas crenças. Um exercício que amadurecerá as suas emoções trará temperança. Mas, como conhecer o próprio grau de maturidade emocional?

Observe se sofre de alguns dos seguintes sintomas. Primeiro: Você suporta razoavelmente bem as frustrações? Assume com rapidez o desenlace dos acontecimentos contrários aos seus desejos e previsões? Se você não "encaixa" as frustrações quer dizer que, em alguma medida, a sua vida está plena de expectativas. E as expectativas tendem a criar frustração. Mude a atitude "expectativa" pela de "possibilidade" e treine-se na aceitação do sucedido. Na realidade, não podemos voltar para trás e mudar os acontecimentos. Olhe para a frente e não dramatize lamentando-se do passado. Aceitar os fatos não significa resignar-se, mas ter motivos para uma nova ação, sabendo que *no fracasso subjazem as sementes do êxito*. Na realidade não há fracassos, apenas aprendizado.

Segundo: Você sente tendência para totalizar? Tende a relacionar-se a partir dos extremos "tudo ou nada?". Se sente que as coisas são brancas ou negras e lhe é difícil manejar numa ampla gama de "cinzentos", procure *o nobre caminho do meio*. Se experimenta fascínios e aversões talvez lhe convenha aprender a caminhar pelo *fio da navalha* e aceitar a sua parte de *sombra*.

Terceiro: Você sofre alterações de humor repentinas e sem motivo aparente? Acontece que, de repente, algo submerso lhe muda o *chip* e a sua mente se polariza na agressividade e na raiva? Se é assim, talvez convenha colocar atenção e analisar os pequenos detalhes que o incomodaram: que pensamento fugaz ao "passar" pela sua mente o amargou? Quando desmascarar a sua vulnerabilidade, poderá criar novas opções de maior poder e independência.

Quarto: Você mostra-se muito suscetível às críticas? Incomoda-o que alguém lhe veja defeitos? Custa-lhe falar e rir-se da sua parte "menos apresentável?". Se é assim, talvez convenha que aceite a sua personalidade. Todos os seres humanos oferecem luzes e sombras ao exterior, sem que por isso deixem de ser apreciados e respeitados. Seja consciente das suas carências e recorde que estas são apenas *partes* de si que não representam a sua *totalidade*. Quer dizer, você não é impaciente, apenas *tem uma parte* impaciente. Você é muito mais do que qualquer das suas partes, evite totalizar-se numa só qualidade da sua pessoa. Recorde a sua dimensão espiritual de infinitude.

Se aspira a evoluir espiritualmente, convirá que não descarte a formação de um bom ego. Um ego são, forte e consciente. E a partir do conhecimento do dito ego, proceda a expandir a sua consciência até ao *Testemunho transpessoal* de onde pode observar a dualidade e a contradição da sua mente egóica. O fato de amadurecer emocionalmente é uma assinatura da evolução e um requisito prévio da Paz Profunda. Não caia em negar o seu ego. Construa-o equilibrado, são e assertivo e siga adiante. Espiritualidade? Sim, mas não descuide a construção de um bom ego terreno. Sem dúvida a obra de arte mais delicada e transcendente da vida.

## TRANSFORMAÇÃO

*135* Uma vida não examinada,
não merece a pena ser vivida.
Sócrates

O exame das próprias experiências é uma faculdade que apenas a espécie humana pode realizar. Cada noite, o fato de revermos o que vivemos durante o dia é um luxo que não deve passar inadvertido no desenvolvimento integral enquanto pessoas. A simples revisão dos acontecimentos mais significativos do dia e o fato de dedicar uns minutos ao final da jornada, é um presente evolutivo de consequências inesperadas.

*O que é que aconteceu hoje?* Se você opta pelo seu desenvolvimento pessoal, de forma eficaz e acelerada, trate de olhar para o dia vivido e permita que a sua mente rastreie entre os acontecimentos mais significativos. Decida adquirir o hábito de examinar a experiência cotidiana e converterá em *aprendizado* os momentos mais vulgares da sua existência. Através deste simples exercício você se tornará consciente do que realmente acontece "por detrás da cena", evitando repetições de condutas automáticas e sentindo como abre novos ciclos com atitudes e metas renovadas. Um exame que irá trazer alinhamentos inteligentes com o sentido último da sua vida.

Cada dia vivido "traz-nos" assuntos significativos que a nossa consciência transforma em escadas espirais da volta seguinte. *O que aconteceu neste ano?* Uma pergunta que convém fazer-se ao encerrar um ciclo, na véspera de um aniversário ou numa simples "passagem de ano". Recorde que uma mente sem objetivos é como um barco que, quando enfrenta uma tempestade, anda às voltas, à deriva.

Para responder à pergunta. *"O que aconteceu hoje?",* a mente rastreia pelos interesses e objetivos que marcámos para esse período que agora examinamos e observamos. Por exemplo, se nesta etapa da vida, para nós o importante é o êxito e a prosperidade econômica, a resposta procurará todos os momentos do dia em que as ditas questões se viram afetadas. Se o que está em jogo, neste ciclo, são aspectos como a autoestima, os afetos e a expansão da consciência, os fatos que a sua mente selecionará são os que tenham a ver com essas metas.

A *Tecnologia da Transformação* aborda a construção de *perguntas de poder* sobre o inconsciente, cujas respostas, em si mesmas, resultam transformadoras. Se pergunta: *"Em que progredi hoje?"*, reforçará os progressos realizados na jornada. Se pergunta: *"O que aconteceu hoje de especial, mágico ou significativo?"* reforçará a aventura interior e o sentido evolutivo da sua vida. É possível que o que interessa seja a qualidade da sua vida afetiva e então pergunte-se: *"Em que momentos senti generosidade e compaixão?"* Se lhe interessa sair de um quadro mental depressivo perguntar-se-á: *"Em que senti prazer hoje?"* E se o que move a vida é o serviço aos outros, pode perguntar-se: *"A quem ajudei hoje?"*.

Recorde que todos os minutos dedicados à recapitulação e tomada de consciência do dia vivido é o melhor investimento que pode fazer para o seu desenvolvimento como pessoa lúcida e desperta. Rapidamente comprovará que os efeitos transformadores do autoexame são desproporcionados ao esforço que exigem. É por isso que vale a pena não terminar nem um só dia sem antes dedicar uns instantes ao processamento do passado "troço da vida". O exame do dia, sem reprovações nem vaidades, é um hábito com poder suficiente para assegurar o seu crescimento e erradicar da sua vida pensamentos e condutas não desejadas. Um exercício, aparentemente simples, mas sem dúvida com incríveis consequências. Comece a observar e examinar, e as alterações virão por si sós, tão suaves e contundentes como as brisas do amanhecer.

## TRANSFORMAÇÃO

*136 O futuro deixado a si próprio apenas repete o passado. A mudança só pode ocorrer agora.*
Nisargadatta

Quando lançamos uma pedra a um lago de águas serenas, surgem pequenas ondas concêntricas que se expandem repetidas e alinhadas. Uma lei natural rege a sucessão dos seus círculos e a pauta dos tempos, entre cada uma das ondulações que chegam às margens.

O nosso organismo também se solta em espirais mediante cadeias de ácidos que formam o mecanismo das futuras células. Espirais que desenham, uma e outra vez, o plano preestabelecido pela informação genética. Da mesma forma se comporta a mente do ser humano, cuja experiência íntima também está sujeita a leis e ritmos que soam em determinadas sequências.

Diz-se que a cada sete anos acontecem alterações importantes no périplo das nossas vidas. Trata-se não só de alterações fisiológicas que modificam o nosso corpo através da morte e nascimento de todas as células, mas também de acontecimentos que influenciam o novo ciclo e que constituem a fronteira da volta seguinte. E assim como o Universo se compõe de esferas que giram elíticas numa dança previsível de incrível precisão e graça, a nossa vida tende a repetir a sua história, trazendo novas espirais cada vez mais amplas e tendências previsíveis no seio de uma consciência mais expandida.

Como sair da roda das sucessões e tendências?

Como evitar repetições que nos confrontem com desenlaces conhecidos que talvez não desejemos?

Os entendidos afirmam que, primeiro, convém tomar consciência clara e detalhada, tanto do "guião" forjado através das nossas primeiras experiências, como do *programa de crenças* que subjaz na nossa história. Também assinalam que para evitar repetições convém *decidir* outras opções e caminhos diferentes que desenhem uma nova trajetória. Para escapar à velha conduta, afirmam que é preciso manter um estado mental de *atenção sustentada*. Quer dizer, um nível de consciência em que o automatismo e a influência do velho não substituam a *escolha constante* que exercemos com plena vontade e consciência.

Ao que parece, a chave de ouro para escapar da "roda repetitiva" é dar-se conta das tendências da nossa mente e dos processos profundos que formam o jogo das motivações e batidas da alma. Conforme as raízes dos nossos desejos são observadas, vamo-nos libertando da *tirania da inércia* e sentindo-nos capacitados a decidir o destino e reinventar a nossa pessoa.

Mas, mais além da nossa mente e das suas voltas, estamos nós mesmos: ISSO, *observador neutro e equânime* dos programas de ida e volta. Somos Testemunho da mente e dos seus padrões, tanto dos que levam à repetição como dos que permitam optar por comportamentos mais desejados. Na realidade, o Eu Observador não se move, é a única mente que dá voltas. O Observador não avalia, não prefere, não rejeita nem aprova, apenas testemunha o que as diversas partes da sua mente elaboram. O testemunho interno não é a mente e as suas espirais, nem o seu corpo, nem sequer a sua alma. VOCÊ é Infinitude, Totalidade, *Vazio resplandecente*. E, finalmente, se nos perguntamos "Como chegar? Como sair da roda da consciência ordinária?", os Vedas respondem: "Observando as voltas que a roda dá".

## VERDADE

### 137 Os meus juízos impedem-me de ver o que há de bom por detrás das aparências.
Wayne W. Dyer

"Perdeu o seu emprego? Que pouca sorte você tem! Morreu o seu pai? Que desgraça! Diagnosticaram-lhe um tumor? Que horror! Sente-se abandonado? Não pode ser! Tem que deixar a casa em que vive? Que surpresa! O que tem a perder?... Você é um coitado..., aquele é esperto..., ela é uma infeliz..., aquela é maravilhosa..., uma carreira inadequada..., uma vocação errada..., uma notícia terrível..., uma nota imerecida..., uma reunião desastrosa..., uma oportunidade perdida..., um beijo sem alma...".

*Um ancião possui sete éguas, que aluga para viver. Um dia as éguas fogem, e o povo diz-lhe: "Que desgraça! Que má sorte!" O ancião responde: "Pode ser... pode ser." Passado algum tempo, as éguas descem as montanhas e voltam para o calor dos estábulos, mas acompanhadas de sete cavalos selvagens, com os quais acasalaram. "Que bênção! Que sorte!" – diz-lhe o povo. O ancião responde: "Pode ser... pode ser". Uns tempos depois, o seu filho parte os ossos ao domar os novos cavalos. "Que horror! Que terrível!" – disse o povo. O ancião responde: "Pode ser... pode ser". Passado mais algum tempo rebenta a guerra e o seu filho, que permanece imóvel, não é recrutado para lutar na frente. "Que bênção! A graça do céu protege-o!" – diz-lhe o povo. O ancião responde: "Pode ser... pode ser".*

Diz-se: "O Universo escreve certo por linhas tortas". Linhas, às vezes sinuosas, através das quais o Plano evolutivo se solta. Tudo ocorre *causalmente*, que não é o mesmo que casualmente, quer dizer, respondendo a causas conhecidas e desconhecidas. Nada do que nos acontece é estéril e, na realidade, todos os acontecimentos têm a sua intencionalidade evolutiva por mais contraditórios ou estéreis que pareçam. Intuímos que a vida é aprendizado e, a partir dessa perspectiva, não há notícias essencialmente boas ou más, já que essa interpretação é não só parcial como também transitória. Para ser consciente do alcance e da intenção evolutiva dos acontecimentos que nos afetam devemos perguntar-nos: "Em que esta situação me beneficia?", "O que há por detrás desta notícia?", "O que eu vou aprender com isto que se avizinha?", "Qual é a mensagem que este inesperado fato anuncia?"

O primeiro que nos chega é a superfície e a pele das coisas. Sem dúvida, a *trans-aparência*, é o que está mais além, a intencionalidade que subjaz por detrás da aparência. Pode-se ser muito vistoso por fora e muito descuidado por dentro. Pode ter-se um carro muito bonito e viver-se numa mente ansiosa. Pode-se mandar muito noutras pessoas e morrer de sede de amor e pertença. Um copo precioso nem sempre contém um vinho de boa colheita...

A perda de um ser querido, às vezes, põe em marcha uma grande mudança cujo caminho amadurece a própria pessoa e abre a consciência. A perda de um emprego pode trazer a libertação de uns modelos já aprendidos e o começo criativo de uma visão mais ampla. Uma doença, com frequência, traz a renovação de muitos costumes e a mudança de vida com que sonhávamos. O sucesso chega. Mais tarde, a nossa mente espera atenta enquanto a vida flui pelas aberturas que aliviam a pressão da alma. O milagre acontece quando testemunhamos o que ocorre e confiamos na ação inesperada.

Perante a chegada da suposta desgraça, suspendamos o juízo e mantenhamos plena atenção ao que a intuição aponta. Depressa comprovaremos que, depois da perturbação, o Universo, tendo rompido com a velha ordem, pôs na nossa vida possibilidades inesperadas.

## VERDADE

### 138 Deus não tem religião.
Mahatma Gandhi

A mente humana, à medida que se foi expandindo, projetou uma imagem diferente de Deus. Uma imagem que mudou de forma e de atributos na mesma medida em que mudava a mente que a imaginava e sentia. Durante milênios, configurou-se um *Princípio de Ordem Superior* que, pelo que parece, os seres humanos em qualquer cultura e tempo, sempre reverenciaram como existência absoluta.

No princípio via-se Deus num trono, o relâmpago, o vulcão e o terremoto. Tratava-se de um Deus temível, tão estranho quanto brutal. Um ente enfurecido a quem se ofereciam frutos e sacrifícios para aplacar a sua terrível ira. Passou o tempo e esse Deus começou a tornar-se pequeno, a mente abriu-se e o ser humano projetou a sua ideia sobre o supremo, num Deus mais universal: o Sol. Uma divindade radiante a quem se saudava todas as manhãs e se despedia todas as noites, pedindo luz, calor e vida. O tempo foi passando e a mente do homem continuou a abrir-se, e com isso o velho Deus solar tornou-se de novo pequeno. Rapidamente o ser humano deu um novo salto e projetou Deus numa imagem antropomórfica e heroica de si mesmo. Um Deus que galopa no seu cavalo dourado e aparece grandioso nos sonhos dos visionários. Um Deus que aponta o caminho da guerra e da caça. Uma nova abertura acontece à mente da Humanidade.

Em pleno desenvolvimento da Era Patriarcal, o ser humano *projeta* um Deus-Pai que habita nos céus, que vê sem ser visto e que tem o poder de premiar e castigar, como o faria um *super pai* ou um *super rei*. Um novo Deus, que à imagem de qualquer monarca da época, exige adoração ao seu nome, marca as regras do jogo e nomeia súditos sacerdotais para intermediar a sua ação. Um ente tão benévolo quanto justiceiro e tão castigador quanto misericordioso.

Passa o tempo e uma nova abertura acontece na consciência da Humanidade. O *Deus transcendente* que está nos céus distantes, pouco a pouco converte-se no *Deus imanente* que entra no coração do homem.

Um Deus que já não necessita de intermediários sacerdotais. A sua lei é silenciosa e íntima, pessoal e individualizada. Já não há códigos oficiais e cada ser humano tem a sua relação particular com Ele. E se, em tempos passados, a oração repetitiva era o seu ritual de conexão, agora é a meditação e a consciência que o revela. Neste contexto, a mente do ser humano continua se abrindo e o Profundo começa a emergir, fazendo-nos saber que ninguém precisa da salvação porque *somos plenamente inocentes* e evoluímos para a lucidez supramental. A nova projeção do divino é *você mesmo*. Deus deixa já de ser um ente pessoal e converte-se num *estado e consciência transpessoal* ao qual nos dirigimos, passo a passo, ao longo da evolução.

Depois da hegemonia das ideologias e das projeções do Espírito, nasce a *consciência testemunho*, o "dar-se conta". A observação neutra e desapegada que relativiza todo o pensável. Um vazio equânime como essência de tudo. Já não estamos no Universo, o Universo é que está dentro das profundezas da mente. Após um longo processo de diferenciação, tudo fica integrado numa unidade supraconsciente. Percebemos que não existe luz nem escuridão, na realidade é apenas a mente que percebe Luz e ausência de Luz. A dualidade mental transcende-se para uma nova identidade essencial e inefável, o ser recria-se como *Oceano de Consciência e Infinitude*. E assim como a Luz é *tempo zero* e ocupa *todos os espaços*, a verdadeira natureza da mente é *onipresente*, ocupa a totalidade e um presente infinito. Logo, você É.

## VERDADE

### 139 A verdade está no descobrir, não no descoberto.
Nisargadatta

O próprio fato de descobrir implica abrir o olhar a um novo horizonte. E talvez, o trabalho de descobrir seja a missão essencial que o ser humano tem sobre a Terra. Trata-se de perfurar cada dia novas *capas de cebola* que nos aproximem do núcleo essencial de todas as coisas. Cada vez que descobrimos assomamos a uma nova porção de verdade e existência.

Quando experimentamos o fato de descobrir com outra pessoa, produz-se uma chama que nos torna cúmplices do instante mágico do *dar-se conta*. Quando descobrimos uma qualidade, até então oculta, ou simplesmente compreendemos os processos mentais que nos formam, sentimos a felicidade do que se sabe que cresce e liberta. Sem dúvida, mais tarde acontece que a mente tende a permanecer "presa", dando voltas sobre o descoberto, sem se aperceber de que o verdadeiro gozo estava no descobrir. Existe maior verdade do que a fugaz e luminosa chama da descoberta? Pode haver algo mais belo do que partilhar o acontecimento do descobrir?

Intuímos que somos algo mais que um corpo. Intuímos que algo em nós é Luz, Infinitude e Totalidade. E acontece que tudo aquilo que contribui para descobrir essa essência, vitaliza os sentidos e produz júbilo na alma. Descobrir quem somos e descobrir como funcionam as nossas diferentes partes internas, é um presente tão intenso como passageiro. Algo parecido ao relâmpago que, quando chega de súbito, tudo ilumina. Quantos mais raios tem uma tempestade, mais horizonte se descobre, embora seja numa noite de nuvens negras. Viver na *descoberta sustentada* implica um estado de consciência que recorda a criança que se surpreende, uma e outra vez, porque vê todas as coisas como novas. *"Sejam como crianças para entrarem no Reino."* – disse o Lúcido, referindo-se ao estado de *suprema inocência*. Um estado que carece de memória e antecipação e no qual, em cada instante se descobre, maravilhado, uma existência nova. Redescubramos a criança interna e resgatemos a sua imensa grandeza. Agora já somos conscientes do presente que supõe recriar-nos na perfeição que subjaz nas nossas luzes e sombras internas.

O que se descobriu, passado um instante, já é velho. Sem dúvida, o descobrir é sempre fresco. Uma experiência que não depende do exterior, dos seus aparelhos nem dos seus "efeitos especiais" que adornam as superfícies externas. O descobrir depende da atitude com que se encara a vida. Depende da capacidade de se esvaziar e soltar registos já vividos, arquivos que se projetam em tudo aquilo que olhamos com a velha carga. O descobrir supõe libertar suposições e neutralizar o controle que a cabeça quer exercer. Vale a pena abrir-se ao novo e recordar que todo recém-nascido está nos seus olhos e não precisamente na "periferia" do rosto.

A *consciência criativa* permite, em cada momento, que se construa a vida como se se tratasse de pintar uma tela. Para isso, o artista descobre a chama da pincelada seguinte. E embora ignore o que vai fazer a seguir, confia que, no passo que der, descobrirá a forma e resolverá a encruzilhada. O caminho faz-se a andar, descobrindo, em cada segundo, o lugar da próxima pegada. A *antecipação emocional* condiciona a mente a ter que viver o que previamente programou na projeção do futuro da sua própria historieta. Quando vamos a uma festa com a intenção de repetir o prazer da anterior, dizemos *adeus ao novo* e apostamos numa frustração completa. De fato, o que descobre é o que desperta.

## VERDADE

### 140 *A ciência sem espiritualidade leva-nos à destruição e à infelicidade.*
Gandhi

Um número cada vez maior de pessoas afirma que o atual sistema socioeconômico, baseado no consumo, não dá a felicidade nem sequer a indica. Muito poucos são os que conseguem imunizar-se à hipnose coletiva que se instalou nas mentes da chamada sociedade capitalista – o materialismo científico inspirou um modelo de pessoa que sobrevive imersa na ânsia do dinheiro e que sonha com o milagre da loteria. O ser humano atual quer acumular coisas e quando as consegue adquirir, é ameaçado pela oferta de novos modelos que aparecem no mercado, com mais prestações e vantagens. A hipnose que a mente humana sofre, e que foi tão bem representada no *Matrix*, apoia-se em letreiros luminosos, cheios de palavras mágicas ao estilo *new-model ou superlux*, que brilham intermitentes atraindo consumidores febris que acorrem em massa.

A ciência e o pensamento racional libertaram-nos daquela magia fantasmal e esotérica de uma obscura Idade Média. Sem dúvida, o paradigma da ciência, e o seu consequente pragmatismo, precisam de Valores e Princípios que, de outra forma diminuiriam a qualidade que soa nas profundidades humanas. A necessidade de validar em laboratório as qualidades da alma obscurece o discernimento e propicia uma sociedade infeliz, que contempla, tonta, inundações de anúncios plenos de *vedetas* com "traseiros clonados", a "tanto por minuto" e sorriso garantido. Uns e outros festejam exaltados o último computador portátil e o telemóvel com várias capas coloridas. Alguém pensará que a felicidade é um valor alcançável por uns poucos consumidores planetários que têm o suficiente para a comprar? Será que vivemos amnésicos daquela sabedoria que assinalou: *"Conhece-te a ti mesmo e alcançarás a paz profunda"*?

Você pensa que o espiritual tem a ver com o religioso, mas na realidade pergunta: O que é o espiritual? Desde logo, nada tem a ver com as *crenças míticas* nas quais se baseiam as religiões para existirem. A conquista da mente racional superou a fé cega na existência histórica das variadas virgens que deram à luz avatares fundadores de religiões. O espiritual deixou de estar colonizado pelos milagres e pelas Igrejas, tendo penetrado no reino íntimo e privado das pessoas. O Espírito já foi alcançado sem necessidade de se abster de carne, de jejuar na montanha e desprezar o dinheiro e a tecnologia da ciência. A espiritualidade surge no coração humano e expressa-se escutando a voz do silêncio e os ecos da alma. Os seus códigos não estão escritos e não precisa de sacerdotes como *intermediários* nem de deuses que perdoem culpas e apaguem o temor de eternas ameaças. Já não há rituais obrigatórios, já não há devoções oficiais e supérfluas. Hoje, a relação com o Espírito chama-se consciência e expressa-se com integridade e íntima coerência.

Se você vive com Valores, se permite o silêncio na sua mente, se cultiva o bem-fazer das pequenas coisas, se escuta a sua voz interior, se em cada dia tem um propósito na sua agenda, se se abre à sua verdade sincera, se olha o céu estrelado da noite, se respira conscientemente observando a sua mente, se a sua vida tem sentido, se cultiva as suas ideias mais nobres e luminosas, se deseja sentir-se útil ao crescimento das pessoas, se sente compaixão pelos que choram, se o seu coração oferece a cura da alma, se utiliza tecnologia que apoia a natureza e se usa todo seu poder na expansão da consciência, talvez esteja integrando o prosaico com a Graça e a sobriedade com a abundância. Algo assim como fundir as Ciências do Espírito com o Espírito das Ciências.

## VONTADE

***141*** *Aprendi que toda a gente quer viver no cimo da montanha, sem saberem que a verdadeira felicidade está na forma de a subir.*
Gabriel García Márquez

A nossa mente linear marca objetivos para ter um rumo e não se despistar em tempos de tormenta. Uma meta sucede a outra enquanto o Universo põe em jogo recursos que apoiam a nossa vontade. Uma vez chegados ao cimo da montanha, não tardamos a olhar o horizonte, após sentirmos uma força interna que nos motiva a seguir a marcha. Uma força pela qual começamos a olhar outra montanha, às vezes mais alta e escarpada.

*"Vejo uma meta, alcanço-a; vejo outra meta..." – disse o sagitário apontando o seu arco e disposto a lançar outra flecha.*

Cada objetivo é um pretexto para que a nossa mente concretize e mobilize partes inesperadas. Ao que parece, o ser humano sente prazer otimizando capacidades que o seu peculiar desenho "traz de fábrica". Cada cume é um clichê que ativa a sensação de ir para algum lugar e, assim, evitar a confusão perante ventos e marés. Na realidade, os objetivos e as metas são os grandes pretextos que uma parte de nós requer para afirmar os seus propósitos no tipo de vida pelo qual se opta.

Cada ser humano, enquanto sobe e desce nos muitos cumes da vida, procura a felicidade que é suposto encontrar em cada chegada. Sem dúvida, se nos detivermos perguntamos: "O que é a felicidade?". Talvez saiba que esta é uma, mas a forma de a encontrar é muito variada. Cada pessoa modela a forma que tem o seu cume desejado. E essas vésperas prazenteiras de alcançar amenizam os efeitos dolorosos das tempestades da montanha. Haverá pessoas para quem o cume será construir a casa dos seus sonhos, amplitude, jardins, vistas amplas. Frequentemente, o que na realidade querem é uma tela em que hoje se planta e amanhã se adorna, uma base sobre a qual criar o que nunca acaba. Na realidade sabem que o prazer está no construir, mais do que na obra construída.

Outras pessoas centrarão o seu cume no fato de viajar em diferentes culturas e questionar outros pontos de vista. Na realidade, o que frequentemente desejam, é a *viagem para dentro* que os conecte com a paz da essência. Algo que pode acontecer enquanto descobrem outras culturas e conversam noutros idiomas. Sabem que o prazer está na ação de descobrir, não na coisa já descoberta.

Para outras pessoas o cume será criar e expressar a sua visão na família, nos negócios, na política ou em papéis de fama e riqueza. Mas uns e outros sabem que o prazer não está, de novo, no *processo* de chegada, mas em cada passo percorrido para finalizar a obra. Outras pessoas porão as suas metas em ver crescer os filhos, acompanhá-los na construção do seu olhar, contemplar a chegada dos netos e entregar-se ao ocaso enquanto chega um novo amanhecer. O gozo está no abraçar, não no abraçado e no criar, não na vida criada.

Há pessoas que consideram o cume da montanha como o conseguir viver numa *mente sossegada*. Um estado de consciência onde fluir, como flui o rio deixando que o oceano nos encontre, enquanto damos de beber e lavamos as feridas, regamos as árvores, e fazemos as colheitas. Um fluxo para além do tempo no qual, à nossa passagem, refrescamos os que parecem ter a língua e a alma secas. Uma mente sossegada para viver em paz, tanto na claridade como na escuridão das tormentas. Uma mente sossegada para ver para além dos vales e dos cumes. Uma mente sossegada para *testemunhar* o vaivém de todos os opostos da existência.

## VONTADE

*142* *Tens de decidir se queres atuar ou reagir.*
*Se não decides como jogarás na vida,*
*ela sempre jogará contigo.*
Merle Shain

À medida que o ser humano desenvolve a consciência e se apercebe de todos os processos que a sua mente expressa durante o dia, está em condições de evitar a "reação" automática e exercer a "ação" voluntária e consciente.

A diferença entre "reagir" e "atuar" está em que, enquanto reagir depende de um agente exterior que provoca uma resposta emocional irrenunciável e alheia, o atuar, pelo contrário, surge da independência e da consciência, autogerando-se em coerência com os valores da nossa vida. Talvez a famosa frase do evangelho: *"Quando te ofenderem oferece a outra face"*, tenha a ver com a capacidade de *não responder* de forma reativa ao suposto agressor, quer dizer, exercer a capacidade de adiar e, com isso, manter o controle para optar pela ação mais adequada. Se não escolhemos como atuar, serão as circunstâncias e a paixão que escolherão por nós.

Este princípio assinala que, conforme o ser humano incrementa o seu nível de consciência, desenvolve a capacidade de imaginar a sua vida e, em consequência, reinventar-se a si mesmo renovando a existência. Se neste momento alguém lhe pergunta o que você quer da vida, talvez se surpreendesse da quantidade de hesitações e generalizações que a sua mente faria. É muito possível que sintamos medo de concretizar o que queremos da vida, e talvez a causa dessa resistência esteja no fato de se viver "na caixa" que os nossos hábitos mentais criam. A mente, tal como um barco, necessita de objetivos e metas para navegar. Se não nos decidimos a imaginar e criar esse guião para a nossa vida, serão as ondas que guiarão o nosso barco no fio dos ventos e tempestades. Para navegar a vida, devemos dar-lhe um rumo e direção.

Para isso, imagine como seria um dia completo na sua vida, daqui a cinco anos. Imagine tudo o que seja capaz de criar com a sua mente iluminada. Não se deixe sabotar pelas suas *crenças limitadoras* e ponha os objetivos bem altos. Escreva o guião desse dia..., desde que acorda, e imagine tudo o que faz durante essas vinte e quatro horas da sua vida futura. Construa o seu sonho minuciosamente e com todos os detalhes de que seja capaz: onde vive, como é a sua casa, com quem vive, o que decide fazer ao levantar-se, o que pensa, do que fala, com quem se encontra, em que trabalha, o que é mais importante na sua vida, qual a qualidade que mais desenvolveu, que informação seleciona, como cuida do seu corpo, como se alimenta, que amigos tem, como cultiva o seu interior, que tipo de leituras faz, como é o seu trabalho e com quem trabalha, o que lhe importa verdadeiramente, que *hobbies* tem, quanto dinheiro ganha, qual é o seu maior êxito, como se gratifica, a quem ama, como abraça e expressa os seus sentimentos, como é a sua sexualidade, a quem beneficia, em que é mais útil, que projetos tem, qual é a sua concepção espiritual da vida, qual é a sua contribuição para a sociedade, qual o desenvolvimento que a sua mente alcançou, que grau de consciência expressa, o que se passa nos seus sonhos enquanto dorme...

Um processo criador que, tal como um guião biográfico, convém fazer por escrito, libertando-se das sabotagens limitadoras que a mente racional tende a elaborar. Um programa em que se permite todas as utopias que inteligentemente se podem formar na trama de um dia futuro. Se no final, ensinar este método a um amigo e este lhe diz que está louco, isso significará que o seu exercício valeu a pena. Passado o tempo, sentirá que um dia, há uns anos, você fez Magia.

## VONTADE

*143* *A diferença fundamental entre um homem adormecido e um desperto, é que o desperto vê tudo como uma oportunidade de aprendizado, enquanto que o adormecido vê tudo como uma bênção ou uma maldição.*
Gurdieff

Muitas culturas falaram de *seres despertos* como entes que interpretam os acontecimentos da sua vida com um humor peculiar. A alma de um desperto foi entregue ao impulso transcendente que move sóis e marés, e sabe que é precisamente aquilo que deve chegar numa não casual conjunção de forças. Quando um desperto enfrenta problemas, por mais difíceis que pareçam, sabe que estes incrementam o seu aprendizado e atualizam o seu poder, iluminando o que vier.

Para o desperto já não há boa ou má sorte, nem culpados e inocentes, nem queixa alguma pelo que aconteceu e que parecia uma desgraça. Apenas reconhece um fluxo de vida por detrás de todas as coisas que, através de luzes e sombras, formam uma conjunção perfeita. Para o desperto, o mundo é a plataforma de desenvolvimento onde pratica o grande jogo do despertar a consciência. A vida de cada dia já não é boa nem má, é simplesmente oportunidade de aprendizado e expansão de uma visão que tudo abarca. Trata-se de seres humanos que, num momento do caminho, se orientaram para a Transparência. Desde então, nada é casual nas suas vidas nem nas suas obras. Sentem que as peças encaixam e que tudo o que chega serve para dinamizar o crescimento e atualizar potencialidades inesperadas.

O desperto, antes de conquistar este traço, era um ser comum, alguém a quem assaltava a angústia, o medo, e a certeza nos dias de tormenta. A sua vida não tinha grande sentido em cada manhã, ao despertar. Não sentia motivação para sair da cama. Trabalhava apenas para suster o esquema e seguir o percurso que lhe ofereciam os que, como ele, caminhavam às cegas. Cada dia que passava sentia bloqueio e contradição e, sem dúvida, não via saída nem portas abertas. Às vezes pensava que a vida era uma "doença por transmissão sexual", outras pensava como um insatisfeito, que não merecia o que esta lhe dava e, com frequência, temia viver como um ser imaturo que não se contentava com nada. Assim passavam os dias e as noites sentindo que, embora acontecessem muitas coisas, do que na realidade lhe importava não acontecia nada. Entretanto, no profundo do seu ser crescia a semente do despertar, o núcleo lúcido que bate silencioso e amigo no seio da alma.

Depois de um ciclo de crise, chega um dia, aparentemente igual a qualquer outro, em que a semente se solta e desperta a sua consciência. De repente, tem certeza de que a sua vida não será mais igual e que os velhos problemas já não o afetam. Agora ele sabe com certeza que o seu destino não será como apontava a sua vida passada. Agora sente-se livre e pleno de inesperadas possibilidades. Dissolveram-se as resistências à mudança e evaporaram-se as dúvidas intelectuais sobre a plenitude e a transcendência.

O recém-desperto empreende uma peregrinação sutil enquanto se ocupa dos assuntos da matéria. Um caminho Maior que o guiará a sucessivas ampliações do seu olhar. Procura o rastro de sabedoria que o leve à íntima *Recordação* enquanto solta velhos costumes e estabelece novas relações e sintonia com a sua alma. O seu caminho já é por dentro e por fora, agora já maneja a sensibilidade e a ciência. Sente-se cúmplice de uma intuição que lhe dá *sinais* ao despertar em cada manhã. O desperto já é consciente e flui entre o que subjaz por detrás das aparências.

## VONTADE

### 144 A mente cria a ponte, mas é o coração que a cruza.
Nisargadatta

O caminho da vida parece ser uma travessia para a realização da nossa particular missão. Passo a passo, ciclo a ciclo, o viajante percorre paisagens emocionais nas quais, às vezes, existe muito pouca motivação e entusiasmo para seguir a marcha. O peregrino que temos dentro, sabe muito bem que cada jornada, por muito vulgar que pareça, é uma parte do caminho para a realização da alma. Para isso, viaja atento aos sinais do céu que, aparecendo aqui e acolá, confirmam a direção e asseguram o contato mágico durante a jornada.

Não será este o tempo em que, após o pragmatismo e a racionalidade, nos aproximamos velozes da abertura da crisálida? Uma grande parte da humanidade não estará já suficientemente madura para se permitir o luxo de viver na Unidade e na Beleza? Faz algum tempo que a maturidade e a eficácia não competem com Princípios e Valores em que o coração se expressa. A mente cria mecanismos baseando-se nos seus objetivos e metas. Sem dúvida, lá dentro nós sabemos que será o próprio coração que vai dar o grande salto, será ele que irá mover as coisas. O coração tem outros olhos e radares diferentes dos da mente prática. É por isso que, quando faz falta cruzar a ponte e dar o salto, ele sabe muito bem como mover a força do impulso e desencadear a magia da alma.

O que é o coração? Um órgão fisiológico que bombeia? Será o centro do sentimento oposto à cabeça? O coração é algo mais. Talvez seja o *núcleo de tudo* e o móbile essencial da existência. Às vezes ocupa-se da motivação, outras, de colocar em marcha pequenas ou grandes empresas. Mas, o que sem dúvida sempre fez, foi acalentar o peito e diferenciar-nos das máquinas.

Se o seu coração está fechado pela dor que sofreu em experiências passadas, respire profundamente e decida abrir a sua "couraça". Talvez intua que agora, na atualidade, a sua mente tem mais recursos e dispõe de mais ferramentas para manter a atenção e dar-se conta. Se simplesmente quer abrir o seu coração e *acender de novo a chama*, confie. Esse propósito é algo que, pela sua grandeza e transcendência, merece convocar toda a energia disponível nas *altas esferas*.

De fato, o coração é o profundo e na sua própria profundidade encontram-se as pérolas mais valiosas. Os seus reinos reconhecem-se através da intuição e os seus segredos só se encontram com os silêncios prolongados e os retiros da alma. Decida abrir o *coração da mente* e não sentirá que perde a razão, mas apenas que o seu espaço se amplia e tranquiliza.

O coração não é o motor das emoções, nem tão pouco tem a ver com os sentimentos que inquietam a alma. O coração não é a paixão, nem sequer o instinto refinado que procura a sobrevivência. O coração é o Mistério. O coração está para além das palavras. É um estado de consciência que abre as portas ao eleito pela Graça. O coração não pesa nem acumula ofensas. É um espaço sem equipamentos onde se deve entrar nu, vazio e sem nada. O coração abre as suas portas quando já não há armaduras nem espadas, quando a criança eterna se revela consciente e sem o peso da memória. O coração expressa-se quando o iniciado avança para esse fogo frio e azul que o convoca. Você procura o Graal? Em resposta a esta pergunta alguém disse: "Se assim é, esvazie-se e solte-se".

## SOBRE O AUTOR

José María Doria tem uma vivência repleta de criatividade que se reflete nas suas obras e nas viagens iniciáticas pelo mundo, motivadas pela busca interior. A sua experiência humanista, forjada nos múltiplos riscos assumidos, encontra a sua expressão vocacional como psicoterapeuta e professor de desenvolvimento transpessoal, na maturidade da sua existência.

O seu espírito comunicativo o levou a fundar a Escola Espanhola de Terapia Transpessoal (www.escuelatranspersonal.com), onde dá formação a futuros "acompanhantes da alma" que, segundo afirma, "sentem o prazer de aliviar a dor e de se sentirem úteis ao crescimento dos outros". Como investigador da consciência, inicia na prática da meditação Zen pessoas com vontade de ampliar o "dar-se conta" dos seus processos existenciais.

As suas credenciais como Licenciado em Direito, Mestre em Administração de Empresas e em Psicologia, testemunham a sua vida como uma aposta integradora entre a teoria e a prática.

*Queridos amigos embora desconhecidos, caso desejem expressar as vossas emoções e experiências ao vivenciar o método de trabalho sugerido, por favor enviem para*
*Kayzen@jmdoria.com*

*e para conhecer melhor o meu trabalho acessem*
*www.jmdoria.com*

## LEIA TAMBÉM

### Glossário Teosófico
**Helena Blavatsky**

Mais de 18.000 verbetes sobre esoterismo, ciências ocultas, hermetismo e diversas outras manifestações filosóficas, organizados pela mais brilhante e representativa figura da renascença ocultista, ocorrida no final do século XIX.

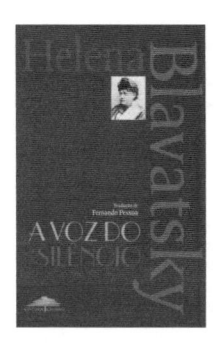

### A Voz do Silêncio
**Helena Blavatsky**

Brilhante tradução realizada por Fernando Pessoa de um dos textos mais importantes de toda a literatura teosófica e o último legado de Helena Blavatsky ao mundo. Obra fundamental, que reúne a essência dos ensinamentos esotéricos do budismo tibetano.

### Mensageiros do Amanhecer
*Ensinamentos das Plêiades*
**Barbara Marciniak**

Compilado a partir de centenas de horas de canalização, este livro revela a sabedoria dos pleiadianos, um grupo de seres iluminados que se dispuseram a ajudar-nos a alcançar um novo estágio evolutivo.

## Pulsar de Luz
*Atalhos para uma aventura espiritual*
**Gláucia Ceciliato**

Pulsar de Luz é um livro de cabeceira, com sugestões sobre como trazer a espiritualidade para sua vida prática, e a praticidade para sua vida espiritual. Tem como objetivo mudar paradigmas, criar uma nova maneira de pensar, incentivar novas formas de interpretação – ser um facilitador no Caminho da transformação.

## Os Fazedores de Milagres
*O universo da realização pessoal*
**Adriana Mariz P.**

O livro conduz a uma jornada interior, demonstrando como os milagres surgem em nossas vidas, e ainda revela uma verdade pouco compreendida: existe uma brecha no Universo por onde o destino e também as nossas escolhas diárias podem se encontrar, misturar e por fim se realizar, sem esforço, sofrimento ou perdas.

## Histórias Reais de Reencarnações
**Clara de Almeida**

A autora relata as principais regressões que vivenciou e analisa o papel que estas desempenharam no seu processo de expansão de consciência. Partilha ainda com o leitor as lições que aprendeu sobre as Leis Espirituais que nos regem e as descobertas que fez, a partir de regressões que acompanhou e de outras que conduziu.

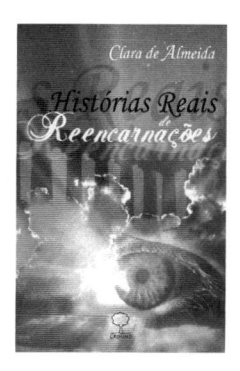